땀샘 최진수의

초등
학급
운영

이 책에 나와 있는 아이들 이름은 모두 가명임을 밝힙니다.

땀샘 최진수의

초등 학급 운영

최진수 지음

맘에드림

생각하는 것을 가르쳐야 하는 것이지,
생각한 것을 가르쳐서는 안 된다.
- Cornelius Gurlitt -

학급운영은 함께 멀리 가는 길
'배움이 즐겁게, 함께 가꾸는 교실'을 꿈꾸며

얼마나 아이들 곁에 있었나 손꼽아보니 스물 두 해가 잡힙니다. 학교 열 곳을 거쳐 왔고, 교사 모임도 여덟 곳을 거쳤는데, 지금도 두 곳은 이어오고 있습니다. '땀 흘려 일하고 샘처럼 맑게 살자'는 뜻을 담아 학급을 꾸린 때는 7년 차쯤이었고, 그때 월별 학급운영의 틀을 갖추었습니다.

아이들과 함께한 삶 가운데 반은 6학년이었습니다. 도시 학교로 옮기고부터는 거의 6학년만 한 셈입니다. 해마다 똑같은 6학년이지만, 아이들이 다르면 가르치는 방법과 풀어가는 마음 씀씀이도 달라집니다. 학급운영도 해마다 달라지면서 성장합니다. 아이들이 자라듯이 교사도 자라고, 학급도 자랍니다. 자라고 있음을 아는 맛과 배우고 가르치는 즐거움이 더욱 교사의 도전을 부추기고, 열정을 불러일으킵니다.

학급운영은 아이들을 위한 일이면서 교사의 성장 과정이기도 합니다. 새내기 때는 아이들에게 무엇을 손쉽게 가르칠까 하는 고민에서 출발해 나중에는 삶을 가꾸는 학급으로 성장하면서 갖가지 고민과 갈등, 고집과 실수, 발견과 깨침의 과정을 겪습니다. 잘하고 성공하려는 관점으로 여긴 수업과 학급운영이 삶, 성장, 관계의 눈으로 보고 실천하기까지 10년이 넘게 걸린 듯합니다. 같은 방향의 마음 길을 잡은 선생님들과 함께 모여 나누었던 이야기와 실천이 교사 성장의 피와 살이 되었습니다.

모여서 나누면 점점 말이 많아지고 늦어집니다. 하지만 들어주고 들어주고 들어주면 스스로 깨치는 어느 순간을 맞이합니다. 그때가 되면 말이 줄고 오히려 빨라집니다. 우리 삶을 전체로 보면 오히려 현명하게 사는 방법일 것입니다. 여럿이 함께 성장하는 길이 아닐까요? 누군가 현명한 결정을 내리면 나머지 사람들은 거기에 따르기만 하는 문화는 여러 사람을 잘 묶어내지 못합니다. 한 사람 열 걸음보다 열 사람 한 걸음, 빨리 가려면 혼자 가고 멀리 가려면 함께 가라는 말이 있습니다. 학급운영은 혼자 시작해서 빨리 가려고 하지만, 나중에는 함께 어울려 멀리 걷는 길이 됩니다. 배움이 즐겁다는 힘으로, 함께 가꾸는 실천으로 행복한 삶, 학급, 학교, 나라로 이어가는 꿈을 함께 키워 보지 않겠습니까?

땀흘려 "일하고 "샘처럼 맑게 살자
춤드리 최진수

행복학교, 교육의 희망입니다

땀샘 최진수의 '배움을 즐겁게, 함께 가꾸는 학급살이' 이야기를 담아 낸 《땀샘 최진수의 초등 학급운영》 출판을 진심으로 축하합니다. 이번에 《땀샘 최진수의 초등 학급운영》에서는 《땀샘 최진수의 초등 수업 백과》와 《땀샘 최진수의 초등 글쓰기》에 이어 나온, 최진수 선생이 교육현장에서 땀 흘려 일궈온 생생한 학급에서의 삶이 고스란히 담겼습니다.

땀샘 최진수의 《땀샘 최진수의 초등 학급운영》은 시작부터가 눈길을 끕니다. 학급운영의 출발은 아이들을 '가르치는 대상'에서 '존중받는 존재'로 바라보는 것에서 시작해야 한다는 내용이 있습니다. 농부가 곡식 낱알 한 톨을 귀하게 여기고, 환경운동가가 자연을 아름답게 보는 눈으로 시작하듯 교육자도 아이들을 바라보는 시각도 정말 중요합니다.

새 학기가 되면 아이들에게 가장 큰 관심은 예나 지금이나 담임 선생님이 누구인가 하는 것입니다. 그만큼 아이들에게 담임선생님은 중요한 존재입니다. 수업 시간 아이들과 함께하면서 생각을 나누고, 함께 노래하고 춤추며, 가치 있게 글로 쓰고, 상상의 세계를 그리면서 기억과 추억을 함께 만들어 가기 때문일 것입니다.

학급 생활이 즐거운 아이는 학교 가는 것이 즐거울 수밖에 없습니다. 세상은 또 하나의 학교라고 합니다. 이 말을 뒤집으면 학교가 작은 세상이 됩니다. 때로는 미처 예상하지 못한 갈등 상황이 발생할 수도 있지만, 이 또한 성장을 위한 좋은 기회가 되기도 합니다. 선생님과 아이는 부대끼고 배우며 알아가는 과정에서 자연스럽게 삶의 지혜를 익히게 됩니다.

지금은 전문직으로서 바쁜 일상을 보내면서도 교단 경험을 정리하여 출판의 결실을 거두는 것에 큰 박수를 보냅니다.

'땀 흘려 일하고 샘처럼 맑게 살겠다'는 참다리 선생님의 각오와 희망이 교육 현장으로 메아리쳐, 함께 가꾸는 학급살이가 아이들과 선생님의 학급을 행복한 삶을 위한 꿈 키움터로 가꾸어 가기를 진심으로 기원합니다.

경상남도교육감
박 종 훈

나라 바로 세우는 참 다리

나는 이 책을 먼저 읽으면서 참다리 선생을 새로 만나게 되었어요.

한국글쓰기교육연구회에서 같은 회원으로 처음 만나게 되어 우리는 서로 학급문집을 주고받으며 동무가 되었지요. 그 뒤로 경남도민일보 '경남 어린이 글쓰기 큰잔치'에 들어온 아이들 글 읽어보는 자리에서 한 번씩 만났으나, 그때마다 따로 이야기 나눌 시간 없이 거창으로 돌아오기 바빴어요. 그런데, 그때 나누지 못한 교실 이야기를 책으로 만나게 되니, 얼마나 반가운지! 이야기를 깊이 나누어야 할 사람은 이렇게 다시 만날 때가 오는구나 싶어요.

이 책은 내 마음에 쏙 들었어요. 그 까닭이 무엇일까? 땀샘 교실 이야기 속에 아이, 삶, 만남, 말, 주인, 기록 같은 보물이 꽉 들어차 있기 때문이에요. 언제나 이야기 한복판에는 아이가 자리 잡고 있어서 좋아요. 새 학년 아이를 새롭게 맞이하려고 쉬는 날인데도 학교에 나가서 아이 이름표를 책상에 붙이며 교실 정돈을 해놓고, 첫날 처음 만날 때 할 이야기까지 꼼꼼히 준비해요. 자나 깨나 아이 생각이고, 아이한테 시간을 다 바쳐요. 사랑이란 거기에 바치는 시간이라 하는데, 이게 바로 아이 사랑이지요.

이 이야기에는 가르치고 배우는 여러 가지 활동에 반드시 삶이 들어 있어요. 지식을 전하는 때는 물론, 수학여행이나 이웃 돕기 알뜰 시장을 열 때에도 삶을 가꾸는 데에 초점을 맞추고 있어요. 이런 모든 과정에서 선생님은 아이들이 알아듣게 말하고, 의논해서 하니 아이들이 선생님 참맘을 환히 알아채요. 알뜰 시장 마치고, "선생님, 선물!" 하며 감동 먹었다는 아이가 뿅 망치로 선생님 어깨를 툭 치는 장면에 내 눈시울도 젖네요.

땀샘 교실 이야기를 읽으니, 자꾸 지난날 우리 들꽃 교실 이야기가 되살아났어요. 땀샘 교실에 따라가지는 못해도 그때 그 정도라도 하였다는 것이 새삼 뿌듯하기도 하고. 이제까지 꾸준히 학급문집 내고, 한 주에 한 번 글쓰기 공부 모임에서 삶을 이야기하다 보니 글쓰기는 따라 왔다 하네요. 맞는 말이라고 고개 끄덕이며, 우리에게 '우리말과 삶을 가꾸는 글쓰기' 길을 열어주신 우리 스승님을 떠올렸어요. 스승님은 늘 말씀하셨지요. 민주 세상 이루는 길을 교실에서 찾아야 한다고. 그런 점에서 이 책에 바로 그 답이 있어요. 아이를 주인으로 살아가게 해주어

마침내 민주 세상을 이루는 기둥으로 커가게 하고 있으니, 어수선한 우리나라를 바로 세우는 참 다리 구실을 제대로 하는 셈이지요.

아, 이 말은 빼놓을 수가 없어요. 그때그때 기록하는 것이 얼마나 중요한지를 이 책은 바로 보여주고 있으니까. 나도 꽤 기록을 해왔다고 여겼건만, 참다리 선생한테는 따라갈 수가 없겠다 싶어요. 나는 아이들이 손말틀(스마트폰)을 아예 가지지 말아야 할 물건쯤으로 여기는데, 이 교실에서는 배우고 익히는 도구로 잘 쓰도록 가르쳐주니, 내 생각을 바꾸어야 되나 하는 생각이 들었어요.

지난 얼마 동안, 달력에 동그라미 쳐놓고 적어놓은 일 해내느라 꽉 찬 하루하루를 지냈어요. 하루 맑고 하루 비오는 날씨 때문에 가을걷이 하느라 바쁜 걸음 쳤고, 더러 아이들과 학부모님, 선생님들한테 이야기해 달라는 데가 있어서 여기저기 시간 맞추어 다녔고, 나이 드니 치과에 다닐 일도 생기고. 그런 가운데 참다리 선생 편지 받고 이 책 편집 파일을 받아 읽었는데, 들머리 이야기부터 나를 붙잡아 놓아주지 않아 한마디 적어보았지요.

아무쪼록 이 책이 초등학교 선생님들에게 사랑받고, 참다리 선생 같은 담임을 만나지 못해 애태우는 학부모님들도 읽어서 우리 아이 살리는 길을 찾아갔으면 참 좋겠어요.

농사꾼(전 샛별초등학교 교장), 작가

늘꽃 주중식

땀샘반 아이가 교사가 되어

어느 3월, 저는 6학년 '7반'이 아니라 '땀샘반'이 되었습니다. '땀 흘려 일하고 샘처럼 맑게 살자'는 좌우명을 줄여 만든 반 이름이었습니다. 왜 우리 반만 이런 특별한 이름으로 불리는지 그때는 까닭을 몰랐지만, 우쭐한 기분이 들었습니다.

땀샘반으로 1년은 참으로 바쁘고 활기찼습니다. 날마다 일기를 쓰고 그림을 그렸습니다. 철마다 교실 뒤편에 모둠 이름을 꾸며 붙이거나 모둠 신문을 만들었습니다. 아침 활동으로 운동장을 돌기도 하고, 어느 날은 맨발로 집으로 가기도 했습니다. 방학 때는 조사 보고서를 쓰려고 날마다 반찬 종류를 기록해서 자료를 모으기도 했습니다. 활동 결과물은 실물화상기에 올려 학급 친구들과 함께 보았습니다. 선생님은 작품을 하나하나 보면서 어떤 부분이 잘 되었는지, 어떻게 생각하는지 이야기를 나누어야 직성이 풀리는 것 같았습니다. 내 작품이 나오면 우쭐했다가도 친구 작품의 잘한 점을 듣고나면 나도 앞으로 저렇게 해봐야지 하는 마음이 드는 배움의 시간이었습니다.

선생님께서는 우리 모습을 있는 그대로 표현하는 것을 가장 중요하게 생각했습니다. 한번은 학기 초에 우리 일기를 보시고 선생님께서 물으셨습니다.

"너거들 진짜로 이렇게 말하나?"

우리는 씨익 웃었습니다. 수줍은 얼굴이었을 겁니다.

"아니요."

선생님도 씨익 웃으셨습니다.

"그럼 왜 일기에는 이렇게 썼노?"

있는 그대로 글쓰기는 어려웠습니다. 입말을 글로 쓰자니 기분이 간질간질하기도 하고, 평소에 쓰는 말에는 나쁜 말도 많아서 그랬을 겁니다. 하지만 살아있는 글쓰기는 먼저 우리 삶을 있는 그대로 담아야 한다고 하셨습니다. 그래서 대화를 녹음해서 받아 적어보기도 하고, 있는 모습을 그대로 그리면서 거기에 이야기를 담기도 했습니다. 처음에는 쑥스럽고 어색했지만, 나중에는 우리 진짜 모습을 드러내는 글이 되었습니다. 마음이 담긴 글, 나를 진솔하게 표현하는 글이 되었습니다. 그런 글들을 모아 지금도 자주 꺼내 보는 우리 반 학급문집이 되었습니다.

저는 그 1년을 마음에 담고 교사가 되리라 마음먹었습니다. 그리고 진짜 교사가 되어 발령도 받았습니다. 열정도 많고 하고 싶은 것도 많았지만 막상 학교에서 '선생님'이라고 불리니 덜컥 겁이 났습니다. 학교에 대해 아는 것도 없고 모자란데 학급 아이들의 '담임'이라는 책임감은 무겁습니다. 그날부터 노력과 열정을 쏟았지만, 제자리걸음을 맴돌기고 하고 뜻밖에 가볍게 시작한 것들이 아이들과 호흡이 잘 맞기도 했습니다.

그렇게 교사로 성장한다고 믿으면서도 고민이 생깁니다. 제가 선생님께 받았던 경험들, 누렸던 것들을 아이들과도 나누고 싶지만 학급운영은 쉽지 않았습니다. 그런 저에게 이 책은 저와 제 둘레에서 함께 고민하는 선생님들의 이야기 같기도 합니다. 같은 고민을 하셨던 선생님의 뒤를 제가 따라가고 있구나 하는 안심이 되기도 합니다. 앞으로 교사의 길, 방향점을 찾은 것 같기도 합니다. 찬찬히 읽으며 제가 배웠던 것들을 되새겼습니다.

꼼꼼하게 정리하신 자료들 덕분에 선생님과 다시 한 번 1년 학급살이를 한 듯합니다. 저와 같은 고민을 하고 계신 선생님들과 함께 읽으며 공부해 나가고 싶은 책입니다. 새롭게 또 공부할 기회를 주시는 선생님께 늘 고맙습니다.

땀샘 2기 제자(토월초), 장복초등학교 교사

황노을

차 례

3장 / 배움을 위한 마음 갖추기

4장 / 기억과 추억으로 남는 학급 활동

5장 / 학교행사를 교육과정과 조화롭게

6장 / 학부모와의 만남, 관계, 소통

장

교사도 함께
성장하는 학급운영

"선배님! 6학년 아이들이 말을 안 들어서 힘들어요."

어느 날 교사 경력 3년 차인 후배 교사가 아이들 생활지도와 교과지도의 어려움을 호소했다.

"선생님, 선생님은 교사가 된 지 몇 년째입니까?"

"3년 됐는데요."

"그럼 선생님 반 아이들은 학교생활이 몇 년째예요?

"6학년이니까 6년째입니다."

"그럼 학교생활에 누가 선배입니까?"

내 질문에 후배 교사가 대답 대신 씩 웃었다.

그렇다. 교직 경력이 3년 차라면 학교생활 경력은 아이들이 더 많다. 단지 새내기 교사인 후배는 물리적인 나이만 많을 뿐이다. 교사가 된 지 얼마 되지 않은 후배들이 종종 교직의 어려움에 대해 호소할 때면 난 먼저 아이들한테 배우라고 말한다.

여기에서 배우라는 말에는 몇 가지 의미가 담겼다.

문제가 발생하면 교사가 판단해서 먼저 결정하지 말고 아이들한테 그 해결책을 찾는 방법을 의논할 기회를 주라는 뜻이다. 아이들은 그동안 학교생활을 하면서 여러 선생님이나 학급에서 겪어 본 방법이 많을 것이다. 그런 방법을 서로 꺼내서 풀어 볼 자리를 만들어 주면 많은 정보를 들을 수 있다. 교사에게도 큰 정보이면서 배움이다.

아이들은 가르치는 대상이기에 앞서 존중받는 존재로 보는 게 먼저다. 많은 새내기 교사가 아이들은 무조건 가르치는 대상으로만 여긴다. 또 그런 쪽으로 노력하며 공부하고 연구해 왔다. 여기서 교육에 대한 생각, 철학이 드러난다.

아이들을 어떤 대상으로 보느냐에 따라 그 해결 방법도 다르다.

나는 교사를 '가르치는 사람'보다는 '함께 배우는 사람'이라고 정의 내리고 싶다. 교사는 아이들에게 가르칠 무엇인가를 건네기보다는 배우는 방법을 함께 익히는 사람이어야 한다. 가르치는 사람은 가르칠 것에 집중하고 무엇을 어떻게 가르칠까에 초점을 둔다. 함께 배우는 사람은 어떻게 하면 배움이 일어날까, 함께 배울 방법이 무엇일까를 고민한다.

아이들이 학급 활동의 주체가 되려면 자율과 책임이 따라야 한다. 그러려면 먼저 아이들을 믿어야 한다. 내 경험에 따르면 새 학기에 교사가 만든 학급 규칙을 전달하기보다는 아이들에게 직접 규칙을 정할 기회를 주면 실천 의지와 실천력이 훨씬 높아진다. 아이들에게 이런 기회를 마련해 주는 게 교사 역할이다. 가르침의 대상, 주어진 일을 그대로 따르는 존재를 넘어 스스로 정해서 지켜 나갈 수 있는 인격체로 믿는다는 것이 자율성과 주체성의 밑바탕이다.

어떻게 규칙을 정하든 지키지 않거나 지킬 수 없는 상황도 나타난다. 이럴 때는 그 규칙의 지킴 여부를 교사가 판단해서 벌이나 상을 줄 수도 있지만 학급 회의(또는 다모임)에서 서로 의논해 규칙을 고치거나 새 규칙을 덧붙일 수도 있다. 스스로 결정할 수 있는 권리와 기회가 늘어날수록 민주성도 함께 커 간다.

학급 회의를 할 때, 교사가 개입해서 빨리 결론이 날 수도 있고 토의에 익숙하지 않아서 너무 오래 끌다 다툼이 일어나 협의 과정에서 마음의 상처를 받기도 한다. 하지만 그런 것들조차 모두가 겪으며 풀어야 할 과정이다. 공동체의 협의 과정에서 오는 시행착오이기 때문이다. 이게 학교 공부다.

빠른 해결보다는 더디 가더라도 시행착오, 실패의 경험을 겪을 수 있게 기다리고 믿어 주어야 한다. 그것이 곧 아이들 삶이니까. 아이들을 존중하는 의미에서도 성장의 과정으로 인정해 주어야 한다.

1. 학급의 CEO는 교사일까?

교사는 어디서 어떻게 배울까?

많이 아는 것과 잘 가르친다는 것은 다르다. 보통은 많이 알면 잘 가르칠 것이라고 생각한다. 물론 어느 정도 가능성과 확률이 높겠지만, 나의 경우 막상 교사가 되고부터 교사로서 성장 과정을 보면 꼭 그렇다고 할 수도 없었다. 배우는 방법과 방식이 교사가 되고 나면 달라진다. 암기식 반복 학습으로 지식을 잠시 머릿속에 머물게 할 수는 있어도 몸에 붙이기는 쉽지 않다.

학급에서 배움이란 단순한 지식 전달과 암기식 반복 학습이 전부가 아니다. 또한 차시마다 학습목표에 도달하고자 힘쓰지만, 제대로 학습하는지 되새겨 볼 일이다. 아이들 수준과 깊이, 학교 행사에 따라 한 차시가 늘어나거나 줄기도 한다. 다른 교과와 행사를 함께 묶기도 한다. 교수 방법과 교육과정 내용도 설명 위주보다 활동, 참여, 발표, 토의·토론 등으로 점점 넓혀지고 있다. 지식 중심의 암기식 반복 학습에 길든 교사가 현장에 오면 이런 방법상의 문제와 부딪힘, 갈등이 생긴다. 평생 고민거리가 되기도 한다. 지식 전달보다 관계를 설정하는 문제가 더 큰 고민거리가 되기도 한다. 각종 행사로 교과, 생활지도, 특별활동이 각각 따로 가면서 늘 바쁘다. 교사가 아이들과 함께 있지만, 아이들 곁에 있지 못하게 하는 현실이 된다. 이런 현상을 어쩔 수 없다 여기고 그냥 그대로 받아들이면 교사로서의 성장은 멈춘다. 평생 직업 교사로만 남는다.

학교는 아이들의 삶을 다룬다. 교과 내용이 지식 위주라도 그것을 풀어가기 위해 삶에서 주제와 본보기 자료를 가져온다. 그래야 아이들이 이해하기도 쉽고, 배움의 필요성을 느끼며 몰입하고 즐길 마음을 갖춘다.

학교를 알면 알수록 교육하기 힘든 시스템이란 것을 인정하게 된다. 그런데 그것을 대하는 방법은 사람마다 다양하다. 시스템이 그러니 어쩔 수 없다며 순응하며 사는 사람도 있고, 오히려 더 잘 적응하려고 열심히 노력하는 사람도 있다. 바꿔 보려고 노력을 해 보지만 일이 많아지다 보면 한두 번 해 보다 포기하기도 한다. 교수-학습 방법까지 일제식, 암기식 반복 수업 형태로 바뀌어 버린다.

학교교육은 아이들에게 지식을 전달하는 게 목적이 아니라 아이들을 성장

시키는 데 있다. 그런 의미에서 교사의 삶은 인문학적 소양과 철학의 바탕 위에 실천을 함께해야 한다. 비록 지식 전달과 학습 중심으로 시작했어도 아이들과 관계를 맺으며 삶이 깃든 철학을 세워 꾸준히 다져야 한다.

성장하는 교사는 자기 나름의 검증 시스템을 만들어 성장의 싹을 만든다. 새로운 시도와 재구성에 도전하며 열정을 쏟는다. 해마다 다른 열정을 뿜어 낸다. 뜨겁기도, 따뜻하기도, 시원할 수도 있다. 해마다 같은 학년을 해도 해마다 새롭다. 그러면서 스스로 배운다.

학급경영, 학급운영

학급경영과 학급운영이란 말뜻을 사전에서 찾아보면 별반 다르지 않다.

'학급경영'이란 말에는 기업, 회사 같은 느낌이 더 든다. 회사 최고 경영자를 CEO라고 하니 학교를 경영하는 교장 선생님을 학교 CEO라 부르기도 한다. 그렇다고 교사를 학급 CEO라고 하지는 않는다.

기업은 상품을 생산, 판매하여 이윤을 낸다. 이 과정처럼 아이들을 교육해 사회에 필요한 사람으로 만드는 일로 빗대는 말로 삼은 것 같다. 하지만 경제 개념 안에 교육이 종속되고, 그 범위가 줄어드는 것 같아 불편하다. 내키지 않는다.

학급운영이란 말도 자주 쓰인다. 그러면 학급경영, 학급운영의 주체는 누구일까? 교사다. 교사는 시키는 사람, 학생은 시키는 대로 하는 사람으로 구분된다. 시키는 사람은 어떻게 하면 잘, 쉽게, 효율적으로 시킬까를 고민한다. 시키는 대로 하는 사람은 얼마나 잘, 제대로 받을까, 따라 할까에 힘을 쏟는다. 잘 주고 잘 받아야 하는 관계로 이어진다.

학급이 정말 이런 관계로 이루어질까? 이러면서 아이들이 잘 커 갈까?

아이들은 받기만 할까?

교사는 시키기만 할까?

교사가 아이들에게 받는 것은 없을까?

그렇지 않다는 건 다 알 것이다. 교사나 아이들이나 함께 커 간다. 아이끼리도, 교사끼리도 배운다. 서로 주고받고를 되풀이하며 산다. 내가 '학급살이'라고 이름 붙인 까닭이다. 교사와 아이들은 하루 중 가장 많은 시간을 함께 지낸다. 이런 시간이 재미있고 즐거워야 하지 않겠는가.

학급살이

교사가 학급을 어떻게 보느냐에 따라 학급을 이끌기도 하고, 학급에서 함께 살아가기도 한다. 나는 초보 교사 시절 학급운영에 많은 시간과 노력을 들였다. 더 부지런히 준비하고 챙기며 아이들을 다그치고 꼼짝 못하게 하기도 했다. 지금도 그런 모습은 남아 있는 듯하다. 시켜 놓고도 못 미더워 잔소리를 하고 짜증을 부리며 힘들거나 배신감을 느낀 적도 많았다. 왜 내 마음을 몰라 주나 짜증을 내고 회의를 느낀 적도 있었다. 아이들을 탓하고 꾸중하는 말이 늘었다. 그리고 어느 순간, 이게 아니구나 싶었다. 무엇인가에 쫓기듯 앞으로 달려가는데 아이들과의 관계는 자꾸 멀어지는 느낌?

왜 이렇게 되었지?

이게 무슨 삶인가?

살아야 했다. 나도 아이들도. 그리고 깨달았다.

아이들의 말을 들어야 했다. 아이들의 마음을 알아야 했다.

아이들에게 무엇인가를 하라고 시키기 전에, 아이들에게 필요한 것이 무엇인지, 바라는 것이 무엇인지 알아야 했다. 무엇을 잘 하는지, 무엇을 할 수 있는지 알아야 했다. 서로 인정하고 함께 사는 법을 깨쳐야 했다. 그래서 '학급살이'다.

내가 아이들의 이야기를 들어 주면 아이들도 내 이야기를 들어 준다. 아이들이 잘 하는 것, 좋아하는 것을 알아 주면 내가 좋아하고 잘 하는 것을 알아 준다. 이런 관계 맺음으로 출발해야 학급에서 함께 배울 수 있다. 함께 성장하는 삶의 자리가 된다.

'학급살이'라는 말뜻이 느껴지는가? 어울리는가?

학급경영, 학급운영보다 학급살이가 더 와 닿지 않은가?

'학급살이'로 깨치기까지 '학급운영'이 있었다.

스스로 성장하기 위한 과정이었다. 아니, 새내기 때는 '학급운영'을 제대로 하기도 힘겨웠다.

그런 새내기 시절은 몇 년을 해야 할까? 평생을 하는 사람도 있다. 한두 해쯤 하다 학급경영이 되기도 한다. 한 번씩 학급살이의 빛깔로 드러나기도 한다. 올곧게 삶을 가꾸기 위한 학급운영이 '학급살이'다.

아이들은 교사가 가르치는 내용과 지식보다 교사의 실천과 행동에서 공감하고 감동해야 먼저 배움의 동기를 얻는다.

학교는 사람의 마음, 배움의 감정, 서로의 관계를 배우는 곳이기도 하다. 다투고 싸우고 부대끼면서 양보하고 배려하며 조절하는 방법을 교과 시간마다 함께 깨친다.

　직접 해 보며 규칙을 만들고, 원리와 방법을 찾고, 정보를 나누며 몰입한다. 몰입의 상태를 즐기는 마음이 배움의 즐거움이다. 교사 또한 그런 삶을 함께한다.

　학급운영이 대학과 책에서 배운 지식을 적용해 본 시간이었다면 학급살이는 실천하면서 깨치는 시간이다. 그 시간의 빛깔은 교사들 수만큼 다 다르다. 아이들의 성장이 교사의 성장을 돕는다. 교사의 성장도 아이들의 성장을 돕는다.

2. 교사의 관심 주제, 어떻게 성장하는가?

새내기 시절

　교사도 아이들처럼 성장하면서 배운다. 교사에게는 어떤 활동들이 고민거리가 될까? 새내기 때부터 고민하고 공부한 것들을 풀어 보았다. 교사마다 차이는 나겠지만, 교사의 일생으로 보면 많은 공통점이 있을 것이다. 다음은 내가 새내기 때부터 했던 고민거리들이다.

◆ 학급 조직, 모둠 활동, 학급 회의, 교과 지도 방법
　발령 첫해는 그렇게 큰일이나 바쁜 일이 주어지지 않았다. 새내기 때는 배우는 시기라서 몸으로 부대끼는 일이 많았다. 무엇이 바쁜 것인지조차 잘 모를 때였다. 지금 생각하면 폭풍전야 같은 시간이었다.

학급에서는 주로 학급 조직, 모둠 활동, 교과 방법을 고민했다. 아이들과 교육에 대한 희망과 열정의 부푼 꿈을 키우던 시절이었다.

학급 일이든 학교 일이든 모든 것이 처음이라 스펀지처럼 빨아들였다. 스펀지는 말라 있을수록 잘 빨아들인다. 다른 욕심 없이 아이들과 어떻게 잘 지낼까에 초점을 맞추었다.

교과 중심의 가르치는 방법, 이벤트성 학급 행사도 곧잘 시도하면서 즐긴 시간들이 생생하게 기억된다.

◆ 교실 꾸미기, 청소, 과제, 일기, 환경, 통일, 글쓰기, 행사 글, 독서, 학급 신문·학급 문집 만들기, 연극·놀이·노래 지도…

1정 연수받기 전 5년 차까지 했던 도전이었다. 배우고 싶은 것과 아이들과 함께하고 싶은 활동이 많이 생겼다.

교사로서의 열정이 가장 높은 시기이기도 했다. 놀이, 독서, 글쓰기, 영상 만들기 같은 연수를 받으러 전국 곳곳을 다녔다. 모르는 게 많아 배우려는 의지도 높았고, 그렇게 배운 것들을 학교에서 실천해 보고 싶었던 설렘도 컸다. 하지만 배운 것만큼 실천하면서 실망과 포기, 의문도 많은 때였다.

어떤 것은 아이들의 눈높이에 맞지 않고, 어떤 것은 생각지도 않았는데 좋은 효과를 보기도 했다. 그때는 어디까지나 한 번 해 보는 시기였다. 성공과 실패를 말하기에는 일렀다.

나에게 맞는 활동, 방법, 내용, 과정을 탐색하는 과정이었다. 한 번 해 보고 안 된다고 쉽게 포기하거나 나에게 재능이 없다고 덮어 버리면 아무것도 할 게 없다. 너무 빨리 좋은 결과를 바라면 열정도 금방 식어 버린다.

잘 안 되는 까닭이 아이들과 어울리는 방법이 서툴거나, 아이들의 눈높이에 맞지 않았기 때문일 수도 있다. 아이들한테 맞지 않으면 포기하거나 아이 탓, 내 탓으로 돌리기도 한다. 아이들한테 배신감(!)도 많이 느낀다. 노력하는데도 몰라 주는 아이들이 야속하고 무엇에도 관심이 없는 아이들 때문에 마음의 상처도 받았다. 그러다 보니 아이들과의 관계가 피곤해졌다. 지금 생각하면 그게 아이들의 자연스러운 반응이고, 시행착오일 뿐이었다. 아이들의 성장 발달에서 자연스럽게 나타나는 현상이었다.

그 당시는 머리보다 몸과 마음으로 더 많이 배우고 익힐 때였다. 아이들과 함께 호흡하는 방법을 찾는 과정이었다. 한 번 해 보고 잘 안 된다고 포기하거나 적성에 맞지 않는다고 단정할 일이 아니다. 몇 번이든 다시 도전해야 한다. 자꾸 부대끼며 배우는 시기다. 교사의 삶은 이런 과정의 연속이고 다른 직종과 차이점일 것이다.

이때는 특히 교사의 성장 과정에서 교육 철학과 열정의 씨앗이 만들어지는 시기이기도 하다. 또한 직업인으로서 교사와 자아 실현을 위한 교사로서의 첫 번째 갈림길에 서는 때인 것 같다. 교사의 철학과 성찰을 돕는 공부, 교사 모임에 적극적으로 참여하며 인생의 본보기를 정해서 튼튼한 가치관의 기초를 다지는 노력이 필요할 때라고 본다.

1정 연수를 마친 뒤

◆ 현장학습, 집단 상담, 학부모회, 생활통지표 작성…
1정 연수를 받은 뒤나 이쯤의 나이 때는 어느 정도 학교 돌아가는 사정을 알아서 학교생활이 바빠도 겁이 없어지고 마음이 편해진다. 부장을 맡을 자격과 그런 정도의 눈높이와 능력도 생긴다. 부장을 맡지 않아도 부장 정도의 일을 해내거나 학교에서 요구하기도 한다.

이때의 내 고민거리는 소외된 아이, 현장학습, 학부모 관계로 넓혀졌다. 학교의 다양한 행사를 이끌거나 진행을 하면서, 바쁜 와중에도 학급과 교과에서 사각지대에 있는 아이들과 학부모, 특별 활동에 관심이 뻗었다. 생각하는 범위가 넓어지면서 공부 방법이나 내용도 달라졌다. 책도 많이 읽고, 깊이 있는 연수, 철학이 깃든 공부로 바뀌었다.

단순히 행사를 치르기에 급급했던 것에서 벗어나 왜 이런 행사를 하는지 고민도 자연스럽게 일어나고, 학교 행사용 상담이나 부진아 지도가 아닌 우리 반 아이들의 부족한 점은 왜 생겼고, 각종 현장학습을 교과와 어떻게 연결고리를 만들어 운영할까 하는 깊은 생각도 생겼다. 학부모와의 관계도 형식적인 부분에서 내용적인 깊이로 파고드는 시기였다. 교직에 대한 자신감과 깊이 있는 전문적 열정도 생기기 시작했다. 그래서 학부모를 대하는 용기와 나름의 가치관도 갖추어졌다.

승진을 위해 실적에 현혹되는 시기

◆ 담당 일 처리, 통계 내기, 행사 보고, 행사 진행, 연수, 특별활동…

교직 생활을 8년쯤 하다 보니 업무 부장을 맡았다. 부장은 스스로 맡을 수도 있고, 학교 사정상 어쩔 수 없이 해야 할 때도 있다. 일부러 부장 자리를 찾아 학교를 바꾸기도 한다. 어찌 되었든 이 시기에는 학교의 대외 행사에서 중추적인 역할을 하게 된다. 중추적인 역할이란 각종 행사에서 대표로 발표하거나, 발표 자료를 모으거나 연구, 정리하고 프레젠테이션 같은 일을 한다는 의미다.

남자 교사라면 경력과 상관없이 체육에서부터 정보, 과학, 연구 업무로 이어지는 코스를 자연스럽게 이어 갈 가능성이 높다. 밤늦게까지 각종 통계를 작성하거나 프레젠테이션을 위한 편집, 각종 대회 작품을 준비하느라 바쁘다. 교사라기보다는 회사 직원 같은 느낌이 들기도 한다. 누구나 한 번쯤 거쳤을 과정이다.

이쯤에서는 교직에서의 목표와 방향, 중심을 다시 생각해 보게 된다. 힘들기는 해도 챙겨 주는(챙겨지는) 상장이나 점수, 칭찬에 성취감을 얻어 스스로 연구학교나 시범학교의 부장 자리를 찾아 나서면서 교직의 진로가 승진으로 자연스럽게 정해지기도 한다. 지금은 각종 연구학교나 시범학교가 많이 사라졌지만, 이 시기에 배우고 익힌 일(행사) 처리 능력으로 교육의 본질에 대한 역량을 키우기보다 점수화된 실적에 중심을 두는 삶의 굴레에 빠지기도 한다.

경력이 쌓일수록 뒤집히는 교사 역할

교직 새내기 때부터 부장을 맡기까지 고민거리를 다시 살펴본다.

〈표1〉 교직 시기에 따른 교사의 관심 주제 변화

- 새내기 때: 학급조직, 모둠 활동, 학급회의, 교과 지도 방법

- 1정 연수 받기 전(1~5년)
교실 꾸미기, 청소, 과제, 일기, 환경, 통일, 글쓰기, 행사 글, 독서, 학급 신문·학급 문집 만들기, 연극·놀이·노래 지도…

- 1정 연수 받은 후(6~7년)
현장학습, 집단 상담, 학부모회, 생활통지표 작성…

- 부장을 맡고 나서(8~10년)
담당 일 처리, 통계 내기, 행사 보고, 행사 진행, 연수, 특별활동…

?

길면 10년, 짧으면 5년 사이 겪게 되는 여러 일이 교직에서 겪을 수 있는 대부분의 경험이 될 수도 있다. 이런 과정을 서너 번 반복하면 퇴임을 맞이한다. 물론 어느 한 곳에 머물기도 한다.

〈표1〉처럼 아래로 내려갈수록 어떤 현상이 일어날까?

아이들과 관계가 점점 멀어진다.

내가 열심히 노력하며 배우고 익힌 능력이 아이들한테 쓰이지 않고 행사를 치르는 데만 사용된다. 교사로서의 능력은 분명 늘어난 것 같은데 아이들과의 관계는 점점 멀어지는 현상, 이런 현상을 무엇이라고 정의해야 할까?

교사로서 아는 것은 많아지는데 아이들을 가르치는 능력은 왜 늘지 않을까, 교육 역량은 왜 늘지 않을까, 아이들은 왜 내 말을 잘 이해하지 못할까, 왜 내 말이 제대로 전달되지 않을까 하는 회의감도 생겼다. 교사로서의 능력은 더 높아지는 것 같은데 아이들은 늘 그대로였다.

다음 해가 되면 똑같은 흐름이 반복된다. 아이들이 성장하지 않는 것처럼

보이기도 했다. 이런 흐름이 계속되자 지루함과 회의감이 밀려들었다. 교직이 적성에 맞지 않는다며 벗어나려고 몸부림치기도 한다.

아이들을 가르치는 기술이나 기능적인 능력은 늘었지만, 아이들한테 돌아갈 기회와 돌려줄 책임은 오히려 줄어든 게 아닐까?

나도 한때 마음껏 내 능력을 시험하고 발휘하며 느끼는 성취감에 빠져 아이들을 가르치는 일에 짜증을 내거나 벗어나려는 마음을 품은 적이 있었다. 이런 생각이 깊어지면 빨리 가고자 하는 방향을 명확히 해야 한다. 좋고 나쁨의 가치로 따질 필요가 없다. 이 또한 개인 성향이다. 하지만 제대로 해 보려면 몇 번 더 도전해 봐야 하지 않을까? 아이들에게서 벗어나려고 회피성 공부를 하고 승진한 사람이 교육 정책을 만드는 일에 참여한다면 어떤 일이 벌어질까?

난 컴퓨터를 잘 다루는 편이다. 워드 편집이나 통계 처리, 그래픽, 영상도 간단하고 빠르게 만드는 편이다. 이런 기능은 교직 생활에 유리한 도구이자 기회를 주기도 한다. 예전에는 손 글씨, 손놀림이 섬세한 사람들이 보고서를 쓰거나 전시물을 만드는 일 등에 크게 쓰였다. 지금은 컴퓨터를 잘 다루는 사람이 그 자리를 대신한다. 각종 행사나 대회 준비, 실적물 만드는 데 컴퓨터 활용 능력이 필수가 되었다. 평소 학급 자료보다 각종 보고서나 실적물 생산에 더 많은 시간과 노력이 집중된다. 그러나 교사의 능력과 실력은 학교 일보다 자기가 가르치는 아이들을 위해 활용되어야 더 가치 있는 것이 아닐까?

되돌아보고 다시 배우는 교사로

나 같은 경우에는 많은 고민거리가 한꺼번에 일어났다.

그런 능력과 노력이 왜 학급에서 아이들에게 더 많이 투자되지 못할까?

왜 평소에는 학습 자료나 활동 자료를 만드는 데 손이 가지 않을까?

누가 보지도, 확인하지도 않아서 아무런 이득이 없어서일까?

일을 처리하는 능력은 좋아지는 듯한데 왜 허전한 마음이 들까?

많은 노력을 들여서 키워야 할 능력은 무엇인가?

교사로서 올바르게 성장하고 있는가?

가르치고 배우는 능력을 키우고 있는가?

내 노력은 주어진 일에만 쓰이고 스스로 만드는 노력의 성장은 없는가?

생각의 중심, 철학, 교사의 진로를 제대로 정해야 한다.

교사는 아이들에게 꿈을 말하고, 꿈을 펼치라고 말한다.

그렇다면 교사의 꿈은 무엇일까? 교사는 어떤 꿈을 펼치고 있을까?

교사의 꿈도 아이들과 부대끼면서 삶에서 보여야 하지 않을까?

무엇보다 소통이 필요했다. 그때까지 배운 것들은 기능적으로 배우고 써먹는 것들이었다. 물론 모두가 그런 것은 아니겠지만 무엇을 배우든 기능·기술적으로 적용해 보고 반응을 알아보는 기계적인 것이 많았다는 것을 반성하지 않을 수 없었다.

아이들과의 관계는 말과 행동, 몸으로 부대끼며 배우는 것이다. 단순한 설명과 가르침으로 스며들지 않는다. 마음의 움직임, 동기와 감동, 깨침이 일어나야 재미가 있고 지속 가능한 삶의 뿌리가 된다.

이런 과정을 어떻게 만들어 가야 할까? 어떻게 배워야 할까?

◆ 교사 모임, 공부 모임, 글쓰기 모임, 소통의 자리

교직에 들어선 지 10년이 되던 해부터 나는 교사 공부 모임에 열중했다. 새내기부터 교사 모임이 없던 것은 아니다. 일주일에 한 번씩 모여 글쓰기 공부와 학급운영 이야기도 나누었지만 10년이 되자 교사 모임에서 학급 이야기, 우리 삶에 대한 진지한 이야기가 마음에 들어왔다는 말이다.

여태까지 살아온 삶은 맛보기였다. 다시 처음부터 제대로 살아야 할 시점, 피드백할 시기였다.

그래서 나는 공부 모임에 꾸준히 나갔다. 같은 고민을 하는 선생님끼리 모였다. 같은 학교에서 같은 고민을 나눌 만한 선생님이 별로 없었기에 다른 학교 선생님이라도 마음이 맞는 분들과 모여서 서로의 고민을 나누고 풀었다.

일주일에 한 번씩 모여서 책을 보거나 실천 사례를 나누었다. 살아가는 이야기로 맺힌 마음도 풀고 방법도 함께 고민했다. 좋은 연수가 있으면 함께 참여하고 공부했다. 함께 공부하는 방법을 배운 셈이다.

공부 모임은 관계를 맺고 소통하는 방법을 깨치게 한다. 정확한 답을 바로 알려 주는 것은 아니다. 스스로 찾아야 한다. 찾게 된다. 꾸준히 모여서 찾다 보면 어느새 풀려 있고, 든든하고 따뜻한 동료애와 직업의식, 전문성도 높아진 자신을 보게 된다. 교사로 성장한 자기를 본다. 그런 자리가 교사 공부 모임이다. 벌써 20년 넘게 이어지며 내 삶의 일부분이 되었다. 아니, 큰 부분이 되었다. 내가 성장하는 데에 큰 밑거름과 튼튼한 뿌리가 되어 준다. 내 삶의 일부분으로 삼지 않으면 오래가지 못하고 한때 모였다 사라진다.

학교는 아이들의 삶을 다루며 여러 사람이 사는 방법과 다양한 감성을 배우는 곳이다. 지식과 기능은 쉽게 잊힌다. 지식과 기능을 배우면서 느끼는 감정, 의지, 동기, 깨침 같은 것은 오래 남는다. 오래 남은 이런 것들이 다시 지식과 기능을 되살린다. 그래서 나는 공부할 때 아이들을 많이 움직이게 한다. 보고, 듣고, 말하고, 뛰고, 달리고, 구르면서 느끼고, 감정을 불러일으키도록 한다. 몸으로 먼저 움직이고, 그것을 좋은 감정과 느낌으로 감싸서 머릿속에 행복한 지식이 되게 한다. 그 과정을 함께 익히는 곳이 학교와 학급이고, 그렇게 할 수 있도록 함께하는 사람이 교사다.

그러려고 교사는 끊임없이 배운다. 책을 읽거나 연수를 통해 개인 능력을 키우는 것도 중요하다. 여기에서 교사들에게 한 가지 더 중요한 배움이 필요하다. 아이들과 소통하고 관계를 맺고, 감정과 느낌을 끊임없이 알아 가며 나누는 공부다. 혼자서는 쉽지 않다. 그래서 모여야 한다. 함께 나누고 함께 실천하는 전문 학습 공동체가 필요하다.

경력과 실력, 능력의 높고 낮음은 상관없다. 서로에게 배울 게 많다. 똑같은 상황에서도 서로 다른 관점과 생각이 있다. 맞지 않는 말이라도 그렇게도 생각한다는 것을 배운다.

아이들도 학급에서 이런 방법으로 비슷하게 배운다. 듣는 연습이 되고, 들어 주는 힘을 배운다. 학급에서 꼭 필요한 교사의 능력도 그런 것이 아닐까? 모임을 꾸준히 이어 가는 까닭도 그런 필요성을 알아서이다. 남이 필요하다고 해서가 아닌 내가 필요해서 하는 공부다. 교사 또한 자기 삶을 가꾸고 성장하는 기쁨을 누려야 한다. 몸에 담아야 한다.

◆ 교육과정 재구성, 교사 모임, 실천 사례 모으기, 상담, 글쓰기, 학부모 모임

새내기 때는 멋모르고 무작정 덤벼들었고, 1정 연수를 받기 전엔 여러 가지를 배우며 탐색했고, 1정 연수 뒤에는 학교 일에 정신없이 매달리고 학급 아이들과 학급 행사, 교과 공부에 힘쓰다 보니 10년이란 세월이 흘러가 있었다. 길다면 긴 10년의 시간이 지나갔지만 내 삶에서는 한 번 맛본 경험의 시간일 뿐이었다.

한 번 맛본 것만으로 어찌 제대로 했다고 할 수 있겠는가?

어떤 책이든 한 번 읽었다고 해서 그 책을 안다고 말하지 못한다. 다시 두서너 번 읽으면 다르다. 처음 읽었을 때 애매하거나 몰랐던 것이 밝혀지거나 새로운 것을 발견하기도 한다. 안다고 생각한 것도 해석을 달리하거나 더 깊이 알게 된다. 너무 어렸을 때 봐서 큰 감동 없이 스친 것도 다시 읽다 보면 크게 깨치기도 한다. 살아온 경험들이 나를 다시 바꾸어 놓는다. 관점과 기준이 넓어지고 깊어진 까닭이다. 생각도 마음도 그만큼 커졌다는 뜻이다. 그게 성장의 증거, 기쁨이기도 하다. 다시 처음으로 돌아간다. 새내기 때처럼 다시 한다. 몰라서 부대끼며 배운 것들을 이제는 녹여 내고 우려 내는 마음으로.

교과를 재구성하고 교사 모임에 나가 실천 사례를 모으고 다듬고 나눈다. 배움에서 나눔으로 넓혀 간다. 여럿이 모여서 고민하면서 깊이 알아 가는 삶의 길을 걷는다. 한 번 맛본 경험, 두 번째는 제대로 점검하고 확인하며 다진다. 왜 그때는 되지 않았는지, 무엇이 모자랐는지 찾는 기쁨도 크다. 스스로 성장하며 배움이 즐거운 삶으로 다시 사는 길이다.

3. 교사의 성장에 따른 학급운영

백화점식 학급운영

"이것저것 좋다는 것, 그때그때 한두 번씩은 해 봤는데 허전하더라고요."

"나중에는 별로 남는 것이 없어서 허탈했어요."

한 해 학급운영을 마치고 새내기 선생님들이 내게 한 말이다.

수업 준비는 어떻게 했냐고 물으니, 수업 자료가 많은 웹사이트에서 필요한 자료를 찾아 인쇄하거나 내려 받아 자주 썼다고 말했다. 새내기 때는 다양한 정보가 없으니 처음에는 이런 방식을 많이 활용한다. 마땅한 자료를 찾거나 만들 시간이 빠듯하기 때문이다. 그래서 교과서 중심으로 짜인 웹사이트와 교사 자료 커뮤니티 사이트에서 필요할 때마다 자료를 뽑아서 쓴다. 마치 백화점에서 필요한 물건 고르듯 해서 교사들은 이를 '백화점식 학급운영'이라 이름 붙였다.

한 해 계획을 뚜렷하게 세우지 않으면 학교 행사 일정에 맞춰 틈나는 대로 학급운영을 하게 된다. 괜찮은 자료, 좋다는 자료는 일단 저장해 두었다가 수업 시간에 가져오거나 조금 바꾸어서 활용한다.

모방 단계다. 이런 과정을 나쁘게만 볼 수는 없다. 새내기 교사라면 더욱 그렇다. 모든 수업이 처음이라 혼자 고민해서 준비하는 것보다 효율적이다. 하지만 이런 백화점식 학급운영을 평생 할 수는 없는 노릇이다.

그렇다면 어느 시기에서 멈춰야 할까? 자기 학급만의 자료를 언제 스스로 만들어 낼 수 있을까?

학급운영에도 자기만의 색깔이 있다. 자기 색깔을 드러내기까지는 갖가지 모방이나 여러 가지 경험과 도전이 필요하다. 그런 점에서 처음에는 백화점식 학급운영도 필요하다. 나도 제대로 교재를 연구하지 않았거나 교과서 말고 별다른 방법이 없으면 백화점식으로 학급운영을 준비한다. 하지만 10년 가까이 지난 뒤부터는 그런 사이트는 거의 보지 않고 우리 반만의 자료를 활용했다. 그동안 아이들이 만들어 낸 창작물이 쌓였기 때문이다.

백화점식 학급운영을 전혀 안 할 수는 없다. 해마다 조금씩 줄여 나가며 우리 학급만의 활동지나 학습 자료가 되게 목표를 세워 실천하는 노력을 해 보자. 쉽지 않지만 많은 고민과 열정, 도전을 계속하다 보면 자기만의 빛깔 있는 학급운영으로 성장할 것이다.

주제 중심 학급운영

〈표2〉 주제 중심 학급운영의 필수 조건

활동 주제	변덕, 갑자기 ×	다음 해 좋은 본보기	자료 체계화

백화점식 학급운영을 몇 해 거치면서 여러 활동을 되돌아보게 되었다. 나도 아이들도 괜찮았던 활동, 나는 괜찮았는데 아이들의 호응은 없던 활동, 나는 좋지 않게 여겼지만 아이들 호응이 좋았던 활동, 나도 아이들도 별로 좋지 않다고 느낀 활동으로 나눌 수 있었다. 네 가지 경우를 따져 보면 교사로서 무엇을 배우고 익힐지 길이 보인다.

나도 아이들도 괜찮았던 활동은 그대로 꾸준히 해 나가면 된다. 호흡이 딱딱 맞는 것이다. 나는 괜찮았는데 아이들의 호응이 없던 것과 나는 별로 좋지 않다고 생각했지만 아이들 호응이 좋았던 것은 어떻게 해석해야 할까?

아이들에게도 문제가 있겠지만, 아이들을 이해하지 못한 교사의 눈높이와 지도 방법에 더 큰 문제가 있다. 교사가 노력해서 공부해야 할 부분이다. 나도 아이들도 별로 좋지 않다고 느낀 활동은 앞으로 도전할 과제다. 시간이 좀 걸린다. 잘 되지 않아도 적어도 내가 먼저 좋아하거나 아이들이 좋아하도록, 한 단계 끌어 올리도록 애를 써야 한다. 이런 과정을 고민하며 교사가 성장하려면 적어도 한 학년을 세 번 정도 해 보라고 권하고 싶다. 무엇보다 그 학년의 아이들을 이해하는 데 큰 도움이 될 것이다.

여기서 말하고 싶은 것은 나도 아이들도 호흡이 맞는 활동이다. 백화점식 학급운영에서도 호흡이 잘 맞는 활동이 있다. 그 부분을 주제로 잡아서 꾸리는 학급운영을 나는 '주제 중심 학급 운영'이라고 이름 붙였다.

예를 들어 보자. 학급 동요 부르기가 잘 맞은 활동이라고 치자. 나도 아이들도 괜찮고 좋았다면 '노래 중심 학급운영'으로 꾸린다.

한 해 동안 가르칠 노래를 먼저 정한다. 일주일에 한 곡 정도 함께 배운다면 30곡을 준비하면 된다. 30곡을 다 불렀다고 해서 아이들이 다 좋아하고 자주 부르지는 않을 것이다. 그중 몇 곡 정도가 아이들 입에서 즐겨 부르는 노래로 살아남을까? 어떤 곡이 자주 불릴까?

지금까지 내 경험으로는 30곡 중에서 5곡 정도가 아이들이 좋아하고 즐겨 불렀다. 10곡 정도는 고만고만하다. 나머지 15곡은 아이들이 배울 때만 부르고 금방 잊히는 노래들이다. 이렇게 한 해가 지나 5곡 정도만 살아남는다고 치고, 그다음 해에도 같은 방법으로 15곡을 다른 노래로 바꾸면 10곡 정도가 살아남을 가능성이 클 것이다. 고만고만한 10곡 가운데 몇 곡은 지도 방법에 따라 꾸준히 불릴 곡이 될 수도 있다. 이렇게 해서 세 번째 해에도 같은 방법으로 아이들 호흡에 맞는 노래 찾기를 하면 20곡 이상을 찾게 된다.

그렇게 되면 어느새 자기 반만의 노래 목록이 생긴 셈이다. 그 교사에게 맞는 노래 목록이 생긴다. 이런 노래라면 어느 반에서 가르쳐도 아이들이 즐거워하기 때문에 교사는 여기에 간단한 기교나 기능을 덧붙여 발전시킬 수도 있다. 자기만의 색깔 있는 주제, 목록이 된다. 교사에게 한 가지 재주가 생기는 셈이기도 하다.

동요 부르기를 본보기로 들었지만 악기, 연극, 글쓰기, 그림 따위로 주제를 잡을 수 있다. 교사의 소질과 성향에 따라 다양해진다. 교사도 좋아하고 아이들도 좋아하는 활동과 목록을 이런 과정으로 많이 찾았으면 한다.

주제 중심 학급운영은 서로 호흡이 맞는 주제를 찾는 과정이 중요하다. 또한 활동 주제가 정해지면 갑작스러운 활동은 줄일 수 있다. 아이들과 활동하면서 어느 정도 검증 과정을 거쳐 다음 해 좋은 본보기 자료로 활용할 수 있다. 주제 중심으로 몇 해 하고 나면 여러 가지 목록과 체계가 갖춰진다. 자기가 소화할 만큼 학급활동이 이루어진다. 실천 의지에 따라서 다양하게 넓혀진다.

〈표3〉 주제 중심 학급운영의 월별 계획 사례

목표	월	주	학급 행사	놀이 자료	노래 자료	주말 가정학습
만남과 사귐	3	1	좌석 배치 자기소개	★이름 빙고 ☆믿음 쌓기 @소개하기	내 맘속에 사랑이	자기 소개서 작성
		2	두레 조직 및 훈련	★박수 놀이 ☆말 타기 @별칭 짓기	사랑가	나의 아리랑 곡선 그리기
		3	임원 선거	★열-차 ☆진놀이 @자서전 쓰기	작은 세상	새로 사귄 친구 집 방문하기
		4	생일잔치	★고누두기 ☆짝 진놀이 @네 가지 질문에 대답하기	우리 이야기	가족 발 본뜨기
내 친구 우리 반	4	5	두레 일기 쓰기 시작	★실뜨기 ☆감각 놀이 @자아 존중감 검사	곰 사냥	가족 봄나물 캐기
		6	두레별 팔씨름 대회	★백두산 개구리 ☆얼음 땡 @독백극	꼴찌를 위하여	이 세상에서 가장 슬픈 이야기 알아 오기
		7	두레별 체육대회	★가라사대 ☆돼지씨름 @내 이름에 숨은 뜻은	태양을 사모하는 아이들아	이 세상에서 가장 우스운 이야기 알아 오기

★실내 놀이 ☆실외 놀이 @심성 놀이

〈표3〉은 나의 새내기 때 학년 부장 선생님이 사용한 학급운영 계획표이다. 나는 그 선생님의 영향을 많이 받았다. 그 선생님은 학급 행사, 놀이 자료, 노래, 주말 가정학습으로 그 주에 할 일을 표로 만들어 두었다. 경력도 많고 주제가 있는 학급운영도 몇 번 해서 학급운영을 잘 하셨다. 5년 차였던 난 한두 가지 하는 것도 버거울 때였다. 다할 수는 없었다.

계획을 아무리 자세히 짜 놓아도 다 못 했을 것이다. 그런데 못 했으면 못한 대로, 잘 했으면 잘 한 대로 표시해 두는 것이 중요하다. 한 해 꾸준히 표시해 두면 다음 해는 안 된 부분은 빼고 잘 된 것만 살려 나가면 된다. 학교와 학급의 호흡을 맞추는 일이다. 이렇게 맞추며 만들어 가는 학급운영을 하면 같은 학년을 여러 번 해야 할 필요성이 생긴다.

자기만의 목록, 호흡이 맞는 활동, 아이들에게 검증된 목록이 나오면 자신감과 성취감이 생긴다. 잘 안 된 활동에 대해 고민하고 풀어 보려는 도전의식도 일어난다. 해마다 같은 학년을 해도 지루하지 않다.

뜻을 세우는 학급운영

나는 백화점식 학급운영을 몇 년 하고, 주제 중심 학급운영도 몇 년 했다. 그런데 여전히 왜 학급운영을 할까 하는 고민이 앞섰다. 학급운영에서 아이들은 무엇을 배우는 것일까? 학급운영 목표는 무엇이어야 하는가?

학급운영 목표는 학기 초 학교 교육 계획서, 학급 경영록에 담는다. '성실한 어린이, 예의 바르고 자기 주도적인 어린이, 남을 배려하고 즐겁게 배우는 어린이'와 같은 형태로 만들어져 있다. 그런데 교육 계획서와 경영록을 결재받고 나서는 경영록 따로, 수업 따로, 학급운영 따로 하는 경우가 대부분이었다.

왜 이렇게 되었을까? 결재받기 위해 교육 계획서와 경영록을 만들었기 때문이다. 교과 따로, 행사 따로, 다 따로 노니 따로 해야 할 것들이 늘면서 바빠졌다.

그래서 어느 날, 백화점식 학급운영과 주제가 있는 학급운영을 하면서 모아 둔 자료를 정리했다. 여러 활동 자료를 다시 풀어 놓고 보니 달마다 했던 활동들이 한눈에 들어왔다.

'그래, 올해는 월별로 묶어서 해 보자.'

그런 마음으로 '월별 학급운영'을 만들었다. 그런데 월별로 묶는 기준이 있어야 했다. 때마침 학교를 옮겼다. 학급이 하나 늘면서 그 반이 우리 반이 되었다. 새 교실, 새 책상, 새 걸상이 있었다. 새 학급 팻말도 만들어야 했다. 당시에는 성실반, 노력반, 예절반과 같이 반 이름을 짓던 때였다. 나 스스로 이름을 지을 기회가 온 것이다.

'무슨 이름으로 지을까?' 고민하다 '지금까지 어떤 목표로 학급운영을 해 왔을까?'로 생각이 이어졌다. 그때 '땀 흘려 일하고 샘처럼 맑게 살자'는 마음 뜻을 정해서 '땀샘반'을 만들었다. 급훈이면서 학급운영 목표가 되었다.

월별로 모은 자료를 1학기에는 땀 흘려 일하고, 2학기에는 샘처럼 맑게 살자는 마음 뜻을 중심으로 지금까지 활동할 거리를 짰다.

〈표4〉 뜻을 세우는 학급운영의 월별 주제와 주요 활동 계획 사례

달	3	4	5	6	7	9	10	11	12·2
급훈	땀 흘려 일하고					샘처럼 맑게 살자			
주제	만남의 달	모둠의 달		땀 흘리는 달		맑게 사는 달	발로 뛰는 달		마무리 달
주요 활동	소개거리	모양 그림, 먹물 그림, 땀샘 체조				이야기, 토론	보고서 활동		학급문집

가르치는 목표가 생긴 셈이었다. 목표를 중심으로 활동 내용을 짰다. 나만의 학급운영 빛깔이 조금씩 나타났다. 형식적인 제출용 목표에서 나에게 필요한 목표로 바뀌었다. 결재용으로 쌓아 두는 경영록이 아니라 내가 필요로 하는 것을 기록하고 보충하며 만들어 가는 학급운영이 시작된 것이다. 땀샘 학급을 운영하면서 학습 결과물이 쌓여 갔다. 옛 자료에 덧붙여 아이들의 자료도 늘어났다. 한 해 마무리를 하고 최종 결과물은 '땀샘 학급운

〈그림1〉 땀샘학급살이 누리집: http://chamdali.edumoa.com

영' 누리집에 정리해 담았다. 평소 학급 누리집을 꾸리다가, 한 해가 끝나면 다시 정리해서 담았다. 그것은 다음 해 아이들에게 좋은 본보기 자료로 쓰였다.

삶을 가꾸는 학급살이

백화점식, 주제 중심, 뜻을 세우는 학급운영의 공통점은 무엇일까?

이 세 가지 학급운영에서 주체는 누구일까?

교사다. 교사는 무엇을 잘 시킬까에, 학생은 어떻게 잘 받을까에 초점이 맞춰져 있다. 시키거나 받는 관계다. 이런 관계가 익숙지 않거나 성향이 맞지 않으면 서로 힘들고 고달프다. 마음을 맞추려고 노력하더라도 효과는 더디다.

'무엇이 문제일까, 누구의 문제일까, 어떤 것이 모자랄까?'

여러 가지 고민이 쏟아진다.

'완벽해지려고 너무 지나치게 욕심을 부리고 있는 것은 아닐까?'

아이들과 교사는 하루 중 가장 많은 시간을 함께하는 사이다. 많은 시간을 공유하고 있다. 그런데 교사든 학생이든 삶이 즐거워지려면 스스로 자기 삶을 가꿀 기회가 필요하다. 삶을 주체적으로 끌고 가야 한다. 그런 기회가 한쪽(어른)에 몰려 있다면, 아이들의 입장에서는 스스로 결정할 것들이 없어서, 여러 가지 삶에 대한 동기가 없기에 수동적인 삶을 살게 된다.

이런 생각을 하게 되면서 '학급운영'을 '학급살이'라고 바꾸었다.

아이들의 삶에 초점을 맞추었다. 아이들과 함께 고민하고 여러 가지 활동을 의논, 토의, 토론해 나가면서 학급을 함께 꾸렸다.

그래도 여전히 교사의 몫이 많다. 학급'운영'이란 관점은 여전히 남아 있다. 한꺼번에 다 바꿀 수는 없어도 살아가면서 조금씩 서로 의견을 나누며 맞춘다.

학급에는 참 다양한 아이들이 있다. 교사와 성향이 맞지 않는 아이도 있다. 아이들끼리도 서로 마음이 맞지 않아 말다툼이 자주 일어난다. 당연하다. 이런 성향과 발달 과정도 함께 공부하고 이해한다. 나와 맞지 않는 사람을 이해하는 것이 사는 공부다. 가장 큰 공부가 된다. 관계와 소통을 이해하고 실천하는 과정은 어린 나이일수록 더 많이 필요하고 소중하다.

노래 부르기, 자연 놀이, 글쓰기, 이야기 나누기와 같은 활동이 학급운영에서도 많았지만, 학급살이로 바꾼 뒤부터는 함께 정하는 시간과 기회를 많이 가졌다. 아이들 의견을 듣고 진행도 아이들 스스로 하게끔 했다.

아이들끼리 하다 보면 때로는 마음이 안 맞아 다투고 마음이 상하기도 한다. 예전 같으면 당장 멈추고 교사가 끌고 가겠지만, 있는 그대로 받아들인다. 잠시 멈추고 이야기한다. 다툼은 자연스러운 현상이고 이런 상황을 슬기롭게 풀어 가는 것이야말로 중요한 배움이라는 것을 깨달았기 때문이다.

서로 마음 상하지 않게 말을 하고, 상대의 이야기를 끝까지 들어 주는 배려도 함께 배운다. 회의에서 나온 결과에 대해서는 마음에 들지 않아도 끝까지 지켜 나가는 마음가짐도 익힌다. 책임감이다. 공동체의 정신이다.

학급살이에서는 아이들의 감정, 느낌, 동기에 많은 관심과 초점을 두었다. 학급운영이 활동 중심이었다면 학급살이는 사람 중심인 셈이다. 그렇다고 학급살이만 하는 것은 아니다. 여전히 학급운영적인 요소가 많다.

중심을 어디에 두고 진행하거나 푸는가가 중요하다. 삶을 가꾸는 배움이 서로의 성장에 큰 밑그림이란 생각을 공유하는 것이 중요하다. 희망이다.

아이들의 삶을 살피고 관심을 갖다 보니 아이들 하나하나의 행동과 이야기를 보거나 듣게 되었다. 그러다 보니 단순한 글짓기 교육도 삶을 가꾸는 글쓰기로, '삶'을 중심에 두고 함께하는 학급운영, 삶을 가꾸는 학급살이로 꾸려 가게 되었다. 단순한 지식을 넘어서 삶과 함께하는, 혼자 빨리 가기 보다는 여럿이 함께 멀리 갈 수 있는 마음과 믿음을 배우는 학급이 되도록 애를 썼다. 어찌 보면 그것이 나의 교육 철학이며, 깊은 삶의 뜻을 가꾸어 가는 학급운영이 되는 셈이다. 천천히 아이들과 함께 사는 법을 배우기 때문에 당장 아이들의 모습이 변화하지는 않는다. 그러나 시간이 지나다 보면 아이들의 일기, 글, 작품 활동, 발표 내용에서 삶이 드러나고 묻어 나오는 결과물이 보이기 시작한다.

아이들에게 안내하고 들려 준 자료 중심 결과물보다 아이들이 참여하고 만든 결과물을 분석하고 종합한 수업 결과물들이 아이들의 생각의 깊이와 폭을 더 넓게 했다. 학습에 대한 호기심과 즐거움, 진지함도 생겼다. 시험을 위한 공부가 아니라 내가 아끼는 사람의 한 부분을 찾아내고 가꾸어 가면서 성장하는 기쁨이랄까?

배움이 즐겁다는 것을 배운다.

4. 조화로운 학급살이

학급살이에서 중심이 되는 네 가지

학급살이를 보는 관점은 여러 가지다. 대체로 교과, 생활, 학급 활동, 학교행사를 중심으로 한다. 학급살이를 교과 지식 중심의 A형, 상담과 아이들의 삶 중심의 B형, 학급행사 활동 중심의 C형, 학교행사 중심의 D형으로 나누어 보았다.

사실 A, B, C, D 모두 형태 요소가 다양하게 포함되어 있다. 하지만 의도된 것이든 어쩔 수 없이 그렇게 되었든 한쪽으로 중심이 쏠린다. 어느 해 어느 때 어느 학교에서도 다 그 중심이 다를 수 있다. 어느 한쪽으로 쏠릴 수밖에 없는 상황이 많다. 그런 점을 고려해서 봐야 한다. 각자 자신의 학급살이를 설계할 때 길게 앞날을 보면서 해야지, 그렇지 않으면 그 중심이 해마다 바뀔 수도 있다.

교과(지식)		생활(삶)
• 교과별 학습지도 • 학습 부진 학생 지도 • 교과 연수	A | B	• 삶을 가꾸는 활동 • 상담, 가정방문 • 함께 밥 먹기
학급 활동(모둠)	C | D	학교행사(사회관계)
• 생일잔치 • 산 오르기 • 학급 잔치		• 공문 행사, 각종 대회 • 연구 시범학교 • 실적물 챙기기

하나에 집중하는 새내기 시절

새내기 때는 네 가지 유형이 모두 없는 상태에서 시작하기 때문에 자신이 집중하고자 하는 어느 하나에 중심을 두게 된다.

나의 새내기 시절을 생각해 보면 주로 생활(B)과 학급 활동(C)이 중심이 었다. 학급 이벤트도 많이 만들고 아이들과 함께 어울려 사는 재미와 관계가 많았다. '젊은 교사'의 특징이기도 하다. 그런데 이런 활동들이 아이들의 교과 성적이나 학교행사에서는 별다른 영향을 주지 못해 고민이 많았다. 학부모가 성적 문제로 항의하거나 학교행사 때문에 학급 아이들과 관계가 멀어지면 스트레스를 많이 받는다. 열정적인 새내기 교사의 특징이기도 하다.

교과 중심 A형

일반적으로 단순 지식 중심 가르침이라고 여겨지는 유형이다. 주어진 교과서대로, 교과대로 아이들에게 '잘' 전달해 주려는 유형이다. 일반 과외 교사와 별 차이가 없다.

교과(A) 지식과 학교행사(D)가 중심이 되면 눈에 띄는 점수와 실적으로 상장도 많이 받고 교원 평가 점수를 잘 받을 가능성도 높다. 그런데 정작 그 반에 다른 선생님이 들어가면 아이들을 다루는 데 애를 먹는다. 힘거워한다. 또한 삶과 관련된 활동이나 아이들 고민 해결에 교사의 따뜻한 역할이 없어 담임교사 앞에서만 잘하는 것처럼 보이기도 한다.

아이들과의 관계를 형성할 만한 역량이 부족해 고민 상담이나 생활 문제를 해결하는 데서도 어려움을 겪을 수 있다. 교사가 성장하는 의미에 대해 성찰하고 고민을 한다.

생활 중심 B형

아이들의 생활도 잘 살펴 주고 의욕이 높은 유형이다. 아이들과 가까이 지내며 친구 같은 느낌을 준다. 그런데 막상 진지하게 공부(수업)를 하려고 하면 그 친근감이 오히려 교사의 권위를 무너뜨리는 느낌을 받아 고민스럽기도 한다. 아이들과 개별적으로는 잘 맞지만 학급(집단) 생활에 질서가 잡히지 않을 개연성이 크다. 담임교사가 있을 때는 서로 잘 지내는 것처럼 보이지만 없을 때는 아이들이 자기들 마음대로 행동해서 교사의 근심거리가 되기도 한다.

생활(B)과 교과(A)가 중심이 되면 개인별 지도가 잘 된다. 학습 상황에서 교사와 아이들의 관계 맺기가 용이하다. 그러나 교사의 노력과 힘이 많이 든다. 이 방법은 학급 아이들의 수가 적을 때 유용하다.

학급 활동 중심 C형

아이들과 즐겁게 지내는 것까지는 앞의 예와 비슷하다. 그런데 결정적으로 아이들끼리 다툼이 일거나 문제 상황이 발생했을 때 교사가 아이들 문제를 잘 수용하지 못하거나 아이들이 교사를 상담자로 여기지 않아 아이들한테 일종의 배신감(?)을 느끼며 상처를 받을 수 있다. 이런 일이 잦으면 아이들과 즐겁게 지내려던 교사가 아이들을 '잡는' 학급운영으로 뒤바뀔 수 있다. 믿음에 대한 배신감이 불신으로 이어져 B, D형으로 중심이 옮겨지기도 한다.

학급 활동(C)과 교과(A)가 중심이 되면 재미있는 학습, 서로 도와가면서 재미있게 공부하는 데 많은 노력을 들인다. 일반적인 지식 중심 학습이다. 사교육에서도 많이 이루어지는 형태다.

전문적이고 깊이 있는 지식 중심 학습이어서 학습에서 뒤떨어진 부적응을 성적 문제로 보고 너무 민감해하거나, 원인을 노력이 부족해서라고 해석하기도 한다. 아이들의 성장 발달에 대한 상담자로서의 역할이 부족해지면서 관계를 형성하는 데 어려움이 따르며, 아이들의 생활지도가 힘겨워질 수 있다.

학교행사 중심 D형

남자 교사는 대부분 학교행사(D)에 힘과 노력을 쏟을 수밖에 없는 상황에 놓인다. 어쩔 수 없이 주어지는 학교 업무 때문이다. 주로 체육, 정보 관련 업무다. 그러다 학교생활이 익숙해지면서 학급 활동(C)에 관심을 두고 배우고 익혀 나간다.

나는 다른 학교로 옮기고 후배 교사가 들어와서야 상대적으로 학교행사 일이 줄었는데, 준 것만큼 학급 활동(C)과 생활지도(B)로 관심과 노력을 넓혀 나갔다. 그 뒤 교과 중심(A)까지 이어져 학교를 옮길 때마다 그 첫해 학급살이 계획을 설계해 둔다.

네 유형이 모두 조화롭게 이루어지면 좋겠지만, 쉽게 되지 않는다. 경력과 경험이 쌓여야 조절할 수 있다. 어떤 쪽이든 한쪽으로 쏠리면서 성장한다. 스스로 선택하기도 하지만 처음에는 주어진 일이 되기 쉽다. 길게 보고 가야 하며, 교직 경력이 쌓이면서 결국 네 요소가 조화를 이룬다.

길게 앞을 내다보면 연령별로 집중해야 할 영역, 유형이 생긴다. 한두 가지 유형에 몰입하면서 다른 유형과 융합하고 넓혀나가는 노력이 필요하다.

교과, 생활지도, 특별활동, 학교행사 모두 우리 아이들에게 필요한 과정이다. 올바른 교육과정이라면 다 이어져 있다. 따로따로 하니까 힘들고 이중삼중 일이 된다. 그래서 요즘은 교육과정 재구성, 교과 통합이란 말이 나온다. 처음에는 어쩔 수 없는 편식이었다면 나중에는 모자란 부분을 채우고 넘치는 부분을 줄여 스스로 서기 위한 조화가 필요하다.

학급살이는 한해살이로 끝나지 않는다. 교사의 삶 전체를 보고 계획하고 설계해야 한다. 끊임없이 도전하고 성장하는 교사를 보면서 아이들은 진정한 삶을 배운다.

5. 학교문화를 바꾸는 학급운영

학급 통신문, 교장 선생님의 결재를 받다

나는 새내기 시절 월마다 학급 통신문을 냈다. B4 용지를 반으로 접어서 만든 20쪽 안팎의 신문 형태로, 학부모들이 함께 알았으면 하는 교육 정보와 아이들의 글을 담았다. 한 달에 한 번꼴로 내었는데 두 번 정도 내고 나니 학부모들 사이에 소문이 많이 났다. 이 소문을 들었는지 한번은 교장 선생님께서 통신문을 가지고 와 보라고 했다.

'칭찬해 주시려나?' 하고 내심 쑥스러운 마음으로 찾아갔는데 꺼낸 말씀은, "최 선생, 이것 결재 맡고 냈어요?"이었다.

이 말을 듣는 순간 막막했다. 어떤 말로 대응해야 할지 몰라 멍하니 서 있었던 것밖에 기억나지 않는다.

"다음부터는 결재받고 보내세요."

가슴속에서 뜨거운 기운이 밀고 올라왔는데 어떻게 말로 풀어야 할지 새내기 때는 답답했다.

집에서 곰곰이 생각했다. 계속해야 하나, 말아야 하나?

그런데 죄를 짓는 일도 아니고 학부모들 호응도 좋으니 여기서 포기하면 되겠나 싶어서 매주 한 번씩 더 내보자고 덤볐다. 매주 통신문을 낼 때마다 교장 선생님께 '결재'를 맡으러 갔다. 결재를 맡으러 가면 주로 틀린 글자에 빨간 펜으로 표시해 주시는 것 말고는 다른 말이 없었다. 세 번째 결재를 받으러 간 날, 다음부터는 알아서 보내라고 했다.

그 말을 듣는 순간, 왠지 족쇄를 풀고 자유를 얻은 기쁨이 밀려왔다. 지금은 쓴웃음밖에 나오지 않지만 그때는 내 나름의 믿음과 신념을 지킨 일이었다.

지금 생각하면 그때 교장 선생님의 처지도 이해가 된다. 우리 학교 교사가 '학급 통신문'을 냈는데 정작 학교장인 자신은 모르고 있다가 학부모들 입으로 듣게 되었으니 기분이 좋을 리가 없었을 것이다. 좀 더 넓게 생각해서 먼저 보여 드리고 학부모들에게 보냈더라면 오히려 나에 대한 홍보를 더 적극적으로 해 주셨는지 모를 일이다. 하지만 새내기 때는 그런 생각을 할 수 없었다. 결재 문제가 계기가 되어 한 달에 한 번 내기로 한 통신문을 매주 한 번 내게 되었다. 그리고 어찌 되었든 교장의 인정까지 받게 되었다.

선배 교사들로부터 인정을 받기까지

결재 문제는 그렇게 해결되었지만, 그보다 더 큰 갈등이 하나 남아 있었다. 통신문을 내면서 같은 학년 선생님들에게도 나누었는데, 한 번은 부장 선생님이 조용히 부르시더니 "이것 하지 않으면 안 되겠냐?"고 어렵게 말씀을 꺼내셨다.

그 말 속에는 '네가 이렇게 하면 우리가 무언가 하지 않는 것 같다. 그러니 다 같이 하지 말자'는 뜻이 깔려 있었다. 그냥 주어진 일만 처리하면 됐지 따로 일을 벌여 옆 사람 피곤하게 하지 말라는 핀잔도 담겨 있었다.

나보다는 한창 또는 몇 년 선배인 선생님들과 한 해 같은 학년으로 함께 얼굴을 맞대면 살아야 하는데 이런 반응을 보이니 큰 고민이 아닐 수 없었다. 결재 문제와 다른 '관계'의 문제였다.

통신문 만드는 일은 학교 일도 아니고, 승진이나 이동 점수에도 아무런 도움이 되지 않는다. 안 하면 그만이다. 단지 내 열정과 신념만 꺾으면 된다. 모두 편하다. 내 열정과 신념을 실천으로 옮기는 일이 같은 학년 선생님들에게는 찬물을 끼얹듯 불편한 일로 느껴졌을 뿐이라니 마음이 무거웠다.

곰곰이 생각했다. 이쯤에서 그만둘까. 같은 학년 선생님들과 잘 지내는 것이 더 중요하지 않을까. 아니다, 내가 잘못한 일도 아닌데 여기서 포기하면 앞으로 또 이런 비슷한 활동이 있을 때마다 눈치를 보며 스스로 검열하며 아무것도 할 수 없게 될 수 있다. 누군가에게 인정받기 위해 하는 일이 아니다. 모든 사람에게 인정을 받을 수도 없다.

또 내가 부장 나이쯤 되었을 때, 지금과 같은 상황에 닥쳐 후배 교사에게 같은 학년 분위기를 위해 교육적 열정과 도전을 꺾으라고 말하고 싶지 않았다. 내가 그런 사람이 될까 무서웠다. 여기서 물러나고 포기하면 무슨 일이든 제대로 실천하지 못하고 눈치만 보는 삶이 될까 봐 안타까웠다. 후배 교사들의 도전과 열정을 막는 사람이 되어서는 안 되겠다는 생각이 들었다. 그래서 더욱 꿋꿋하게 통신문을 내기로 했다. 방학 때는 학부모들에게 우표를 받아서 보내 주기까지 했다. 그다음 해 다른 학년을 맡았을 때도 통신문은 꾸준히 냈다. 그쯤 되자 학교 선생님들 중 누구도 통신문 내는 일에 어떤 말과 눈치도 주지 않았다. 오히려 격려해 주고 도와주었다. 한두 번 말하면 꺾일 줄 알았는데 꾸준히 하니까 인정해 주고, 그러다 보니 서로 정보도 나누며 격려하는 사이가 되었다.

요즘은 많은 선생님이 통신문으로 학부모들과 소통한다. 인터넷이나 스마트폰으로 여러 가지를 손쉽게 할 수 있지만, 여전히 신문 형태로 만들어진 통신문은 학부모와의 '관계'를 두텁게 만드는 힘이 있다.

결재 문제나 같은 학년 선생님들로부터 공감을 얻는 문제는 교사 생활을 시작하고 무엇인가를 해야겠다고 결심한 그 순간 거치게 되는 일종의 관문 같은 것이었다. 아이들을 어떻게 가르칠 것인가 하는 고민보다는 이런 갈등과 같은 순간이 교사의 성장과 학급살이에 큰 갈림길로 펼쳐진다. 순간순간 편하게 함께 웃어 넘기며 성장 없는 삶을 살 것인가, 외롭고 힘들지만 성장하며 함께 나누며 살 것인가 하는 갈등의 순간이 날마다 우리 앞에 펼쳐진다.

올바른 학급운영, 불합리한 관례에 맞서는 용기

같은 학년 이야기가 또 이어진다. 작은 학교에서는 학급 수가 적어서 같은 학년보다는 학교문화가 더 어울린다. 군·면 중심 학교나 도시 학교에서는 학년 문화가 있다. 통신문 만드는 데 같은 학년의 눈치가 보였다는 이야기를 했지만, 특별하거나 옆 반이 하지 않는 활동을 하고 싶은데 눈치 받는 분위기가 불편해 죄지은 듯 숨기거나 몰래 해서는 안 된다. 반대로 같은 학년과 함께 맞춰야 할 일도 있다. 학년 단위 행사나 교과 재구성, 특별활동에는 할 일을 나누어서 서로 맞춰야 할 때도 있다. 학급 활동뿐 아니라 학년 활동도 교육과정의 하나다. 함께할 일과 하지 말아야 할 일도 많다. 현명하고 올바른 판단이 필요할 때가 자주 생긴다.

요즘은 없지만 예전에는 사회과 백지도라는 부교재가 있었다. 초등에서는 부교재란 개념이 이제는 낯설다. 그때는 사회 교과 내용에 각종 지도와 도표를 넣은 일종의 학습지 형태로 부교재를 사서 많이 다루었다. 이 부교재를 학급 단위로 단체로 많이 샀다. 이런 과정에서 부정한 금품, 곧 학년 회비가 나오기도 했다. 안 그래도 진도가 빠듯한데 백지도까지 숙제로 내 아이들의 삶과 교육과정을 힘들게 했다.

사회과 백지도 부교재가 관례가 되고 사회 과목 지도 자체도 어려우니까 그렇게라도 공부시켜 성적을 높이려는 의도였다. 사실 내용 구성은 주로 암기식 낱말 채우기, 빈칸 채우기식 학습지였다.

어느 날, 느닷없이 학년 부장 선생님이 이런 교재를 사야 한다고 통보를 해서 거부한 적이 있다. 학교 운영위원회의 심의가 필요한 사항인데도 이런 절차 없이 늘 하던 것이라며 통보만 받은 것이다. 하지 않겠다고 하니까 부장 선생님이, "학년 회의에서 늘 통과됐고 지금까지 아무 문제가 없었다. 아이들을 위한 일인데 이런 건 같은 학년 보조를 맞춰야 하지 않겠냐."고 구박하듯이 말했다. 그냥 넘겨도 될 일을 긁어 부스럼 만들 필요가 있겠냐고 하셨다. 세상 물정을 모른다는 말도 덧붙였다.

그때는 나도 학교생활을 몇 년 한 터라 용기가 생겼다. 세상 물정은 몰라도 나는 하지 않겠다, 사회 교과는 그런 식으로 가르치지 않겠다, 이건 같은 학년끼리 맞출 일이 아니다, 교과 학습 방법까지 일률적으로 맞출 수 없다며 끝까지 거부했다.

몇 달 뒤 부교재 문제가 전국적으로 뉴스거리가 되었다. 우리 학교에도 조사가 들어오자 교장 선생님께서 아침 조회 시간에 절대 학교에서 부교재를 사용하지 말라고 지시(!)를 내렸다. 이 사건 후 초등학교에서는 거의 부교재가 사라졌다.

현재 초등에서는 이런 부교재 문제가 거의 없다. 여기서 내가 말하고자 하는 것은 이런 문제에 대처하고 해결해 가는 과정이다. 부교재가 아니라도 그동안 관례로 해 오던 일들이 시대가 변함에 따라 부정적이고 불합리한 일이 되기도 한다. 이렇게 문제에 부딪힐 때가 꼭 한두 번은 있기 마련이다. 어색한 분위기가 싫어서 혹은 화합을 위해 덮어두거나 묻어가면 자연스럽게 공범(!)이 되기도 한다. 그렇게 되지 않도록 거부해야 한다.

그런 때야말로 교사로서 큰 용기가 필요하다. 알게 모르게 촌지를 주는 것도, 받는 것도 해서는 안된다. 좋은 마음에 좋은 뜻으로 주는 것도, 받아서 학급에 좋은 일에 쓰는 것도 해서는 안 될 일이다.

용기를 내어 거부하지 않고 슬그머니 넘기면 다음에 더 큰 부정과 불합리가 찾아온다. 그때도 거부하지 못하게 되어 결국에는 자신은 억울하다고 해도 결과적으로 부정한 교사가 되어 버린다.

아이들은 안다. 학부모도 안다. 진실하고 정직한 사람, 그리고 됨됨이는 결국 모두 알게 된다. 아이들이 교사를 믿고 따르려는 마음은 교사의 이런 용기 있는 삶에서 솟는다. 그런 믿음을 바탕으로 아이들은 배운다. 아이들이 바뀐다. 삶을 가꾼다.

아이들에게 재미있고 편안한 교사도 중요하지만, 무엇보다 올곧게 실천하는 교사의 기운이 더 크게 작용한다. 본능적으로 아이들은 교사의 사람 됨됨이, 그릇을 느끼고 볼 줄 안다. 교사의 성장은 용기의 그릇을 넓혀 가려고 노력하는 실천에 있다. 올바른 성장에는 불편함과 도전, 열정이 따른다. 시키는 대로, 주어진 대로 사는 것만으로는 지속적인 성장이 힘들다. 실패하더라도 도전하고 어려움을 이겨 내는 과정이 교사의 성장을 더욱 튼튼하게 만든다. 그래서 난 늘 새내기다. 해마다 새내기다.

2장

땀샘 월별 학급운영

　땀샘은 '땀 흘려 일하고 샘처럼 맑게 살자'는 뜻이다. 급훈이면서 내 교육관이기도 하다. 교사가 된 지 8년 차 되던 어느 날, 일곱 해 동안 모은 자료를 다시 월별로, 공통된 것만을 다시 묶어서 월별 학급운영 지침을 만들었다. 이때 이후로 '땀샘반'이란 이름으로 학급문집 호수를 붙여 나갔다.

　월별 학급운영 1학기에는 다양한 모둠 활동, 2학기에는 이야기 시간과 보고서 활동이 중심이었다. 그래서 모둠 구성도 1학기에는 월별로 바꾸어 이름을 짓고, 모둠도 바꾸었다. 2학기에는 토론과 조사 활동으로 모둠을 자주 바꾸지 않았다. 9월부터는 한 모둠으로 그대로 한 학기 동안 활동했다. 그래서 보고서 활동에 모두 정신을 쏟도록 했다.

　학급에서는 날마다 달마다 한 번씩, 일정한 간격으로 꾸준한 것, 한 해 한두 번 하는 것도 있다. 계획에 없던 활동이 들어오기도 하고 계획했지만 못한 일도 생긴다. 이런 활동들도 잘 기록하고 정리해 두면 다음 해 좋은 참고 자료가 된다. 더하거나 빼면서 교사가 소화할 수 있는 자기만의 학급운영

자료가 만들어진다.

<표1> 주기에 따른 주요 활동 정리

시기	주요 활동
날마다	일기장, 학급일지, 아침 모임
주마다	아침 활동 거리, 이야기 시간(1학기), 토론(2학기)
달마다	나의 다짐, 느낌 그림, 학급 신문, 학급 시집
한두 달	모양 그림, 이어지는 이야기 책 만들기, 모둠·개인 보고서 완성
연간	책 돌려 읽기, 학급문집 만들기

1. 만남의 달, 3월

3월은 첫 만남으로 설레는 달

3월 첫 만남은 설렌다. 아이들의 정보를 챙겨 보면서 한 해 계획을 세운다. 여러 양식이나 요구 자료가 쏟아지고, 같은 학년과 함께 만들 자료와 활동도 많다. 미리 계획을 세우지 않으면 학급 관리 업무로 여겨지기 쉽다. 같은 결과물이라도 주체적이냐 수동적이냐에 따라 학급 활동이 되기도, 학교 업무가 되기도 한다.

3월에는 학생들과 교사가 함께 믿음을 튼튼히 하며 학습 동기를 높이도록 현재의 성장 상태와 마음 상태를 알아보는(진단) 활동이 많다. 그래서 소개 활동이 다양하다. 자기 이름부터 성격, 친구 관계도 살핀다.

왜 공부하고 같은 반이 되었는지 삶의 큰 그림, 목표를 만들고 함께 나눈다. 그동안 살아왔던 이야기, 공부 방법, 고민거리와 관계 형성의 어려움 등도 나눈다. 이런 활동에 소중한 의미와 가치를 담아 정성스럽게 기록하고 그 결과물을 정리하여 첫 문집으로도 묶을 수 있다.

소개가 말로 끝나지 않고 기록해서 모두 볼 수 있게 한다. 이런 과정과 방법으로 학습이 이루어진다는 것을 보여 준다. 참여가 첫 공부이며 공부 방법이다. 3월은 이런 마음, 의지, 열정, 동기, 목표의 기초를 아이들과 교사 모두 튼튼하게 세운다. 학부모들에게도 학부모 총회(교육과정 설명회) 전에 담임 소개와 학급운영 방향을 알린다. 매달 통신문을 내면서 아이들의 성장 모습과 학습 활동 내용, 학부모가 알았으면 하는 교육 정보를 담는다.

명함 만들기와 주소록 정리

3월 첫날 바로 주소록과 명함 만들기를 한다. 선생님의 연락처와 아이들 주소록, 우리 반 주소록 명함이 첫 학급 활동으로 만들어진다.

나는 아이들과 첫 만남 때 아이들에게 나를 소개하는 명함을 먼저 건넨다. 아이들에게 내 명함을 한 장씩 나눠 주고 자기 명함을 만들게 한다. 명함은 각각 석 장을 만들도록 한다. 자기소개 때 보여 주는 것 한 장, 선생님께 낼 것 한 장, 교실 뒤 게시판에 붙일 것 한 장이 필요해서다. 아이들의 명함에는 이름, 주소, 생일, 자기소개를 간단히 쓰게 한다. 교사에게 낸 명함으로 학급 주소록(학급 명함)을 만들어 다음 날 아이들에게 건넨다.

〈표2〉 땀샘반 아이들을 위한 담임교사 명함 사례

땀 흘려 일하고
샘처럼 맑게 살자

_____

참다리 최진수

삶 터 ▶ ○○ ○○ ○○ ☎
일 터 ▶ ●● ●● ●● ● ☏

(앞면)

선생님은
여러분의 본보기로
땀 흘려 일하고 부지런히 가르치겠습니다.

선생님은
여러분의 마음이 맑도록
바르게 행동하고 당당하게 살겠습니다.

(뒷면)

〈표3〉 땀샘반 아이들 주소록

초등학교 학년 반	
선생님:	학교:
박○○2×-28△▲	여○○2×-82△▲
김○○2×-67△▲	육○○2×-68△▲
김○○2×-40△▲	박○○2×-04△▲
남○○2×-07△▲	조○○2×-21△▲
임○○2×-35△▲	김○○2×-69△▲
차○○2×-26△▲	박○○2×-38△▲
김○○2×-69△▲	석○○2×-44△▲
이○○2×-07△▲	차○○2×-99△▲
박○○2×-26△▲	임○○2×-04△▲

(앞면)

초등학교 학년 반	
선생님:	학교:
남○○2×-24△▲	조○○2×-41△▲
강○○2×-41△▲	정○○2×-06△▲
유○○2×-48△▲	조○○2×-76△▲
강○○2×-65△▲	이○○2×-95△▲
안○○2×-40△▲	서○○2×-57△▲
이○○2×-69△▲	김○○2×-62△▲
최○○2×-31△▲	이○○2×-14△▲
한○○2×-82△▲	
김○○2×-49△▲	

(뒷면)

이달의 내 얼굴 만들기

달마다 한 번씩 자기 얼굴 그리기와 다짐, 계획, 반성, 먹고 싶은 것과 같은 것을 적어서 교실 뒤 게시판에 붙여 두었다. 이것은 한 달을 살아가는 목표가 되기도 하는데, 아이들 얼굴과 다짐, 계획은 따로 모아 책받침이나 학급문집에도 담아 냈다. 다달이 먹고 싶은 것은 모아서 학부모들에게 알려 주면 아이들의 마음을 아는 데도 도움이 될 수 있다.

<표4> '이달의 내 얼굴' 견본

내 얼굴	
번 이름:	
이달 다짐	
	이달 계획 (하고 싶은 것)
이달 반성	먹고 싶은 것
	사귀고 싶은 동무
	내 확 인

아이들에게 복사물을 한 장씩 나누어 주고 기록하게 한 다음 학급 환경 게시판에 모두 붙인다. 붙이기 전에 미리 각 항목별 내용을 워드프로세서로 저장해 놓거나 사진으로 찍어서 누리집에도 공유할 수 있도록 한다.

느낌 그림 그리기

나는 새학기가 되면 학급 환경 구성에 신경이 많이 쓰였다. 교실 환경은 달마다 바뀌기도 하고, 아이들 그림이나 꿈, 목표 등을 쓴 메모로 가득 차 일 년 내내 바뀌지 않기도 하다. 보통 아이들의 장래 꿈이 한 해 동안 고정되기도 한다.

이런 것도 달마다 바꾸면 안 될까?

자기 얼굴, 내가 먹고 싶은 음식과 사귀고 싶은 동무 이름을 써 보는 건 어떨까?

그래서 나는 전지를 아이들 수만큼 나누고 잘라서 아이들에게 나누어 주었다. 이 손바닥만 한 종이에 주제별로 한 달에 한 번씩 그림을 그리게 했다. 이렇게 비슷하게 만든 어느 작가의 작품을 보고 아이디어를 구했다.

처음에는 조각을 내어서 함께 묶어 합동 작품을 만들었지만, 그다음부터 정해진 주제에 따라 자기 느낌을 도형이나 색깔, 상징적인 이미지로 표현하게 했다. 모두 참여하는 합동 작품으로, 한 달에 한 번씩 만들다 보니 12월이면 교실 게시판과 앞뒤 문이 그림으로 가득해진다.

모둠끼리 그림 앞에 서서 기념사진도 한 장씩 찍었다. 이 협동 작품은 학급문집의 간지 표지 그림이나 다음 해 느낌 그림 본보기 자료로도 쓰고, 학년 말에는 아이들에게 다 주었다. 전지에 각자 붙일 자리를 정해 두고 완성한 작품을 붙이도록 하면 빠진 자리가 표가 난다. 누가 빠졌는지 다 알게 된다. 그래서 끝까지 모두 참여하게 된다.

아이들의 감정과 느낌을 달마다 살펴보면 아이들의 마음을 알아볼 수 있다. 이런 느낌 그리기는 아침 자습 시간이나 자투리 시간에 그리도록 했다.

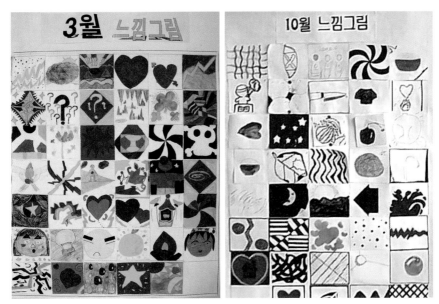

〈그림1〉 매달 자신만의 느낌을 도형으로 그려 보게 했다.

전체 자료는 학기 말 학급에서 경매를 하거나 아이들 개인별로 자기 작품을 찾아가게 한다. 전체 작품은 미리미리 사진으로 찍어 학급문집의 간지로 쓰기도 했다.

학급일지

학급일지는 해마다 빠뜨리지 않고 당번 두 사람이 일주일씩 돌아가면서 쓰게 한다.

처음에는 청소 검사와 같은 점검 위주였는데, 나중에는 일기 글과 같이 쓰게 했다. 어떤 일들이 일어났고, 우리 반의 하루 생활 속에서 기억에 남은

우리 반 일지		쓴 사람	당번	
년 월 일 (수요일) 양보하는 날		박◇◇	박◇◇	최◇◇

圓:친구 사귀는 날 圓:용서하는 날 㥠:양보하는 날 國:함께 나누는 날 國:생각하는 날 圓:반성하는 날

학교행사	과학의 날 행사〉 글라이드 만들기, 글짓기 했음
학급 행사	학급 모둠을 다 짰다. 약간 정신이 없었지만 그런대로 만족했다
결 석 (조퇴)	모두 건강하고 싱싱해서 없음
재미있고 신났던 일	사회 공부시간 3교시째 질문할 때 "나요!" 한 일
지겹거나 슬프고 서운했던 것은?	점심 밥 먹고 역시 5교시에는 잠이 많이 왔다.

사회 공부시간 3교시째 우리 고장에 있는 문화재에 대하여 선생님께서 질문하셨는데, 박◇◇가 너무 큰 소리로 "저요!"가 아니고 "나요!"라고 해서 모두 한바탕 웃었다. 너무 웃는 바람에 맨 뒤에 있던 이◇◇가 그만 뒤로 꽈당! 우리는 웃음을 참을 수 없었다. 배꼽 빠질 뻔했다.

장면을 들은 대로, 본 대로 자세히 쓰도록 했다.

　방과 후에 반 아이들과 일대일로 만나는 게 갈수록 쉽지 않다. 상담이나 글쓰기 지도를 위해서도 아이들과 한 명 한 명 따로 만나 깊이 있는 이야기를 나누는 게 필요하다. 할 수 없이 당번 활동의 하나로 학급일지를 쓰게 하면서 단 10분이라도 이야기를 나누며 일지 쓰기 겸 글쓰기 지도 시간을 가진다.

학급일지는 먼저 손 글로 쓰고, 학급 누리집 게시판에도 올린다. 이것을 학기 말에 다 모아서 학급문집에 담아낸다. 학급일지를 만들 때는 맨 첫 장에 일지 양식과 함께 본보기 글도 복사해서 붙여 두고 참고하도록 했다.

학급 기록은 소중하다. 대충 넘겨 쓰면 학급문집에 그대로 남는다. 대충 쓴 글과 진지하게 쓴 글이 드러나 보인다. 그러면서 서로 배운다. 어떤 일을 어떻게 잡아서 써야 하는지 모르는 아이들에게 좋은 글쓰기 기회이기도 하다.

학급일지를 쓰다 보면 알겠지만, 학급에서 아이들의 개별 역할이 생기기 시작한다. 의미 없는 형식적인 겉치레가 되기도 하지만, 까다롭게 챙길 것도 생긴다. 한 번의 소비성 경험이 될 수도 있지만, 기록해서 공유할 가치를 높일 필요가 있다.

아이들의 좌우명

우리 반 아이들의 좌우명은 자신만의 명언, 목표, 희망, 삶의 지표다. 좌우명은 공부하는 목표가 되고 해마다 바뀌기도 한다. 좌우명을 만들다 보면 생각의 폭이 넓고 깊어지고 다른 친구들 생각도 살펴볼 수 있다. 한 달에 한 번씩 모아 보면 바뀌기도 한다. 왜 바뀌었는지 이야기를 나누며 삶을 나눈다. 아이들의 좌우명을 복사물로 만들어 교실 안에서 아이들 눈에 가장 잘 띄는 곳에 붙여 놓았다. 늘 곁에 두고 되새기면 몸에 푹 담기기 때문이다.

사람은 저마다 좌우명을 지니고 삽니다. 늘 옆에 놓고 아침저녁으로 바라보면서 스스로 반성과 격려의 재료로 삼는 격언을 좌우명이라고 합니다. 중국 후한의 문필가인 최자옥이 앉은 자리 오른쪽에 좋은 글을 쇠붙이에 새겨 놓고 늘 반성의 거울로 삼았다고 해서 좌우명이란 말이 생겼다고 합니다. 그의 좌우명은 '남의 결점을 말하지 말라. 나의 장점을 자랑하지 말라. 남에게 물건을 준 다음에는 될수록 기억하지 말라. 남에게 물건을 받은 다음에는 될수록 잊어버리지 말라.' 등이라고 하는군요.
여러분도 각자 자기 좌우명을 가지고 다니며 반성의 거울로 삼아 봅시다.

공○○: 오늘 일을 내일로 미루지 말자. 곽○○: 결코 포기하지 않는 정신을 갖고 살자. 김○○: 자기 일에 만족하고 욕심을 부리지 말자. 김○○: 깊이 생각해서 행동하고, 최선을 다하자. 김○○: 늘 건강하게! 아는 것도 궁금한 것도 묻자! 김○○: 모든 일에 관심을 갖고 최선과 노력을…. 김○○: 무슨 일이든 열심히, 최고보단 최선을! 김○○: 자기가 맡은 일에 최선을 다하며 친구 약점을 파고들지 말자.	김○○: 자기 운명은 자기가 만들며, 자기 일은 자기 스스로 하며 자기 잘못을 인정하라. 그리고 슬픔과 기쁨을 같이 나누면 자기가 완벽한 인간이 되는 데 한 걸음 다가가게 되리라. 류○○: 친구의 우정을 더럽히지 말자. 박○○: 최고보다는 최선을 다하자. 박○○: 하면 된다. 열심히 노력하자. 손○○: 노력하면 아니 되는 일이 없으리. 송○○: 항상 최선을 다하고 작은 행복에 만족하며, 항상 따뜻한 마음을 가질 수 있게 노력하자. 윤○○: 항상 웃고 공부 열심히 또 욕하지 않고 친구들과 사이좋게.

2. 모둠의 달, 4~5월

서로 부대끼며 어울려 가는 4월과 5월

4월, 5월에는 모둠 활동이 활발하다. 3월에는 서로의 생각과 마음을 알아보았다면 이번 달부터는 서로 부대끼면서 어울려 가는 삶이 펼쳐진다. 모둠 과제나 교과에 따른 활동 주제를 놓고 함께 토의하고 토론하며 발표도 하면서 어떻게 합의하고 끝까지 책임지는지 볼 수 있다. 함께 풀고 도전해 볼 활동은 많다. 때로는 너무 많아 금방 싫증나고 버거울 수도 있다. 나는 우리 반 아이들이 한 가지 활동이라도 깊은 의미를 담아 꾸준히 할 수 있도록 다양한 방법을 준비한다.

모둠 활동은 교과 중심으로 짜고, 서로의 관계를 두텁게 하는 놀이 방식의 모둠 활동도 많이 꾸린다. 다양한 활동을 많이 꾸려서 펼치면 좋겠지만, 아이들의 관심이나 호응 정도, 아이들끼리의 관계에 따라 학급운영 방향을 조절할 필요가 있다. 아이들의 성격과 성향에 따라 방법과 깊이가 달라지기 때문이다. 그래서 교사는 끊임없이 공부하고 연구해야 한다.

스승의 날에는 편지를 쓰게 했는데, 물질적인 선물이 아닌 정성과 노력이 깃든 꽃 만들기, 종이접기, 편지지 접기, 좋은 명언 건네기와 같은 활동도 하게 했다.

모둠 학습이나 교과 활동이 밋밋해질 때쯤 물질적인 보상(학용품, 간식, 각종 면제권)을 걸어 경쟁을 부추길 때가 있다. 이런 외적 보상의 효과는 대부분 일시적이다. 학습 목표가 보상으로 옮겨지면 수단과 방법을 가리지 않거나 보상을 얻은 뒤 더 큰 보상을 요구하기도 한다. 또 쉬운 단계에만 머물려고 하거나, 아이들끼리 관계가 불신으로 이어질 수 있어서 물질적인 보상보다는 노력에 대한 칭찬을 자주 한다. 그러려면 아이마다 다양한 칭찬의 말을 찾는 것이 중요하다.

콩과 콩깍지 놀이

콩과 콩깍지 놀이는 몰래 친구를 돕는 놀이다. 긍정적인 관계를 맺게 하여 학급 아이들끼리의 관계를 튼튼하게 살찌운다.

▶ 종이쪽지에 아이들 이름을 모두 쓴다. ▶ 아이들이 쪽지를 한 장씩 뽑아 짝을 정한다(자기 이름이면 다시!). ▶ 내가 뽑은 사람은 나의 '콩'이 되고, 나를 뽑은 사람은 '콩깍지'가 된다. 이 사실은 누구에게도 알려 주면 안 된다. ▶ 나의 '콩'을 일주일 동안 아무도 모르게 도와준다(들켜도 안 된다).

일주일마다 새 '콩'을 뽑고 주말에 각자 자기 콩을 발표한다. 아이들은 주로 급식 시간에 물 떠 주기, 쉬는 시간 몰래 청소해 주기, 편지 쓰기 같은 도움을 주었다. 도움을 주지 않는 아이도 있었다. 그래서 콩과 콩깍지 발표 시간 때 도움을 주지 못한 아이에게 간단한 선물이나 편지를 주고받게 했다.

"콩이라고 하기엔 너무 큰 콩에게. 콩깍지 놀이한다고 콩 뽑은 때가 4일이나 지났는데도 너무 못 해 준 것 같다. 내가 어제하고 오늘 수진이한테 부탁해서 떠다 준 물은 잘 받았니? 나름대로 잘해 주어야겠다고 마음먹어도 물을 떠 주는 것밖에는 해 줄 게 없는 것 같다. 서랍도 조금 어질러 놓고 그러면 내가 도와줄 수도 있을 것 같다.

콩, 너는 이 콩깍지가 궁금하지도 않니? 궁금하면 금요일, 토요일, 2일만 기다려. 그러면 자연히 알게 될 것이니까? (먼저 눈치채지 말고) 앞으로 많은 걸 도와줄 수 있도록 노력할 것이니깐. 많은 걸 도움 받기 위해서 도와주길 바란다? 내가 지금 아주 티 안 나게 서랍 정리해 놨으니깐 다음 콩을 위해서 어지르지 말고 깨끗이 사용해. 그럼 이만.

1998년 9월 24일 콩깍지라고 하기엔 조금 부족한 콩깍지가

모둠 벽신문 만들기

모둠별로 벽신문도 만들었다. 벽신문을 만드는 과정에서는 글씨 잘 쓰는 아이, 공부 잘 하는 아이 몇몇만 이끌면 의미가 없다. 모두가 빠짐없이 덤벼야 한다. 처음엔 쓸거리(기사, 글)가 없어서 아이들 모두 고민하는 시간이 길었다. 처음부터 잘 되는 것은 없다. 좋은 글이나 정보를 찾아 알아듣기 쉽도록 입말로 고쳐 싣는 것으로 시작하면 된다. 한두 번 그렇게 해 주니까 다음부터는 스스로 글(기사)을 썼다.

모두의 글을 싣는 것을 원칙으로 했다. 모두가 참여하는 것이 먼저다.

〈표7〉 벽신문 견본

기사거리	안내(예)	누가?
알릴 것	모둠 소식, 이달의 역사, 인물 탐구	
사설	주장하는 글, 이렇게 생각합니다. 신문 사설을 읽어 보고 어떻게 쓰는지 살펴보자. 육하원칙에 맞게 쓰기. 사설을 읽으면서 자기의 주장에 설득력을 높인다.	
글 모음	생활문(일기), 주장 글. 독서 감상문, 만화, 시	
책에 관한 것	우리 모둠 독서 왕, 많이 읽는 책, 우리 모둠이 읽은 책, 좋은 책 소개, 독후감 쓰기 등 참고 자료는 출처를 밝혀 쓰기	
신문 활용	알릴 만한 신문 기사. 배운 내용과 관련된 사진, 그래프. 음악, 미술, 실과, 체육은 그림이 많고, 국어, 사회, 과학은 글과 정보가 풍부함. 각 교과를 역할 나누어 조사	
과학 생활 상식	책이나 신문, 잡지, 인터넷 참고. 주의할 것은 내용을 그대로 복사해서 붙이지 말고 알아들을 수 있는 말로 고쳐서 담을 것. 어려운 말은 뜻풀이할 것. 그래도 이해하지 못하면 쓰지 말자. 쉬운 우리말을 찾기 위해 꼭 사전 준비.	
인터뷰	역사 인물(사회, 도덕, 국어 교과에 나오는 인물을 중심으로, 또는 신문에 나오는 역사 인물을 중심으로)이 활동했던 그 당시로 가서 인터뷰한다면 어떤 말이 오갔을까? 하는 내용 담기. 인물에 대한 사진(그림), 한 일, 남긴 점 등을 조사.	

첫 모둠 벽신문 주제는 모둠 소개가 많다. 모둠 아이들의 개인 소개와 모둠 이름 만든 까닭, 모둠 노래, 모둠 구호를 넣는다. 이런 소개로 모둠 활동이 끝나 버릴 때도 있다. 모둠 벽신문은 게시판에 붙인다. 교과와 생활 부분으로 주제를 넓혀 가면서 활용하면 좋다. 우리 반은 한 달에 한 번꼴로 벽신문을 만들도록 규칙을 정했다.

1. 무엇을 넣을까?

① 우리가 보는 신문(인터넷), 어린이 신문

② 책(《역사 신문》 1, 《역사 신문》 2)

③ 잡지책(달마다 나오는 어른, 어린이용 잡지)

2. 누가 하지?

각자 조사가 원칙이고, 매번 역할을 바꾸거나 아니면 늘 같은 사람이 같은 역할을 할 것인지 의논해서 정한다.

글을 못 쓴다고 친구에게 떠넘기면 안 된다. 글을 못 쓰면 처음 한 번은 자기가 맡은 부분을 책이나, 신문, 잡지 따위에서 찾아서 옮겨 실도록 한다. 이때 자기가 잘 모르는 말은 없애거나 알아듣기 쉬운 말로 바꾼다. 두 번째부터는 참고만 하고 자기 생각을 자기 말로 넣는다.

3. 어떻게 자리를 짜지?

글(정보)을 담을 판을 짠다. 모둠 벽신문을 만들 때는 이런 자리 짜기에 많은 시간을 들인다. 내용보다 꾸미는 시간이 더 많기도 한다.

글 알맹이를 제대로 쓰고, 모으는 것이 먼저다. 자리 짜기, 꾸미기에 너무 신경 쓰면 배보다 배꼽이 커지는 꼴이다. 주의할 일이다.

다음 본보기는 모둠 벽신문의 여러 형태다. 처음에 이런 모양을 안내해 주면 고민의 시간을 줄일 수 있다. 두 번째 벽신문부터는 창의적으로 자기 모둠의 특색에 맞게 만들 수 있게 한다.

〈표8〉 벽신문 견본(1)

모둠 구호	춈샘 제3호		참샘 모둠
참샘처럼 맑게 살자	모둠 아이들:○○*,###,@@@,		1996. 3. 25.
〈사설〉 이래서야 되겠습니까? [기자 최샘미]	우리 모둠 소식 '김우수 책벌레로 뽑히다' 생일 소식		이런 것도 신문에…… [기자 최샘미]
설문조사 과학 상식	인터뷰 책 소개 인물 탐구		우리 글 모음

설문조사	이런 것도 신문에	〈사설〉 이래서야 되겠습니까? …………………… …………………… …………………… [기자 최똑]	춈샘 제3호
책 소개	인터뷰		
우리 모음			
과학 상식	인물 탐구	우리 모둠 소식	참샘 모둠 1996. 3. 25. 참샘처럼 맑게 살자

모둠 구호	춈샘 제3호	
참샘처럼 맑게 살자	모둠 아이들: ○○*,###,@@@,	참샘 모둠 1996.3.25.
〈사설〉 이래서야 되겠습니까? [기자 최샘미]	…………………… …………………… …………………… ……………………	
설문조사 과학 상식		

〈사설〉
이래서야 되겠습니까?
·························

[기자 최똑]

춤
샘
제3호

우리
모둠
소식

참샘 모둠
1996. 3. 25.

참샘처럼
맑게 살자

춤 샘 제3호

참샘 모둠
1996.3.25.

— 우리 모둠 신문을 만들어 보자 —

4. 점검하기

벽신문은 아이들이 본다. 따라서 아이들이 알아들 수 있는 쉬운 말로 쓰여야 한다. 다 쓴 뒤 다음 내용을 바탕으로 몇 가지 점검을 한다.

① 알리려는 내용, 조사한 글이 빠지지 않았나?

② 틀린 글자는 없나?

③ 알아듣기 쉬운 우리말로 썼는가?

④ 문장 뜻이 잘 맞는가?

⑤ 조사한 자료의 출처를 남겼나?

신문이나 잡지를 보면 참고할 만한 형태가 많다. 인터넷을 검색해서 바로 찾기보다는 도서실에 가거나 관련 책에서 정보를 먼저 찾아보는 것이 좋다. 조금 불편하겠지만, 편집 구성과 맞춤법에 맞는 문장이라 참고가 될 것이다. 필요한 정보를 찾으면 [참고 자료]로 출처(책 이름, 작가, 쪽, 출판사)를 밝히도록 한다. 참고 자료는 다른 모둠 또는 친구끼리도 필요하다면 서로 빌려 준다. 모둠끼리 경쟁이 아니라 서로 도와서 각기 다른 내용을 담되 정확하고 깊은 내용으로 학급 전체의 공부가 될 수 있다는 마음을 지닌다.

〈표10〉 참고 자료 밝히기

〈이런 것이 신문에〉

――――――

――――――

――――――

――――――

[기자 심샛별]
참고자료: 〈○○일보〉 3월 14일

〈과학 상식〉
하늘에 흰 구름이 검게――――

――――――

――――――

――――――

[기자 오샛별]
참고 자료: 《과학 생활》,
도서출판 참

〈인물 탐구〉
조선 말기 ――――――

――――――

[기자 오샛별]
참고 자료: 《조선 이야기》, 창비,
56쪽
《역사 신문2》, 사계절, 76쪽
《국보 여행》, 산하, 35쪽

우리 반 기후도

　'우리 반 기후도'는 날마다 학급 분위기를 그래프에 표시한 것으로, 당번이 학급 일지와 함께 기분이 좋은 날은 위(+)로, 좋지 않은 날은 아래쪽(-)으로 빈칸을 채워 표시한다. 학급 일지에 그 까닭도 써 준다.

　한 달이 지나면 지난 한 달 동안의 우리 학급의 감정 변화를 읽을 수 있다. 한 달을 마치고 나서 가장 좋은 날과 좋지 않은 날이 왜 그랬는지 이야기를 나누고, 학기 말에는 높거나 낮은 점수를 받은 일을 설문 항목으로 뽑아 가장 기억에 남는 사건을 학급문집에 담았다. '우리 반 기후도'를 꾸준히 기록해서 이 자료를 바탕으로 설문하면 그 까닭도 자세히 쓸 수 있다. 학급의 역사, 감정의 역사도 함께 만든다.

〈표11〉 우리 반 기후도

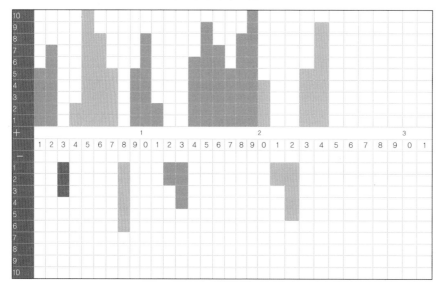

모둠 만들기와 할 일 나누기

모둠 짜기는 1학기에는 한 달에 한 번씩, 2학기에는 한두 번 정도로 꾸려지지만 학급의 상황에 따라서 달라진다. 모둠 구성은 단순히 과제물을 해결하는 데만 머물지 않는다. 새로운 관계를 맺고 스스로 정한 규칙을 실천하면서 더불어 성장한다. 모둠이 짜이면 모둠 이름, 까닭, 구성원 소개, 규칙 따위를 써서 공개한다. 이렇게 하면 모둠끼리 서로의 특성을 빨리 알 수 있다. 이런 자료를 꾸준히 모아서 나중에 문집에 담아 학급 역사로 기록해 둔다.

〈표12〉 모둠 소개하기

모둠 이름	이름	똑소리 모둠		모둠 머리	박○○
	까닭	똑똑한 사람보고 '똑소리' 난다고 한다. 그런 뜻으로 여러 가지 문제들을 '똑소리' 나게 해결하자고 해서 똑소리라고 이름 지었다.			
모둠 아이들	이름	별명	맡은 일	장점과 특징	
	박○○	황제펭귄	모둠 머리, 준비물 가져오기	색종이를 잘 접는다	
	김○○	림꺽정	우유 나누어 주기	엉뚱해서 사람을 웃긴다	
	정○○	팔푼이네모	준비물 가져오기	단순해서 순진하다	
	김◇◇	광나리	숙제 거두기	머리를 잘 굴린다	
	배◇◇	배추	글씨 쓰기, 자료 정리	말을 잘 한다	
모둠 규칙	▶ 모둠 아이들에게 피해 주지 않기 ▶ 사람 말 무시하지 않기		▶ 과제 잘 해 오기-벌칙: 땅콩 10대 ▶ 다른 사람 기분 상하지 않게 말하기		
모둠 구호	굴리자, 굴리자, 머리를 굴리자 내자, 내자, 똑소리를 내자, 얼씨구!				
모둠 노래	또고 ～～～～～～ 똑소리, 또고 ～～～～～～ 똑소리, 언제나 똑소리 또고 ～～～～～ 똑소리, 또고 ～～～～～～ 똑소리 언제나 똑소리 낮에도 똑소리 밤에도 똑소리 잠잘 때에도 똑소리, 또고 ～～～～～～ 똑소리 모둠				

어린이날 기념 책갈피 꽂이 만들기

어린이날이 다가오면 아이들에게 무엇을 해 줄까 고민한다. 교사로 발령받은 첫해, 특히 고민이 많았다. 그러다 생각해 낸 것이 학기 초 아이들의 사진을 찍어 둔 것으로 만든 책갈피 꽂이다.

〈그림2〉 아이들의 사진을 찍어서 만든 책갈피 꽂이

만드는 방법

사진 모으기: 학기 초 아이들 사진을 찍는다. 몇 해 정도는 오에이치피(OHP)를 배경으로 세 명씩 가슴 높이까지 나오도록 찍어서 사진을 모았다. 요즘은 스마트폰으로 각자 사진을 찍어서 보내게 한다. 이 사진으로 비상연락망을 만들고 아이들의 얼굴을 익힌다.

얼굴 부분만 따내기: 포토샵과 같은 프로그램으로 인물 사진 뒤의 배경을

없앤다. 처음 하면 시간이 오래 걸리므로 이 부분은 생략해도 된다. 그런데 배경이 있는 것과 없는 것에 느낌의 차이가 클 것이다. 시간이 걸려도 도전해 보자. 몇 번 하고 나면 익숙해져 시간이 많이 줄어든다.

워드프로세서로 편집: 얼굴만 따낸 사진을 워드프로세서에서 글과 함께 편집해서 꾸민다. 인쇄한 것을 코팅하면 책갈피 꽂이가 된다. 요즘은 OHP 투명 필름이나 인화 용지, 두꺼운 용지에 컬러로 인쇄하기도 한다.

3. 땀 흘리는 달, 6~7월

모둠 활동의 깊이를 더하는 6월과 7월

4~5월의 모둠 활동이 6~7월에도 이어진다. 공부에 대한 재미와 싫증도 뚜렷하게 드러나는 때다. 서너 번의 모둠 활동을 거치면서 배움에 대한 즐거움을 느끼도록 교육과정을 재구성하고 교과도 통합하며 교육과정 중심의 행사를 꾸린다. 4~5월이 모둠 아이들끼리 역할 탐색과 관계 형성, 갈등 조정 기간이라면 이번 달부터는 프로젝트 학습과 같은 깊이 있는 내용에 몰입한다.

나는 아이들이 모둠 활동에 익숙해질 즈음 교과 과정을 창의적으로 재구성하여 다양한 수업 연구를 했다. 한 교과에 얽매이지 않고 다른 교과와 함께 묶거나 엮었다. 국어과 학습목표를 중심으로 미술 수업도 엮고, 미술과 학습목표와 국어 말하기 활동도 엮었다. 시에 곡을 붙여 동요를 만들기도 하고 음악 시간 배운 곡에 어울리는 시를 모둠끼리 함께 만들기도 했다.

여름방학 계획도 스스로 짜 보게 했다. 각자 다른 과제, 생활 습관, 책 읽기 등을 적어도 일주일 전까지 미리 짜 보게 했다.

7월이면 한 학기를 마무리하는 시기다. 아이들에게 교사의 수업과 학급 운영에 따른 평가도 받아 본다. 아이들 눈으로 한 번 판단해 보는 것도 좋다. 상대적으로 부족하거나 노력할 점을 알아보고 교사가 성장할 수 있는 촉진제로 삼는다. 아이들의 성적표가 교사의 손에서 나가듯이 교사의 성적표도 아이들이 써 보면서 더욱 두터운 믿음을 쌓는다. '성적표'는 평가 결과에 대한 알림보다는 한 학기 행동의 상황, 생각의 단계, 성격의 변화를 기록하여 아이들의 성장 과정을 담는다.

모양 그림과 이야기 만들기

국어 시간 이야기 만들기를 미술 교과와 함께 창의적으로 해 보았다.

♡, ○, ◇, □ 모양을 활용해 의미 있는 그림을 완성해 보는 수업도 했다. 단순한 모양에 각자의 창의적인 생각을 표현하도록 상징적인 부호를 덧붙여 그림을 완성하는 식이다. 종이학 접기 종이에 반 아이들이 그린 작품을 모아서 전지에 붙이면 하나의 큰 작품이 된다.

미술 시간에 배우는 '흘리기 효과'를 국어 시간에 활용하여 이야기 만들기로 교과를 통합한 수업으로 공개 수업을 했다. 흘림 효과에 의미 있는 그림을 덧붙여 각자 문장을 만들고, 모둠 아이들 문장을 이어서 한 이야기로 만들었다. 이렇게 했더니 손바닥만 한 책이 한 권 만들어졌다.

반 아이들이 차례대로 돌아가면서 이야기를 덧붙이며 긴 이야기를 만드는

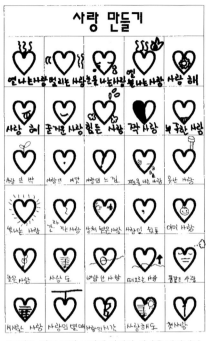

〈그림3〉 하트 모양 그림에 다양한 생각을 담아낸다.

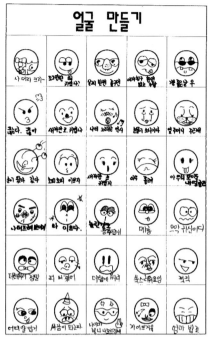

〈그림4〉 갖가지 얼굴 표정을 나타낸 동그라미 모양

방법도 있다. 이런 활동은 한두 시간에 끝나지 않으므로 교과 단위보다는 학급운영 차원에서 하면 좋다. 앞에 쓴 아이들의 글을 읽어 보아야 이야기가 자연스럽게 이어질 수 있으므로 집중력과 몰입해서 읽는 힘이 높아진다.

이야기 만들기를 하기 전에 먼저 줄 공책 두 권(이야기 공책)을 준비한다. 한 권은 앞번호부터 차례대로, 다른 한 권은 뒷번호부터 쓰게 한다. 아이들이 오래 기다리지 않게 두 가지 이야기를 동시에 만들도록 하는데, 이야기 흐름이 폭력적이거나 사람을 쉽게 죽이고 살리는 내용과 같은 것은 삼가도록 주의를 준다.

이렇게 완성한 이야기를 복사해서 각각의 이야기를 쓴 사람이 읽도록 하고, 학급문집에도 담았다. 처음 이야기는 만들어 가는 과정을 익힌 느낌이 크다. 서너 번 반복하면 내용에 대한 깊이와 고민이 묻어 나온다. 한 번으로만 끝낼 일이 아니다.

먹물 그림 이야기 만들기

미술과 국어 교과를 통합하여 공개수업을 했다. 흘리기 기법으로 완성한 그림을 이용해 국어 교과 이야기로 이어진 수업이었다.

① 큰 붓에 먹물을 찍고는 종이에 한 방울 떨어뜨려 그대로 두거나 종이를 기울여 불규칙한 모양을 만든다. 흘리기, 입으로 불기, 아무 데나 그리기 따위로 다양하게 해 본다. 먹물 외에 잉크를 이용해도 좋다.

② 자국이 마르면 그 모양에 연필이나 볼펜으로 덧붙여 그린다. 흐린 자국에 덧붙여 그리거나 무늬 따위를 그려 넣는다. 자기가 생각한 어느 일부분 또는 전체가 되기도 한다. 처음에는 한 가지 색깔로 해서 의도한 모양이나 모습이 완성되면 색을 칠한다.

③ 완성된 그림이 무엇을 하는 장면이나 모습인지 발표한다. '무엇 무엇 하는 모습, 장면'이라고 간단하게 해도 되고, 짤막하게 장면을 설명해도 좋다.

④ 모둠끼리(6~8명) 모여 서로 각자 그림의 순서를 정해 또 다른 이야기를 만든다. 서로 다른 그림이지만 이야기를 만들어 가면서 말이 이어지게 생각을 많이 해야 한다. 물론 순서도 말에 맞도록 잘 정해야 한다.

〈그림5〉 우연적 효과(먹물 흘리기)에 의미 있는 그림 덧그리기

1. 어미 개가 새끼 개에게 젖을 먹이고 있었습니다.

2. 어미 개의 애인 젖소가 놀러왔습니다.   - 김○○

3. 그리고 꽃을 선물했습니다.   - 구○○

4. 그런데 구석에서 늑대가 젖소와 강아지를 보며
   군침을 흘리고 있습니다.   - 주○○

5. 그때쯤 어미 개의 젖을 먹던 난장이는 집주인
   의 아기 발을 들고 놀고 있었습니다. - 허○○

6. 아기 엄마가 난장이를 잡아 용암에 넣으려고 했지
   만 나뭇가지에 걸려 난장이는 살아났습니다.
                                   - 김○○

〈그림6〉 먹물 그림 이야기 만들기

학급운영 설문조사

아이들이 한 학기를 보내고 평가해 볼 수 있도록 학급운영과 관련한 설문을 해 보자. 객관적인 평가 결과는 방학 동안 교사에게 공부할 거리를 준다. 연수와 모임을 통해 성찰하고 다양한 자료를 모아 다음 학기를 준비한다. 교과 내용에 더하여 아이들의 마음과 어울릴 방법, 아이들 이야기를 들어 줄 수 있도록 학급운영 방법을 고민하고 개선해 나갈 자료로 가치 있게 활용할 수 있다.

〈표13〉 우리가 평가해 보는 선생님의 학급운영

1. 우리 반 느낌은?
   ① 아주 좋다   ② 그런대로 괜찮다
   ③ 그저 그렇다 ④ 별로 안 좋다
   ⑤ 아주 안 좋다

2. 선생님의 학급운영에 대해 어떻게 생각합니까?
   ① 선생님 마음대로 해서 불만
   ② 이번 학기처럼 하면 좋다
   ③ 공부만 시키고 여러 활동을 하지 않아서 불만이다
   ④ 아이들을 너무 풀어 놔서 질서가 없다

3. 우리 반이 가장 잘 한 학급 활동은?

4. 선생님에게 어떤 고민도 털어 놓을 만큼 친하게 느낍니까?
   ① 그렇다   ② 아니다
   ③ 전혀 아니다 ④ 잘 모르겠다

5. 가장 재미있는 교과목과 그 까닭은?

6. 가장 힘들었던 과목과 까닭은?

7. 우리 반이 자랑스러울 때는 언제?

8. 선생님에게 불만은?

9. 선생님의 좋은 점은?

10. 2학기에 해 보고 싶은 학급 활동은?

4. 맑게 사는 달, 9월

새 학기를 다시 맞는 9월

9월은 새 학기를 다시 시작하는 달이다. 각종 체육대회와 학예회, 문화 행사 등에 아이들이 동원(!)되기도 한다. 행사에 참여하다 보면 수업 차시가 부족해져 토의나 토론을 하며 풀어야 할 교과 활동이 일제식, 주입식, 문제 풀이식 수업 형태가 되기 쉽다. 어쩔 수 없는 진도 맞추기라지만, 이런 과정을 되풀이하는 교사에게는 평생 자기 학급운영은 없다. 수동적인 학급운영, 목표 없이 설명 위주 수업만 하는 단순 직업 교사로 머물고 만다. 성장이 멈추면 아무리 경력 많은 교사도 아이들과의 호흡이 힘들어진다.

2학기의 첫 달은 중요하다. 교과와 삶의 리듬을 균형 있게 잡아야 한다. 활발히 움직일 때와 차분히 해야 할 때를 조화롭게 잡아 능동적으로 참여하게 교사의 창의적인 수업 구성이 필요하다.

1학기가 교사 중심이었다면 2학기부터는 아이들 중심으로 교과 활동을 펼쳐야 한다. 나는 활동 주도권을 아이들에게 주고 자치의 기회를 주었다. 그래서 9월부터 스스로 아침 모임을 해 보게 했다. 교과 내용은 주로 토의, 토론을 중심으로 짰다. 방과 후에는 각종 대회 준비와 참여로 아이들을 만날 시간이 많지 않았다. 교과 시간에 결론을 낼 수 있게 교과 재구성이 필요했다.

행사 따로, 교과 따로 하면 모두가 힘들다. 그래서 소비적인 행사가 되지 않도록 행사도 교육과정에 맞게 재구성했다. 학교에서 배운 것이 행사에서도 발표, 실연될 수 있게 했다. 행사 참여를 교과와 연결하여 현명하고 창의적으로 대응하는 힘이 이 시대 교사에게 필요하다. 행사가 없어지기 전까지는 말이다.

아침 모임

아침 모임은 보통 교사가 아이들에게 안내 자료나 정보를 전달하는 지시 사항 위주다. 그래서 아이들 스스로 이 시간을 운영해 보게 했다. 1교시 수업 시작 15분 전쯤 선생님이 오시든 안 오시든 상관없이 진행하게 했다.

아래의 〈표14〉를 준비해서 진행자가 나와 읽어 가면서 하면 된다. 처음에는 이런 표를 주었지만 빼거나 덧붙이면서 우리 반만의 아침 모임을 완성해 나갔다. 진행은 학급 대표가 하지만, 모두가 꼭 한 번씩은 참여하고(스스로 이름 부르기) 누구든 말할 기회(나도 한 마디)는 꼭 들어가게 했다.

〈표14〉 아침 모임 진행 과정

순서	내용	진행자	진행 말
1	여는 말	봉사위원	지금부터 ○월 ○일 ○요일 ○학년 ○반 아침 모임을 하겠습니다.
2	스스로 이름 부르기	봉사위원	1번부터 스스로 부르기 바랍니다(예: 경찰관이 되고 싶은 1번 ○○입니다).
3	오늘 노래	봉사위원	우리가 배운 ○○○○ 노래를 부릅시다. 하나, 둘, 셋 ♩ ♪ ♬
4	친구 소식	봉사위원	친구들 소식 시간입니다. 몸이 아픈 사람, 좋은 일, 생일 등을 말해 주십시오(생일이 있으면 생일 축하 노래 부르기).
5	지구촌 새 소식	봉사위원	지구촌 새 소식 시간입니다. 학교, 학급, 나라 안팎의 새로운 소식이 있으면 알려 주세요.
6	1분 말하기	차례대로	1분 말하기 시간입니다. 오늘은 제가 ○○에 대하여 말하겠습니다.
7	나도 한마디	원하는 사람	나도 한마디 시간입니다. 하고 싶은 말이 있으신 분 기회를 놓치지 말고 말씀해 주시기 바랍니다.
8	닫는 말	봉사위원	이상으로 아침 모임을 마치겠습니다.

도덕 시간에는 토의 · 토론을 하자

도덕 교과서를 보면 너무 교훈적이다. 2학기에는 도덕 교과서 내용을 분석하여 토의와 토론하는 시간을 가진다. 시사성 있는 주제를 던져 모둠끼리 서로의 생각을 정하고 말할 수 있게 하는데, 찬성과 반대 모둠으로 나누어 일주일간 생각할 시간을 주고 관련된 자료를 준비하도록 한다. 말을 할때는 합당한 근거 자료를 덧붙인다. 신문이나 잡지에 실린 글을 가져와서 자기주장을 펴도록 한다.

학원을 다녀야 할까?

요즘 아이들은 수업을 마치고 나면 학원을 가는 아이들이 많습니다. 특히 중학교에 가는 문제로 학원을 다니는 학생이 부쩍 늘고 있습니다. 그래서 우리 독일 모둠에서는 학원을 다녀야 할지에 대해 토의를 해 보았습니다.

◆ 수진: 찬성합니다. 학원에는 많은 아이들이 있어서 열등감이 생겨 공부를 열심히 하게 될 것입니다. 저도 학원을 다녀 성적이 좀 올랐습니다.

◆ 선화: 반대합니다. IMF인 지금 어려운 경제에 학원을 다닌다는 게 말이 됩니까? 저도 학원을 다니고 있지만 집에서도 학교에서 배웠던 것을 예습, 복습을 할 수 있을 거라 생각합니다.

◆ 정욱: 학원은 우리의 꿈도 키울 수 있고 자기 재능을 늘릴 수 있으며 공부도 할 수 있어 찬성합니다.

◆ 은정: 반대합니다. 학원을 억지로 가고 부모님의 건의로 다니는 경우가 많습니다. 학원은 자기가 다니고 싶을 때 다녀야 하는 것이 아닐까요?

◆ 수진: 은정이 의견에 반대합니다. 꼭 학원을 부모님의 건의로 다닌다는 것은 혼자만의 생각이라 생각합니다. 저도 학원을 제가 다니고 싶어 다녔지 부모님 생각으로 다니지는 않았습니다. 그리고 어떤 부모님이 아이가 다니기 싫다는데 강제로 학원을 보내겠습니까?

◆ 영균: 수진이 의견에 찬성합니다. 학원을 가면 성적이 오를 수 있고 새로운 사실도 알 수 있습니다. 학교 공부를 예습·복습할 수 있습니다. 그 결과 성적이 오르기도 했습니다. 돈을 내고 다니는 만큼 더욱더 열심히 공부할 수 있을 것 같습니다.

◆ 미지: IMF 시대에 돈을 비싸게 주고 다닌다고 해서 꼭 학원에서 열심히 공부하는 것은 아니라고 생각합니다. 제가 예전에 학원을 다니며 보니 공부 시간에 졸거나 장난을 치며 시간만 때우고 다니는 어린이도 있었습니다.

◆ 성현: 학원을 다니면 성적이 좋아진다고 보장할 수 없습니다.

◆ 태균: 예·체능 등의 과목은 보충할 수도 있고 영어 공부도 예습할 수 있어 중학교 대비에도 좋을 것 같습니다.

◆ 은정: 학원을 다닌다고 예습·복습을 할 수 있는 것은 많이 되지 않는다고 생각합니다. 학원 선생님들은 진도를 나가는 목적으로 교육시킵니다.

◆ 태균: 진도를 나가는 목적으로 학생들을 가르친다고 하였는데, 그것도 예습이라 할 수 있다고 생각합니다.

◆ 선화: 꼭 학원을 다닌다고 공부를 하지는 않습니다. 요즘 학생들은 교과서를 학교에 두고 다니기도 하지만 좀 신경을 써 집에 교과서를 들고 다니며 공부할 수도 있습니다.

◆ 정욱: 학원을 다녀도 공부를 할 수 있고, 자기가 하고 싶은 일들을 할 수 있는 경우도 많기 때문에 저는 학원을 다녀도 된다고 생각합니다.

◆ 미지: 물론 학원을 다니므로 공부를 할 수도 있고 자기가 하고 싶은 것들을 할 수도 있습니다. 하지만 학원을 다녀서 몸이 피곤해질 수도 있고 늦게까지 남아서 공부하고 오다 위험할 수도 있습니다. 요즘 학원 폭력도 있지 않습니까?

◆ 영균: 요즘 학원에서는 늦게까지 하지 않고 대부분 집 앞까지 데려다 줍니다. 그리고 피곤한 것은 자기가 느끼는 것이고 저를 예로 들면 조금 피곤하다 해도 집에 와서 쉬면 피로가 풀리고, 그렇게 피곤하다면 집에서 잠이나 푹 자는 것이 좋다고 생각합니다.

◆ 미지: 그럼 피곤함은 그렇게 잊어버린다고 합시다. 하지만 언제까지 학원을 다닐 것입니까? 중학교나 고등학교를 가면 시간이 없어 학원을 못 다니게 될 수도 있습니다.

◆ 수진: 일찍부터 집에서 공부하는 방법을 터득한다고 해서 꼭 그때 가서 공부를 잘할 수 있는 것은 아니라고 생각합니다. 지금의 버릇이 바뀔 수도 있지 않습니까? 이제 6학년도 얼마 남지 않았는데 학원을 다니며 중학교 대비 공부를 하는 것도 좋다고 생각합니다.

◆ 은정: 지금의 버릇이 바뀔 수 있다는 보장이 어디 있습니까? 그것은 근거 없는 말이라고 생각합니다. 지금의 1등보다 미래의 1등이 좋지 않겠습니까? 지금부터 학원을 안 다니고 스스로 공부를 하는 것이 미래를 위해 좋을 것 같습니다.

정리해서 말하기

- 미지: 학원을 다녀 보고 자신에게 맞고 공부를 더 효과적으로 할 수 있는 쪽을 선택하는 것이 좋을 것 같습니다. 그리고 학원을 정할 때는 시간, 위치 등을 고려해 보는 것도 좋을 것 같습니다

- 수진: 학원을 다니고 안 다니는 것은 자기 적성에 맞도록 자기가 선택해야 될 것 같습니다. 또 학원을 다니게 되면 열심히 공부하고 선생님 말씀을 귀담아들어 성적을 올릴 수 있도록 해야 합니다.

- 은정: 학원이 자신의 적성에 맞으면 다녀야 된다고 생각합니다. 학원 다니는 것이 자신에게 맞는다고 생각되면 여러 가지로 도움이 될 것이고 또 자기에게 도움이 되지 않는다고 학원을 다니지 않으면 또 다른 하나의 도움이 될 것입니다. 그러므로 학원을 다니는 것과 안 다니는 것은 자기 뜻대로 해야 할 것 같습니다.

- 선화: 학원은 자신의 적성에 맞는 곳에 다니고 부모님이 물어 볼 경우에는 자신의 의견을 확실히 말해야 합니다.

- 성현: 학원 역시 자기의 의견대로 누구의 강요도 받지 않고 선택해야 됩니다.

- 정욱: 자기의 적성에 맞게 학원을 다녀도 좀 적당히 학원을 가고 학원을 너무 많이 가지는 맙시다.

- 영균: 학원은 성적 향상을 위해 또는 자기가 배우고 싶은 것이 있을 때 다니는 것이 좋을 것 같습니다.

- 태균: 학원에 가더라도 우리가 학교에서 배우지 못한 내용을 배울 수 있는 곳에 다녀야겠습니다.

5. 발로 뛰는 달, 10~11월

절정에 다가가는 10월과 11월

한해살이가 절정에 다다른다. 아이들과 호흡이 맞으면 깊이를 더하지만 잘 맞지 않으면 갈등과 따분함, 피곤함에 절망으로 치닫기도 한다.

교사의 일생으로 봐서도 절정, 절망의 시기가 되기도 한다. 정신없이 달려가다 보면 학급운영이 관리 중심의 수동적인 문화로 남기도 한다. 아이들의 자율성이 협력으로 이어지면 긍정적이고 능동적인 학급 문화로 제 빛깔을 드러내는 학급이 되기도 한다.

학급운영 첫해는 프로젝트(조사) 학습에 대해 관심도 많고 아이들에 대한 열정과 열의가 높았다. 아이들과 호흡도 잘 맞았다. 내가 하고자 했던 것과 아이들이 바라는 것이 맞았다. 잘 맞지 않아도 아이들이 믿고 잘 따랐고 스스로 하고자 하는 열의가 높았다. 끝까지 챙기고 기다려 주는 노력이 설로 생겼다.

모둠끼리 조사할 일이 있으면 모둠끼리 더 잘 어울리게 방향을 설정해 주기도 했다. 모둠 조사를 처음 할 때는 형식에 초점을 맞췄지만 두서너 번 계속하면서 깊이 있는 내용이 되도록 유도했다. 겨울방학에는 혼자 조사 보고서를 쓰도록 했다. 그래서 2학기에는 한 모둠만 구성했다. 1학기에는 아이들끼리의 관계, 2학기에는 깊이 있는 활동에 중점을 두었다. 아이들의 삶을 가꾸는 학급과 주제 중심 학급운영의 융합이었다. 사회 시간에 처음 시작한 조사 활동을 두서너 번 하고 겨울방학에 개인별로 완성한 보고서를 문집에 묶고 학급 누리집에도 올려 다음 해 좋은 본보기 자료로 활용했다.

주말마다 모여서 모둠별 조사 활동

처음 주제 중심의 학급운영은 사회 시간 친절도 조사를 해 보자고 한 것이 계기가 되었다. 아이들은 교과 시간에만 모여서 머리를 맞대는 것이 아니라 학교 밖에서 많은 사람을 만나며 조사 활동을 이어 갔다. 학부모나 지역 주민들을 만나서 물어 보고 조사해야 만들 수 있는 보고서였기 때문이다.

보고서 쓰기를 한 번으로 끝내면 교육적인 효과가 별로 없다. 그래서 모둠별 보고서 쓰기를 몇 번 하고는 최종적으로 개인별 보고서를 쓸 수 있도록 한 학기를 꾸렸다.

〈표15〉 모둠별 조사 활동 진행 계획

9월	10월					11월			12월				1월	2월
친절도 조사						설문조사			개인 예상 보고서				개인별 조사	
보고서 안내	모둠 역할 분담	중간 검토	1차 점검	2차 점검	보고서 완성	보고서 안내	보고서 검토	보고서 완성	주제 설정	예상 보고서	검토	주제 확정	방학 과제로 선생님 방문의 날에 보고서 검토 및 완성	
학교 밖 활동						학교 안 활동			방학 과제				미완성 보고서는 개학 뒤 지도	

첫 보고서였던 친절도 조사는 2개월이나 걸렸다. 주로 학교 밖 활동이라서 아이들이 토요일 오후나 일요일에 사람들을 만나서 조사를 했기 때문이

다. 또 조사 활동이 처음이라서 조사할 거리, 조사 방법, 질문, 조사 보고서에 넣을 것들을 정하는 시간이 필요했다. 다 쓴 보고서를 보고 선생님과 함께 검토해 볼 시간도 있어야 했다. 나는 아이들과 함께 보고서에서 공통적으로 점검해야 할 기준을 잡았다.

　— 처음 계획에서 빠진 내용은 없는가?

　— 조사한 내용이 객관적으로 확실한가?

　— 그래프를 정확하게 그렸는가?

　— 모둠 아이들이 다 참여했는가?

　— 하면서 어려운 점은 없었나?

　— 더 새로운 조사거리는 없을까?

두 번 점검하고 보고서를 학부모 통신문으로 보냈다. 완성되기까지 꼼꼼하고 까다롭게 아이들에게 요구하고 점검했다. 처음에는 아이들 모임 자체가 힘들었다. 요즘은 더 심하겠지만 방과 후 모임이 학원 때문에 거의 불가능에 가까웠다. 그래도 어느 정도 학원 시간을 늦추거나 조절해 모둠 활동을 할 수 있게 노력한 아이들과 학부모들이 있어 큰 힘이 되었다. 도저히 시간을 낼 수 없는 아이들은 모둠 아이들과 의논해서 시간 날 때 자기 역할을 할 수 있게끔 했다. 또한 주말에 함께 머리를 맞댈 시간을 찾기도 했다.

두 번째 보고서는 설문 조사였다. 2주 만에 완성했다. 학교 안에서 해결한 보고서였는데, 우리 글과 말에 대한 주제로 학교 아이들, 친구, 동생, 선생님들에게 설문해서 만들었다. 한 번 보고서를 써 보았기에 시간이 줄었다. 설문지에 어떤 내용을 담을 것인가, 무엇을 물어 볼 것인가에 대하여 많이 의논했다. 몇몇 모둠은 설문 시간보다 설문 내용을 짜는 시간이 더 길었다.

세 번째 보고서는 개인별 예상 보고서였다. 모둠 보고서 쓸 때 살짝 묻어

가는 아이들은 이때 많이 긴장한다. '예상'이라고 한 것은 방학 때 쓸 보고서를 예상해서 쓰기 때문이다. 방학 때는 교사가 봐줄 수 없기에, 실제 조사는 방학 때 하고 예상 보고서 쓴 것으로 교사와 이야기를 나누는 것이다. 더 넣거나 고칠 내용, 조사 방향을 잡아 주는 식이다.

이런 보고서 활동은 그 뒤 서너 해까지만 했다. 방과 후까지 모둠 활동을 할 수 있도록 아이들과 학부모들에게 이해를 구하고 설득을 시키는 데 한계도 많고 에너지 소모도 필요 이상 많았다. 이런 활동이 아무리 좋아도 아이들이 서로 의견을 모아 조절할 기본 시간이 필요하다. 그런 시간을 찾는 데 너무 많은 노력과 시간이 들기 때문에 혼자가 아닌 여럿이 함께하는 프로젝트 학습과 같은 활동은 지금도 쉽지 않다.

논술과 서술식 평가가 갈수록 강조되는데, 이런 활동 '과정의 시간'이 없거나 점점 줄어드는 현실이라 안타깝다. 하지만 방과 후가 아니어도 교과 재구성, 교과 통합, 창의적 재량 시간을 활용하면 방법이 나오지 않을까 생각해 본다. 창의적 재량 시간도 쉽지 않겠지만 틈을 찾아보자. 시간은 찾는 사람에게 꼭 주어진다고 본다. 뜨거운 열정으로 도전한다면 꼭 방법은 나오게 된다. 아이들은 그 도전과 열정을 배운다.

친절도 조사(이집트 모둠)

- 모둠: 피라미드도 잘 협동하여 쌓았듯이 우리도 잘 협동하자는 뜻에서 피라미드가 있는 곳 '이집트' 모둠
- 조사 기간: 1998년 9월 19일~11월 14일
- 조사 내용:
  1. 친절하게 인사하는가?

2. 말투는 상냥한가?

3. 얼굴에 억지웃음이 아닌 친절에서 나오는 웃음인가?

4. 아이들을 걸리적거린다거나 귀찮은 존재로 보지 않는가?

5. 우리가 친절도 조사를 한다는 것에 대한 반응은?

■ 조사 장소: 주유소, 은행, 법원, 경찰서, 백화점, 우체국, 금은방, 만화방, 병원

■ 평가 방법: 인사, 말씨, 웃음으로 100점 만점으로 한다.

■ 조사 결과

1. 친절한 곳

장소	경찰서	백화점	법원	만화방
점수	100	70	100	100

▲ 경찰서: 누구나 경찰서라면 죄가 없어도 들어가기 싫어한다. 그래서 상가를 찾는다면서 길을 잃은 척하니까 버스는 무엇을 타고, 여기서 무슨 정거장까지 찾아갈 수 있겠냐라고 하나하나 가르쳐서 고마웠다.

▲ 백화점: "뭘 줄까?" 좀 가까이만 가도 필요한 게 있는 줄 알고 이렇게 물어 본다. 사지 않을 것인지 아는 것 같은데도 말이다. 이렇게 우리 입장도 볼 줄 알고 사지 않고 지나쳐도 웃어 주는 안내원들이 많이 보였다.

▲ 법원: 법원은 거대해서 좀 망설였지만 친절도 조사를 위해 들어갔다. 법원 재판하는 것을 보는 것이 아니라 법원 안에 있는 곳곳을 둘러보면서 무슨 반응을 보이는지 알아보았다. "아이들은 나가" 하는 사람 없이 우리에게도 같은 대우를 해 주었다. 우리를 쫓아내지 않은

것도 고맙게 생각하고 어디 어디를 찾을 때 가르쳐 주시고 우스갯소리로 "너희들 뭐 하니?"라고 물어 봐 주는 등 사람들이 친절했다.

▲ 만화방: "살 거니, 안 살 거니"로 시작하는 것이 아니라 "그거 재미있다. 잘 나간다"로 애들에게 사고 싶은 마음이 들게 해 주고 사지 않았을 때도 "다음에 다시 와! 뭐가 필요하니, 구해 둘게!"라고 다시 오고 싶은 마음도 들게 했다. 우리가 떼지어 다니니까 "뭐 하니?"라고 물어 보시고 "재미있니?"라면서 재미있는 말도 해 주셨다.

2. 불친절한 곳

장소	주유소	은행	병원	우체국	금은방
점수	50	60	60	60	30

▼ 주유소: 우리를 지나가는 나그네 비슷하게 쳐다본다. 확실한 통계를 내기 위해 두 곳을 찾았다. 고객을 위해 "어서 오세요" 한마디만 하고 차를 몰고 가고 나면 제자리에 앉았다. 계속 그런 식으로 로봇처럼 정해졌으니까 하는 것 같다. 그걸 친절하다고는 볼 수 없었지만 고객이 왔을 때 달려가는 친절 정도는 있는 것 같다.

▼ 은행: 예금할 것 올려 두고 "어디로 예금해 드릴까요?" 한마디만 묻고 다시 통장을 올려서 "안녕히 가세요~" 그것이 은행의 전부였다. 모든 은행 직원이 다 그러는 것은 아니었지만 말이다. 친절하게 웃으면서 고객의 얼굴도 한 번 쳐다보면서 하는 사람 50%, 그냥 쳐다보지 않고 제 갈길 가는 사람 50%로 은행 전체로 보았을 때 친절하다고 단정 지을 수는 없었다.

▼ 병원: 병원은 아픈 사람만 간다는 걸 보여 주기라도 하는 듯 병원 관

계자 외에는 아무런 상관도 하지 않았다. 접수하는 사람에게는 뭐 뭐가 어디 있다고 말해 주는 등 우리가 아프지 않은 이상 병원에서는 친절을 느낄 수가 없었다.

▼ 우체국: 우체국은 흔치 않지만, 법원 안에 있는 우체국인데 "우표 몇 개 주세요~" 떼 주고 돈 받고 그런 식이다. 억지로 "이거 어디에 봐 둬요?"라고 물어 봐야지 대답해 준다. 오히려 우체국과 관계없이 사람들이 오면 친절히 대해 준다. 어쩌다 한 번씩 웃고 인사하는 것 같아 친절이 몸에 배어 있지 않은가 보다

▼ 금은방: 친절도 조사 중 가장 점수가 낮다. 우리에게 아직 금반지나 귀금속은 필요없다. 그것을 알면서도 모른 체하고 가만히 있으면 될 걸 가지고 "만지지 마라! 유리에 손대지 마라" 하면서 아이들을 매우 귀찮아하는 것 같았다. 그때 어른들이 "저거 예쁘네~" 그러면서 지나가면 금세 표정이 바뀌어서 "구경하세요", "예쁜 거 많아요." 그러는 것이다. 우리도 판단력도 있고 '좋다, 안 좋다'를 가릴 수 있는 나이인데 귀찮다고 그렇게 떠미는 걸 보니 기분이 별로 좋지 않았다.

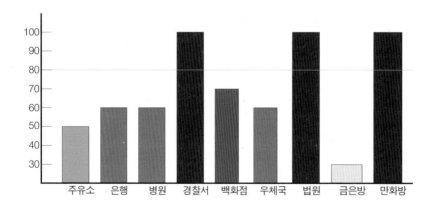

■ 조사를 마치고

▷ 민실: 돌아다니느라고 고생도 했지만, 모둠이 모두 모여 다녀서 정도 들었고 많은 곳을 다니느라 몰랐던 것도 알게 되어서 좋은 기회였다고 생각한다. 다음에도 이런 기회가 있으면 마다치 않고 열심히 해야겠다.

▷ 나형: 이렇게 저렇게 뛰어다닌다고 다리도 아팠고 고생도 했지만, 우리 '이집트' 모둠에 하나의 추억이 된 것 같다. 벗, 방울, 다른 모둠이 할 때는 못 느꼈던 아주 인상적인 모둠! 이집트 모둠이라고 선명하게 기억에 남는다.

▷ 지헌: 여자아이들이 황금 같은 주말마다 친절도 조사한다고 매주 갔다 왔는데 지금 생각하니 이리저리 뛰어다닌 게 다 추억으로 남을 것 같다. 그리고 백화점에 갔을 때는 우리들을 쇼핑하러 온 아이들처럼 대해 주고, 무엇을 하는지도 물어 보지 않는 점이 불친절한 것 같다. 경찰서는 아저씨가 우리가 들어갈까 말까 할 때 오라고 말씀해 주시고 물어 보면 친절히 대해 주신 것이 기분이 좋았다.

▷ 동현: 기분이 좋은 토요일이지만 우리 모둠은 시간을 내어 파출소, 병원, 법원 등을 다녀왔다. 6학년 들어와서 처음으로 우리 모둠이 뛰어다니는 것이 힘들었지만 좋은 추억으로 남을 것이다.

▷ 일영: 토요일마다 여러 곳을 다니니 참 힘들었지만 즐거웠다. 그리고 친절하지 않은 곳이 많이 있다니 영 기분이….

6. 마무리 달, 12월, 2월

모으고 간추리는 12월과 2월

다른 선생님들은 어떻게 생각할지 모르지만 나는 12월만 되면 열심히 산 것 같은데 아무것도 해 놓지 않는 느낌이 든다. 각종 행사에 쫓겨 학예회나 성적 처리가 지나고 나면 내 자신을 되돌아보게 된다. 아이들에게, 교사에게 남은 것은 무엇인가. 추억? 낭만?

학교 교육과정에 따라 학급 활동을 맞추다 보면 자기만의 학급운영 방침이 없이 세월만 보내게 된다. 학교 안팎의 일을 처리하느라 정신없이 바쁠 때, 그 바쁨의 주체가 되지 못하는 데서 오는 자괴감에 빠지기 쉽다. 교사로서의 자긍심을 지키기 위해서는 배움이 즐거운 새로운 형태, 아이들의 성장을 도우면서 교사로서의 성장과 철학을 높이는 공부가 필요하다. 내가 새내기 때부터 학급을 운영하며 꾸준히 해 온 일 가운데 하나인 학급문집 만들기는 그런 공부의 하나라고 할 수 있다. 한때는 일주일에 한 번, 한 달에 한 번, 한 학기마다 한 번씩 내기도 했다. 물론 학급문집을 시범 연구물이나 실적물로 포장하는 학교나 교사가 있기는 하다. 하지만 그런 식으로 주체성이 결여된 활동은 오래가지 못한다.

아무런 보상이나 점수가 없는 활동이었지만 난 지금까지 학급문집을 만들고 있다. 오히려 그런 보상과 점수가 없어서 사명감과 성취감이 더 컸다. 학급문집은 아이들을 이해하는 데도 많은 공부가 된다. 한 해 학급운영 끝은 학급문집으로 마무리 짓는다. 아이들이 공부한 결과물과 생각, 고민, 일기, 설문 등 아이들의 삶을 담는다는 생각으로 서툴고 모자라도 있는 그대로 담아낸다. 그래야 제대로 교사, 아이 모두 자신을 되돌아볼 수 있다.

학급문집 만들기 과정은 교사의 성장을 돕는다. 그래서 꼭 교사들에게 권한다. 모자라면 모자라는 대로 만들어 가면서 배우고 익히면 된다. 처음에는 학급문집을 위한 기능과 기술을 익히지만, 다음에는 아이들의 글, 그림, 교과 활동에 더 집중하게 된다. 그다음은 결국 아이들의 삶을 볼 수밖에 없다. 아이들의 삶이 있어야 글과 이야기가 되고, 활동이 된다.

글을 묶는 문집을 만들다 보면 동영상으로 아이들의 활동을 담는 디지털 문집으로 발전하기도 한다. 10년쯤 해 보니 그 맛을 알 것 같다. 한두 번은 그냥 맛보기다. 아이들의 삶이 담긴 문집은 두고두고 본다. 버릴 수 없는 소중한 기록물이다.

학급문집 만들기에서 먼저 해야 할 일은 아이들의 글 모으기다. 학기 초 문집을 만들 계획이 없었는데 갑자기 만들기로 결정했다면 글 모으는 데 모두 피곤해지기 쉽다. 그런 문집은 묶어 내는 데 힘이 다 빠져 문집을 위한 문집으로만 남는다. 글 하나하나 소중하게 고치고 다듬는 과정과 노력이 필요하다. 일기, 각종 행사 글, 숙제, 시집, NIE 학습물…. 평소에 여러 가지 글을 챙겨 두었다가 문집에 실을 글을 각자 뽑게 한다. 이런 자료는 다음 해 아이들의 학습 자료로도 좋다. 방학 전에 미리 개인별 글을 챙겨 둔다. 학급 누리집 게시판에 카테고리를 만들어 각자 올려 두면 나중에 편리하고 쉽게 정리할 수 있다.

졸업을 앞둔 2월에는 학급 잔치도 연다. 한 해 동안 배운 것을 자신 있게 발표하는 학급 학예회가 된다. 학급문집으로 아이들의 삶의 이야기를 묶고 학급 잔치는 동영상으로 남겨 보자. 소중한 삶의 기록들이다. 각자 인생의 소중한 순간이다. 교사는 그런 지점을 눈에 보이게 남겨 주는 사람이다. 그러면서 교사도 성장한다. 이런 실적, 기능, 기술의 스펙은 쌓을 만하지 않겠는가. 힘들어도 포기하지 말고 꿋꿋하게 이어 가자.

학급문집 만들기

- **글 모으기**
    - 아침 활동 시간에 한 것, 학급일지 내용, 우리 반 일지 모은 것
    - 모둠 활동거리(모양 그림 이야기 만들기, 먹물 그림 이야기 만들기)
    - 신문 기사 읽고 생각 쓰기, 나만의 쪽, 생활 그림 과제

- **일 나누기**
    - 컴퓨터로 원고(개인 원고가 아닌 대표 원고) 칠 사람
    - 편집부로서 학급 역사, 설문 내용을 기록할 사람
    - 문집 표지나 학급 역사 만화 그릴 사람(문집 표지는 공모 가능)
    - 모두가 자기 글은 책임지고 정리(누리집에 올리기, 교정, 편집)

- **자료 수집 및 편집 요령**
    1. 자료 수집
        ① 학기 초 바구니 두 개에 학교 행사 작품을 복사해서 보관해 둔다 (요즘은 스캔이나 사진으로 찍어 둔다).

② 학기 또는 학년 말에 개인별 글을 모은다(개인별 파일에 평소 모아 두기도 한다).

③ 일기 글은 학생들로부터 동의를 얻어서 매달 일정 수만큼 모은다. 평소 생생하게 쓴 글을 표시해 주어 학급 누리집에 저장하도록 한다.

④ 학부모 통신이나 모둠 활동 자료도 모은다.

⑤ 글뿐 아니라 미술 작품과 입체 작품, 함께 찍은 사진도 모아서 학급문집에 삽화로 활용한다.

⑥ 기타 글: 모둠 활동 조직, 모둠 소개, 모둠 신문, 학습 내용 발표작, 대회 작품, 시 따위

2. 편집 과정

① 아이들의 글은 모아서 번호순, 혹은 종류별로 간추린다.

② 직접 워드프로세서로 치거나 손 글씨로 쓴 것(미리 스캔해서 파일로 저장해 둔다)을 인쇄한다.

③ 각자 자기 글에 어울리는 그림을 그린다.

④ 표지 및 내용 중간중간에 들어갈 그림을 공모하거나, 대표 그림을 그릴 아이를 뽑거나 학급 활동 사진을 모은다.

⑤ 부모님들 글이 필요할 경우 방학 전에 통신문으로 보내 모두가 빠짐없이 참여하도록 한다.

⑥ 우리 반 아이들 모두에게 남기는 삶의 교훈, 교사 일기와 수업 일기 같은 교사 글도 넣는다.

3. 문집에 넣으면 좋을 내용

　　— 인사말(아이들 스스로 각자 쓸 수 있도록 비워 놓기도 한다)

　　— 부모님 글, 1년 행사 일람표, 학급일지 정리

　　— 특별한 숙제, 모둠 토의·발표 자료, 아침 활동 자료

　　— 선생님이 들려준 이야기 모음, 아침 자습 시간 1분 말하기 자료

　　— 학급 설문지(인상 깊은 수업, 사건, 사고들)

〈표16〉 학급문집 만들기 계획(차례) 사례

번호	내　용	담당자	분량	편집
1	우리 반 사진	선생님		
2	차례	선생님		
3	여는 말		1쪽	비워 두기
4	우리 반 시집: 시 한 편 씁니다	모두	1편씩	
5	우리 아이들은: 숙제 다했어요! - 주장하는 글	모두	선택 1편	각자 누리집
	감상문(책, 영화)	모두		각자 누리집
	- 수학여행을 다녀와서	모두		각자 누리집
6	일기 글: 우리 이야기	모두	10편씩	
7	모둠 활동1- 모양 그림책	모두	5쪽	스캔
8	모둠 활동2- 먹물 그림 이야기	모둠별	2쪽	스캔
9	모둠 활동3- 친절도 조사 보고서	모둠별		
10	모둠 활동4- 이야기 나누기	모둠별	2쪽	
11	모둠 활동5- 설문지 조사	모둠별		
12	우리 반 이야기: 우리 모둠 한해살이	봉사위원	10쪽	누리집 기록
13	모둠 신문: 뚝배기보다 장맛	선생님		
14	우리 반 일지: 오늘은 무슨 일?	봉사위원		누리집 기록

15	학부모 글: 얘들아, 졸업 축하한다	학부모		편지 받기
16	아이들 소개: 함께 있는 내 자리 - 20년 후 나의 모습	모두	2쪽	설문
	- 내가 만약	모두	2쪽	설문
17	생활 그림 정리			
18	표지 그림, 문집 이름 공모전	선생님	1쪽	

3장

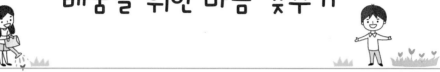

배움을 위한 마음 갖추기

　학급살이에서 가장 많은 시간 동안 하는 것이 수업이다. 그러나 수업 시간을 파고드는 각종 행사, 계기 교육, 각종 재난과 사고에 따른 시수 요구로 실제 수업을 할 시간은 늘 쫓긴다. 행사 따로 수업 따로 이뤄지다 보니 학사 일정 맞추기에 급급해 점점 수업 형태가 일제식 설명 위주로 되어 간다.

　한 해 교육 과정을 미리 살펴보지 않으면 때마다 밀려오는 차시별 수업, 교과서 중심 수업에 머물고 만다. 고민이다.

　교과 학습 준비를 위해 교사들은 학기 초부터 바쁘다. 수업 시간은 교과 내용만으로 이루어지지 않는다. 수업을 위한 준비와 수업을 활성화하고 피드백을 하고 마무리하는 시간은 교육과정에 포함되어 있지 않다. 교사가 학급을 운영하면서 잘 조절해야 한다. 때로는 두 차시를 한꺼번에 다루기도 하고, 한 차시 수업을 두세 차시로 늘리기도 한다. 학교 행사를 교과 시간에 맞춰 재구성해야 할 때도 있다. 학급에 들어오는 행사가 단순하게 두 시간이라도 두 시간으로 끝나지 않는다. 제대로 하려면 준비하는 시간도 필요하고, 마치고 정리하는 시간도 충분해야 한다. 그래서 학급에서는 늘 시간이 모자란다.

짝과 모둠을 바꾸는 일도 교육과정 시수에 잡혀 있지 않다. 하지만 매달, 적어도 분기별로 아이들은 짝을 바꾼다. 그런 시간도 만만치 않다. 아이들 마음이 다치지 않도록 서로 협의하는 과정에 이루어지는 생활 지도도 꼭 필요한 시간이다.

그동안 나는 학급살이 수업 일기를 써 왔다. 그때그때 고민하면서 준비한 자료도 정리해 두었다. 이를 학급 이야기로 정리해 본다.

1. 첫날 준비, 첫인상, 내 자리를 찾아서

3월이 되기 전 준비

새학년이 시작되기 전 나는 교실을 미리 정돈하고 아이들 자리도 정하는 등 아이들을 맞을 준비를 한다. 아이들의 자리는 보통 학기 첫날 줄을 세워서 키순으로 한다. 그러면 술렁술렁 어색한 분위기 때문에 한 시간은 금방 잡아 먹는다. 줄 세우기 시간이 첫인상이 되고 만다. 자리는 언제든지 다시 정할 수 있기 때문에 나는 미리 아이들이 앉을 책상을 정해 둔다, 사물함도 마찬가지다. 오자마자 자기 자리부터 자연스럽게 찾아 앉으면 반쯤은 정돈된 느낌이다. 그리고 반 아이들 이름을 칠판에 써 놓고, 첫 이야기를 건넨다.

〈그림1〉 아이들 이름표와 꼭 알아야 할 것들을 미리 복사한다.

〈그림2〉 자리에 이름표를 붙여 둔다.

담임교사를 소개할 때는 단순한 이름과 나이, 교직 경력의 나열이 아닌, 앞으로 함께 할 한해살이의 방향과 교육 방향이 담긴 이야기를 준비한다. 첫 만남은 아이들과 교사 모두가 설렌다.

나는 아이들 맞이를 2월 말부터 준비한다.

3월 첫날부터 책상, 사물함, 학급문고가 정돈되어 있으면 아이들의 마음 가짐이 달라진다. 그래서 학급과 아이들이 정해지면 아이들 수만큼 책상과 사물함 수를 미리 맞춘다.

〈그림3〉 사물함, 신발장에 꼼꼼히 아이들 이름과 번호를 붙여 둔다.

아이들 책상 자리도 미리 정한다. 임시다. 나중에 아이들 키순으로 다시 정하면 된다. 사물함, 신발장 따위는 미리 정할 수 있다. 각종 이름표와 시간표와 미리 알아야 할 것들(학급일지 쓰는 법, 당번이 하는 일)도 챙긴다.

요즘 책상은 높낮이를 조절할 수 있다. 그렇지 않은 책상은 첫날 바로 바꾸어 준다. 이름표를 붙여 자기 책상은 한 해 동안 끝까지 책임지고 쓴다고 알려 준다. 모둠 자리를 바꿀 때도 책상을 함께 옮긴다. 한 해 동안 자기가 사용하는 물건이기에 깨끗하고 책임감 있게 쓰도록 한다.

사물함과 신발장도 마찬가지다. 미리 이름표를 붙여 두면 첫날 자기 물건과 자리가 정해져 있어서 자연스럽게 정돈된다. 자리도 물건들도 제자리를 찾는다.

학기 초는 첫인상이 중요하다. 물론 아이들에게 교사에 대해 소개하고 아이들끼리도 서로 자신을 소개하는 시간을 만들겠지만, 가장 먼저 교실에 들어섰을 때 무엇을 어떻게 해야 할지 정해 두면 안정감이 든다. 기본으로 준비할 것들이다.

교실 청소도 미리 전 학년 아이들과 함께 해 두는 것이 효율적이다. 신발장 뒤나 사물함을 앞으로 들어내서 보이지 않은 뒤쪽도 말끔히 청소한다. 이때 청소가 한 학기 대청소가 되기도 한다.

사물함은 보통 맨 뒤에 나란히 붙여 두지만, 아이들 옷과 위생용품 때문에 남녀를 나누어 양쪽으로 두기도 한다.

〈그림4〉 이름표 팻말을 만들도록 안내한다.

새학기 첫날 나는 아이들에게 각자 자신의 이름표 팻말을 만들게 한다. 자기 이름 글자에 색을 입혀서 꾸미는 활동으로, 전날 미리 준비해 둔 것이다. 이름표 팻말을 모아 사진을 찍어서 학급문집에 담기도 한다. 추억의 한 장면이 된다.

자기 이름에 색칠하거나 꾸미는 것을 보고 아이들 성격을 조금 알 수 있다. 아이들의 손놀림을 보면서 어떻게 색을 골라 꾸미는지 관심 있게 본다. 이 이름표 팻말은 서로의 이름을 익히기까지 한 달가량 책상 앞쪽에 붙여 놓는다. 아이들끼리 이름을 빨리 익히는 데도 도움이 되지만 무엇보다 전담 선생님들이 수업할 때 빨리 아이들 이름을 익힐 수 있다. 모둠 토의와 토론할 때 친구들의 이름을 자주 부르기 때문에 보름 정도면 같은 반 아이들의 이름은 자연스럽게 다 외울 수 있다.

〈그림5〉 이름표 팻말 꾸미기

책상 위에는 그림책이나 공책도 한 권 올려 둔다. 무엇을 어떻게 하라는 지시사항 없이 올려만 두고 아이들이 어떻게 행동하는지 살핀다. 책을 읽는 아이도 있고, 손도 안 대는 아이도 있다. 있는지 없는지 모르는 듯 지나

〈그림6〉 새 학기 첫날 책상에 이름표 팻말과 그림책을 올려 둔다.

치는 아이도 있다. 공책도 마찬가지다. 선생님과 처음 만났을 때 할 이야기를 적기 위한 작전(!)이다.

아이들에게 책과 공책을 주듯이 학급에서 아이들에게 요구하는 사항이나 과제들이 있다. 어떻게 행동해야 할지 물어 본다. 스스로 방법을 찾거나 생각해 보자는 뜻이다. 이것이 내가 아이들에게 하는 첫 이야기다. 어느 해는 동화책을 올려 두기도 하고, 어떤 해에는 연필을 한 자루씩 올려 두기도 한다. 그렇게 해마다 다른 이야기를 준비해 왔다.

공책은 선물이면서 일기장이다. 첫날은 모두 함께 일기를 쓴다. 그래서 내가 아이들과 하는 첫 수업은 일기 쓰는 법 익히기다.

〈그림7〉 새 학기가 시작되기 전 학급문고를 정리한다.

학급문고도 정리해 둔다. 교사가 된 뒤 개인적으로 사서 모아 온 책이 학급문고로 요긴하게 사용되고 있다. 웬만한 책은 다 읽어 봐서 아이들과 책에 관한 이야기를 언제든지 할 수 있다. 우리 반 학급문고에는 돌려 읽을 책, 교과 관련 책, 아침에 읽어 주는 책, 그동안 낸 학급문집들이 있다. 우리나라 역사, 세계 역사, 문화 관련 책, 그림책, 시집, 창작 동화도 있다. 해마다 주제를 정해 다양한 책을 모으고 있는데, 환경과 음악, 미술 관련 책도 갖출 예정이다. 교사로서 좋은 점은 아이들과 함께 책을 읽고 그 책을 다시 활용할 수 있다는 점이다.

학급문고는 학습 교재도 된다. 그래서 언제든지 한 사람 앞에 한 권씩 읽을 수 있게 갖추었다. 국어 시 수업, 사회나 수학여행에 따른 문화 수업, 미술 옛 그림 감상 수업에서 모둠별로 참고할 책도 20년 넘게 모았다.

학기 초 이런 책들을 다시 정리하고 아이들에게 책에 얽힌 이야기를 해 준다. 의미가 있는 책 이야기로 아이들의 호기심을 자극한다. 공부하다 생각이 막히거나 아이디어를 낼 때 언제든지 학급문고를 찾게 한다. 국어사전, 우리말 사전, 표준어 사전, 띄어쓰기 사전도 갖추었다.

새학기에 학급 아이들을 위해 미리 챙겨 볼 것들을 정리해 보았다.

※ 미리 준비할 것

- 아이들 수에 맞게 책과 사물함 정리하기
- 책상 위에 올리는 이름 팻말 준비하기
- 학급 신발장, 사물함 번호 붙이기
- 우리 반 일지 양식(학급일지 본보기 글)
- 학급 규칙 안내(당번, 학급일지, 각종 차례와 줄서기)
- 공책(일기)과 책 한 권(그림책, 동화책, 문집)
- 첫날 인사말(공부를 왜 하나? 한 해 어떻게 살까?)

※ 아이들에게 줄 것

- 내 명함(선생님 소개 명함 건네기)
- 학부모에게 첫 통신문(학급과 담임 소개, 학급운영 원칙 안내)
- 아동 기초 조사서(한글·한자 이름, 손전화번호, 전자우편 주소)
- 선생님에게 알려 드리는 우리 아이 이야기(설문: 학부모용)
- 선생님에게 알려 드리는 속마음 설문지(설문: 학생용)
- 내가 살아온 이야기 쓰기(새 공책에 첫 일기 주제로)

※ 첫 주에 챙길 일

- 책상 배치 모형과 모둠 구성

- 교과 공부 방법 안내(수학, 국어, 사회 시간)
- 아침 활동 안내(책, 읽기, 공책 쓰기)
- 공책 쓰는 법 익히기
- 일기 쓰는 법 익히기
- 마인드맵 익히기
- 학급 누리집(밴드) 안내와 가입, 사용법 익히기

점검표를 만들어 교실 게시판에 붙여 두고 쓰면 좋다.

학기 초 교사가 어떤 준비를 하고 있는지 아이들한테 공개하면서 아이들도 준비하는 방법을 알아볼 수 있도록 한다. 아이들로서는 준비 결과만 받는 게 아니라 그 과정도 함께 익힐 좋은 기회가 된다.

새 학년 새 학기 준비

나는 아이들을 만나 해야 할 말을 프레젠테이션 자료로 준비한다. 한 장면씩 머릿속으로 그리면서 시나리오를 짜는데, 아이들과의 인사와 소개, 급식, 청소, 물건 정리하는 방법 등을 알리는 차례로 이어진다. 시간 조절을 잘 해야 한다. 꼭 필요한 것만 짧고 뚜렷하게 전한다.

1) 인사법 안내

〈그림8〉 서로 공손히 인사하는 방법을 알려 준다.

가장 먼저 인사말부터 익힌다. 한 사람(당번)이 "바르게 합시다! 다 함께 인사!"라고 말하면 모두가 "반갑습니다(고맙습니다)"라고 말한다. '차렷, 열중서, 경례'란 말은 사용하지 않는다. 손을 모아서 천천히 공들여 인사한다.

요즘 들어 아이들이 인사를 하는 둥 마는 둥 건성으로 하는 경우가 많아 인사부터 제대로 해 보자는 뜻에서 더욱 신경을 쓰고 있다. 마칠 시간에는 꼭 진지하게 서로 인사하게 한다.

2) 담임 소개와 자리 정하기

〈그림9〉 첫날 칠판에 아이들의 이름을 모두 적어 놓는다.

학급 소개 시간 전에는 칠판에 아이들의 이름을 써 놓는다.

아이들에게 아침에 교실 안으로 들어서자마자 가장 먼저 칠판에 써 있는 자기 이름을 발견하게 하고 싶었기 때문이다. 이렇게 이름을 써 두면 자기 이름뿐 아니라 같은 반이 된 친구들 이름도 관심 있게 본다. 선생님 글씨체도 보고, 간단하게 그려진 그림도 보면서 첫인상을 받는다. 잘 쓴 글씨, 잘 그린 그림은 중요하지 않다. 그런 노력과 정성을 마음의 눈으로 보게 된다.

나중에 이름들을 지우기 전 모두 함께 이름을 한 번씩 불러 준다. 자기 이름을 반 아이들이 모두 크게 한 번 불러 주면 느낌이 다르다. 힘이 솟는다.

그런 다음 '땀샘'이란 이름을 설명하고 내 소개로 이어진다.

지금까지 여러 가지 방법을 시도해 보았다. 한때는 질문 쪽지로, 또는 칠판에 질문을 받아써서 답하기도 했다. 이런 방법은 궁금한 것을 바로 말할 수 있는 장점은 있지만 모든 관계에는 시간이 필요하다. 아이들 질문에는

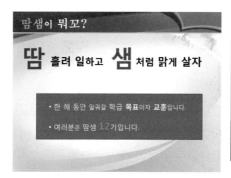

〈그림10〉 학급 이름과 선생님 소개

처음에는 키, 몸무게, 좋아하는 것들이 자주 나온다.

한때는 네 명씩 한 모둠을 만들어서 모둠 칠판이나 쪽지에 네 가지 질문을 만들기도 했다. 중복 질문을 줄이고, 그 질문에 하나하나 답하고 그 결과를 누리집에 올렸다.

책상 위에 책을 한 권씩 올려 두었다가 시간이 어느 정도 지난 다음 "책상 위에 책이 있습니다. 아침에 와서 이 책을 그대로 둔 사람, 읽은 사람, 이제 보이는 사람?" 하고 묻기도 했다. 꾸중하거나 나무라기 위한 말이 아니다. 아이들의 반응을 살펴보기 위해서이다. 똑같은 상황에서도 아이들의 반응은 제각각이다.

시켜야 하는 사람, 스스로 알아서 하는 사람, 관심 없는 사람으로 골고루 나뉜다. 물론 스스로 알아서 하는 사람이 좋다. 현재 자기 모습을 되돌아보고 더 나은 모습으로 함께 바꾸어 보자는 마음을 전하면 아이들 역시 내가 말한 의도를 알아듣고 잘 호응해 준다.

3) 기본 규칙 알리기

〈그림11〉 기본으로 지켜야 할 규칙 소개

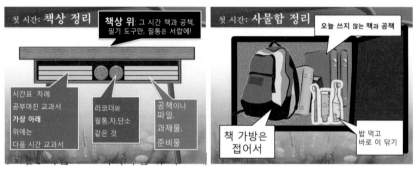

〈그림12〉 책상 서랍과 사물함 정리법

학급 규칙은 며칠 뒤 다시 함께 만들지만, 기본으로 지킬 일들, 지키면 편리할 것들은 미리 알려 준다. 그동안 쌓이고 다져진 방법이다.

학교 오는 시간도 일단 정해 준다. 시간을 못 지키는 아이도 꼭 생긴다. 늦으면 꼭 전화를 건다고 알려 준다. 늦은 까닭을 묻고 챙기는 모습과 의지를 보여 준다.

급식 때는 한 탁자에 여섯 명이 둘러앉게 한다. 자리에 앉을 때는 "잘 먹겠습니다"라고 인사하고, 여섯 명 모두가 먹어야 일어설 수 있다. 너무 빨리도 너무 늦게도 먹지 말라는 뜻이다. 다 먹고는 "잘 먹었습니다!"라고 말하고 일어서서 선생님한테 와서 급식판을 보이고 밥풀 하나도 남기지 말도록 했다. 다 먹지 못할 것 같으면 먹기 전에 덜어내도록 한다.

〈그림13〉 사물함 정리법

책상 서랍, 사물함 정리법도 알려 준다. 책가방에서 책과 공책을 모두 꺼내고 사물함에 넣는다. 책가방도 잘 접어서 넣는다. 책상 옆이나 걸상 뒤에 책가방을 걸어 두면 아이들이 다니거나 모둠별 책상을 옮겨야 할 때 자주 걸린다. 그리고 아이들 옆에 책가방만 없어도 교실이 훨씬 넓고 깔끔해진다.

사물함 정리는 첫날 일러 줘도 습관이 잘 붙지 않는다. 한 달 가까이 걸린

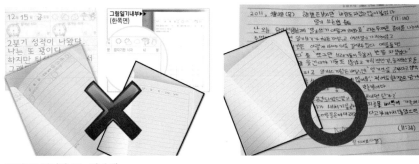

〈그림14〉 일기장 쓰는 법 소개

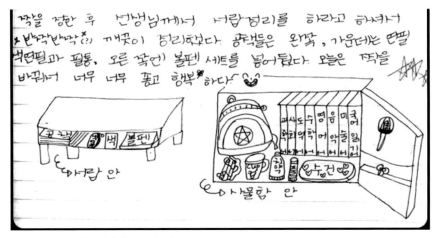

〈그림15〉 첫날 일기는 첫날 바로 쓰면 좋다.

다. 한 달에 한 번 정도 모두 문을 열어서 보게 한다. 꾸중하거나 나무랄 일이
아니다. 잘된 친구 것을 칭찬해 주고 본받게 한다. 꾸준히 챙겨 보고 살핀다.

　아이들의 얼굴 사진은 한꺼번에 다 찍어 둔다. 휴대전화에 저장하고 반
아이들의 얼굴 이름표를 코팅해서 책상 위에 올려 두면 전담 선생님도 아이
들의 얼굴과 이름을 익히기에 좋다. 얼굴 사진 명단을 만들어 놓으면 발표
나 차례 정하기를 할 때도 잘 쓰인다.

그밖에 학습 준비물, 일지와 일기 쓰기 이야기도 덧붙인다.

학급 누리집과 학급문집 만들기는 내가 가르치는 우리 반의 특색이다. 나는 새학기 첫날 전에 미리 누리집을 만들어 게시판(학급일지, 일기, 자료실, 사진첩)을 구성해 놓는다. 게시판 회원 가입은 첫 컴퓨터실 수업 때 한꺼번에 한다. 학급 누리집에 그때그때 글을 담아 두었다가 나중에 모아서 학급문집에 담아 낸다. 학급문집을 만들 계획을 세우고 학급문집을 읽는 시간도 잡아 둔다. 생각 밖으로 학급문집에 대해 처음 듣거나 만들어 본 적이 없는 아이가 많다. 그래서 어떻게 만들고 어떤 글들이 담기는지 직접 문집을 읽게 하여 느끼도록 한다. 학급문고에는 지금까지 내가 모아 온 문집을 꽂아 놓고 언제든지 자주 볼 수 있게 하고, 한두 시간 정도는 아예 시간을 정해서 모두 꼭 한 번씩 끝까지 읽도록 한다.

3) 일기 쓰기

첫날 소개를 마치고 나면 첫 수업이 일기 쓰기다. 일기장을 사는 것부터 쓰기까지 과정을 알려 준다. 첫 일기는 함께 쓴다. 미리 공책 한 권을 책상 위에 올려 둔다. 일기장 첫 장에는 일기 쓰는 법과 방법을 설명해 놓은 복사물을 붙여 놓는다.

2. 아침 시간

즐거운 마음으로 아침 살리기

새내기 때는 아침 시간에 계획적으로 무엇인가 가르쳐 보려는 마음이 컸다. 그런데 막상 아침이 되면 아이들이 운동장과 교실로 반반씩 나뉘었다. 의미 있는 시간을 갖고자 다양한 활동을 짜 보았지만 결국 가장 많은 시간은 과제나 준비물 점검, 10분 책 읽기 정도에 머물렀다. 학교에 따라서는 운동, 체조, 책 읽기 등 학교만의 특색 과제가 준비되어 있어 담임이 아침 시간을 마음껏 설정하지 못할 수도 있다. 아침 시간까지 문제 풀이나 학교 연구 과제에 맞춘 활동을 하느라 교과 활동을 준비할 시간은커녕 오히려 방해가 되기도 한다. 해마다 학급마다 상황은 다른데 주어진 활동은 교사의 수동적 역할만 요구해서 학급운영의 동기와 의욕을 짓누를 수도 있다.

경력이 쌓이면서 아침 시간에 평소 못 한 부분을 보충하거나 그날 공부할 내용에 대해 미리 고민할 기회를 주기도 했다. 그리고 계절에 맞게 산책이나 운동으로 몸을 많이 움직이게 했다. 요일별 아침 활동으로 마음껏 놀기, 하고 싶은 대로 하기, 10분 독서, 책 읽어 주기, 과제 검사 등을 진행했다. 이런 방법은 장단점이 있는데, 학교 행사나 교과 학습을 점검하느라 계획대로 되지 않거나 아이들이 아침부터 무엇을 검사받는다는 느낌을 받으면 학습 분위기를 해칠 수도 있다. 그래서 한 가지라도 꾸준히 이어 갈 수 있거나 아침부터 즐거운 감정을 살릴 수 있게 한두 가지 활동으로 줄여 나갔다.

아이들이 학교에 오는 시간에 따라 아침 시간에는 차이가 난다. 하나라도 꾸준히 하는 경우도 있지만, 계절이나 행사에 따라 수시로 바뀔 수도 있다. 때로는 일정한 틀을 잡기도 하고 아이들 의견을 들어서 스스로 정하게도 한다. 아이들의 의견을 모으기 전까지는 먼저 교사가 주도하는 것이 좋겠다.

주제별 학급활동이나 악기 연주, 책 읽기, 과제 점검, 보충학습, 예습과 같이 다양한 방법이 있지만 각각의 방법과 내용은 반 아이들의 성격과 성향, 욕구, 학습 동기에 따라서 꾸준하기도 하고 자주 바뀌기도 한다.

뭐니 뭐니 해도 계절별 특징과 각종 학교 행사, 교과 활동(프로젝트 학습 등)에 호흡을 맞추어야 오래 간다. 활동적이거나 정적인 활동을 골고루 나누어 부담을 주지 않는 범위에서 조절하는 것이 좋다.

아침 10분, 그림책 읽어 주는 시간

《강아지 똥》, 《까마귀 소년》, 《도깨비를 빨아 버린 우리 엄마》, 《미운 돌멩이》, 《겨자씨의 꿈》, 《으뜸 헤엄이》, 《점》, 《느끼는 대로》, 《지각 대장 존》, 《리디아의 정원》, 《폭풍우 치는 밤에》….

그동안 우리 반 아이들에게 수업 전 10분씩 꾸준히 읽어 준 그림책들이다. 책을 읽을 때는 원칙이 하나 있는데, 책을 읽어 주는 교사를 보지 않으면 책을 덮는다. 무언가 만지작거리며 교사를 보지 않는 아이가 있으면 그럴 때마다 멈추고 그 아이만 본다. 교사를 다시 보면 그때 읽는다. 이렇게 며칠 하면 듣는 습관이 생긴다. 교사가 아무 말 없이 기다리면 집중한다. 큰 소리칠 필요가 없다. 꾸준히 읽어 주면서 그림책의 권수를 늘린다.

그림책은 한 편의 완결된 이야기다. 짧은 이야기에 사건의 전개, 발단, 절정, 결말이 다 있다. 이 그림책들은 수업 시간 본보기 자료도 잘 쓰인다. 반 아이들이 모두 알면 공감과 집중력이 높아진다. 학년 구분은 없다.

일주일에 두세 권 정도 읽어 주고 다 읽은 책은 학급문고에 꽂아 둔다. 딱 일주일만 꽂아 놓고 그다음에 집에 가져다 둔다. 나중에 아이들이 더 오래 놔두라고 부탁해서 두 주 정도 늘렸다. 한 번 더 보고 싶은 아이들이 뽑아서 보고 또 본다.

한 일주일 지난 뒤 가장 재미있는 책과 감동을 주는 그림책이 무엇인지 아이들에게 손을 들게 해서 알아보면 좋은 정보가 된다. 아이들의 반응과 공감, 느낌을 찾아 해마다 기록해 두면 다음 해 아이들에게 좋아할 만한 책, 감동할 만한 책을 손쉽게 건넬 수 있다. 또한 아이들을 이해하는 데도 큰 도움이 된다. 나는 아침마다 일주일에 서너 번 꾸준히 책을 읽어 준다. 교사의 목소리가 아이들의 귀에 익숙해지면 교과 시간에도 교과서를 직접 읽어 주는 것이 좋다.

한 문제씩 풀기

아침 시간, 일주일에 한 번씩은 당번에게 수학과 사회 각 한 문제씩을 정해서 내게 했다. 따로 새 공책을 만들기도 하지만, 교과 공책 맨 뒤부터 문제를 써서 풀게 해도 된다.

문제는 전날 배운 내용을 중심으로 낸다. 첫 달은 교사가 내고, 다음 달부터는 당번이 내도록 했다. 이렇게 꾸준히 하면 아침 시간이 복습 시간이 된다.

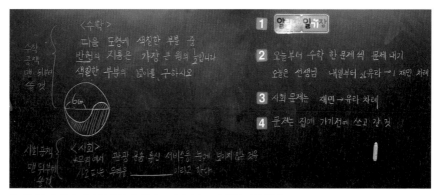

〈그림16〉 수학과 영어 문제 풀기, 한자 쓰기, 명언 쓰기 등의 아침 활동

이런 문제 풀이식 아침 활동에는 한자 쓰기, 영어 한 문장 외우기, 명언·격언 외우기도 있다. 교과의 복습이나 예습과 함께 다양한 교양 지식을 알게 할 목적으로 하는데, 어느 정도 공부에 대한 재미와 흥미가 달아오른 시점에서 해 보면 좋다.

문제 풀이 시간은 일주일에 한두 번 정도가 적당하다. 별생각 없이 대충 보고 베껴 쓰기에만 머물면 받아쓰기밖에 되지 않는다. 수학의 경우 앞 시간에 배운 문제를 풀게 하거나 설명하게 한다. 나중에 책에서 답을 찾을 수 있는 시간도 주고 난 뒤 풀이를 해 준다. 단답식 문제보다는 문제 풀이 과정이 있는 문제를 내고, 풀이도 아이들 스스로 나와서 풀도록 이끈다. 여러 가지 풀이 방법이 나오도록 유도하는 것도 좋다. 전날이나 며칠 전에 풀었던 문제 중에 복습한다는 의미로 가볍게 풀 만한 문제를 내는 것이 효과적이다. 교과서에 나오는 문제를 있는 그대로 내기보다는 활용하거나 응용한 문제를 내는 것도 좋다.

과제물, 안내물 챙기기

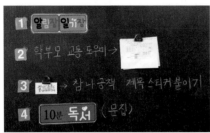

〈그림17〉 오늘 할 일과 챙길 안내물을 담을 바구니를 준비

나는 항상 아이들보다 아침 일찍 학교에 와서 칠판에 그날 아이들이 챙겨야 할 일을 써 놓는다. 학급에서는 각종 안내 자료와 학교 통신문 등으로 사인을 받아 와야 하는 것이 많다.

아침에 와서 거두다 보면 금방 10분 정도가 지난다. 그래서 아침에 미리 그날 챙겨 볼 것들을 칠판에 써서 알려 준다. 알림장, 일기장, 조사나 참여 안내장 결과물 등을 내어 놓을 자리를 알려 준다.

과제 바구니나 칠판의 자석 집개를 활용하기도 한다. 자주 챙길 것들은 아예 코팅해서 글자판으로 만들어 두었다. 알림장, 일기장, 과제 내기, 아침 10분 독서 같은 활동은 학급에서 꾸준히 자주 하는 안내 글이다.

바구니도 한두 가지 정도 다른 색으로 준비해서 챙겨야 할 각종 안내물을 정확히 받도록 한다. 모아진 자료를 당번이나 학급 대표가 번호별로 정리할 수 있도록 역할을 주면 교과 시간 전에 끝낼 수 있어 수업 시간은 온전히 학습하는 데 쓸 수 있다.

읽기 활동

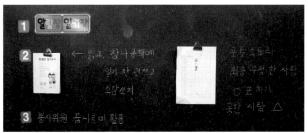

〈그림18〉 아침에 미리 읽어야 할 것들을 안내한다.

일기 쓰기를 지도할 때 자주 쓰는 방법이 읽기 활동이다. 그중에서도 또래의 일기 글을 자주 읽히면 일기 글감을 잡는 데 도움이 많이 된다. 자세히 쓴 일기 글만 모아서 묶음 책으로 만들고 아이들에게 읽게 한 뒤 그 소감을 쓰게도 한다. 일주일에 한 번은 읽기 활동으로 자세히 쓴 일기 읽기 외에도 10분 책 읽기, 시 외우기, 신문 읽기와 같은 것들이 있다. 정해진 시간에 모두가 읽는데, 읽어야 할 내용은 미리 복사해 두거나 책 형태로 묶어 아이들 수만큼 준비하기도 한다.

쓰기와 학습 안내

일주일마다 한 번씩 글쓰기도 해 보았다. 국어 수업 내용에 따라 주제를 정하고 논설문, 주장하는 글쓰기를 했다. 교과 관련 주제가 아니라도 그날 공부할 내용에 대한 짧은 생각도 써 보았다.

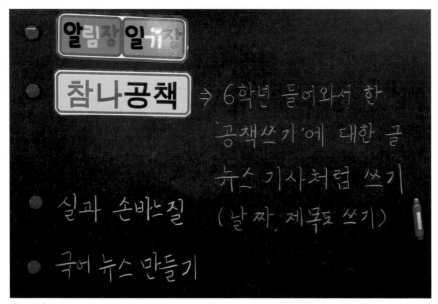

〈그림19〉 일주일에 한 번 정도 글쓰기도 해 본다.

〈그림19〉에서 보이는 '실과 손바느질'은 지난 시간 못 했던 것을 완성하라는 뜻이고, '국어 뉴스 만들기'는 이번 주까지 완성해야 할 일이다. 이렇게 해야 할 일도 함께 알리며, 자주 일러 주고 빠뜨리지 않도록 되새겨 준다.

말하기(칭찬하기)

날마다 한 사람씩 3분 말하기도 해 보았다. 새 학기부터 바로 시작하면 아이들이 부담스러워한다. 말하는 내용이 자기 이름, 학년, 취미 수준에서 못 벗어난다. 그래서 두 사람씩 나오게 해서 칭찬해 주기로 바꾸었다. 앉아 있는 아이들이 돌아가면서 한 마디씩 칭찬해 준다.

"○○은 운동을 잘한다", "○○은 친절하고 귀엽다", "○○○은 생김새가 씩씩하다"는 등의 단편적인 말이 나온다. 앞에 나온 사람은 아이들이 해 준 말 가운데 기억에 남은 말을 찾아 다시 말하고, 여기에 자기의 소감과 느낌을 덧붙이게 한다.

〈그림20〉 두 사람에게 칭찬해 주기

많은 사람 앞에서 말하기는 쉽지 않다. 밋밋한 내용에 책을 읽는 듯한 높낮이의 말투가 듣는 사람을 금방 지루하게 만든다. 까닭 없는 칭찬으로 시간 보내기 식이 될 수도 있다.

그렇더라도 처음에는 있는 그대로 그냥 들어 준다. 무슨 말이든 끝까지 들어 준다. 그렇게라도 자주 해 보면 말하기가 자연스러워진다. 습관이 붙으면 말하고 귀담아듣는 힘도 함께 생긴다. 이런 과정이 수업 시간에 그대로 이어진다. 교과 시간 모둠을 활동하거나 토의·토론 수업을 할 때는 모든 아이가 말을 할 수 있게 한다. 또한 듣는 시간도 마찬가지다. 남의 말에 격려와 칭찬으로 답을 해 주어야 한다. 칭찬할 거리가 생각나지 않아도 조그마한 것이라도 찾으려고 노력하다 보면 생긴다. 그런 능력도 중요하고 그러려면 잘 들어야 한다.

3. 모둠 짜기, 짝 바꾸기

모둠 짜기와 짝 바꾸기는 왜 해야 할까?

모둠과 짝 바꾸기에는 반 아이들과 고루 한 번씩 앉을 기회와 다양한 친구들을 사귀게 하려는 뜻이 담겼다. 그런데 실제로 해 보면 잘 안 된다. 골고루 섞어도 여전히 늘 모이는 아이끼리만 모이고 몇몇 애는 섞이지 못하고 떨어져 있다. 이런 관계를 바꿔 보기 위해 애를 쓰지만, 모둠을 바꾸는 과정에서 오히려 관계가 더 나빠지거나 무너지기도 한다. 그래서 짝과 모둠 짜기를 할 때는 관계가 흐트러지거나 끊기지 않도록 많은 이야기와 고민, 성찰할 수 있는 수업이 필요하다. 아예 수업 시간으로 잡아서 짝과 모둠을 바꿔 본 경험과 장단점, 왜 바꾸어야 하는지 서로 충분한 공감과 필요성을 느끼게 해서 맞춰 보도록 한다. 저학년 아이들은 교사 주도로 짜 주지만, 고학년은 스스로 맞출 기회를 잡아 보면서 민주적인 의사 결정 과정을 겪어 보도록 교과를 재구성해 본다. 사람들과의 관계를 보는 눈과 마음을 넓혀야 한다. 그런 눈과 마음을 키울 기회와 상황이라고 여기고 모둠 짜기와 짝 바꾸기를 좋은 수업의 일환으로 펼쳐 갔으면 한다. 이런 상황을 겪으면서 아이들은 한 걸음 더 성장한다.

한 해 동안 짝과 모둠을 몇 번씩 바꾼다. 자리가 그렇게 중요하지는 않다. 같은 모둠이라도 활동 내용에 따라서 다르게 모둠이 바뀌기도 한다는 것을 알려 준다. 머리로는 안다고 해도 새로운 친구들과의 만남은 언제나 어색할 수밖에 없다. 그런 어색한 시간도 공유하는 법을 배워야 한다. 함께한다는 마음으로 너그럽게 받아들이고 배려하는 행동에서 배울 수 있다.

새 모둠 짜기

"선생님, 모둠 바꾸어 주세요!"

"그래, 어떻게 바꾸면 좋겠냐?"

"하고 싶은 사람끼리 앉아요."

"그런데 선생님이 좀 걱정되는 게 있는데, 뭔 줄 아나?"

"…."

"모둠을 하고 싶은 사람들끼리 하면 남은 사람들은 어떻게 될까? 기분이 좋지 않을 것 같은데."

"선생님, 그래도 함께하고 싶은 사람끼리 해요!"

"좋아. 그럼 한 가지 조건! 모둠을 한 달에 한 번씩 바꾸기로 하는데, 한 번 같은 모둠을 한 사람은 두 번 다시 한 모둠이 될 수 없다는 거다. 지금 아무리 좋아도, 다음번에는 바꾸는 거다!"

"네!"

"그래, 10분 줄 테니 네 사람씩 짝을 지어 봐!"

가만히 앉아 아이들이 모둠을 만드는 것을 보니, 남자아이들은 남자아이들끼리, 여자아이들은 여자아이들끼리 모였다. 여자아이들끼리 네 모둠, 남자아이들끼리 두 모둠만 짜이고 나머지 애들은 아옹다옹이다. 좋아하는 아이들끼리 하자니 이가 맞지 않는다. 이미 모둠을 만든 아이들은 다른 애들이 뭐라고 하든 콧방귀를 뀌고, 모둠 만드는 일에 별 관심 없는 애들은 구석에서 딴청을 부린다. 그러다가 한 애가 울어 버렸다.

"자, 시간이 다 되어 간다. 다 못 하면 없던 걸로 한다!"

"야, 빨리해, 시간 다 돼."

결국 시간이 다 되었다.

"자, 자리에 모두 앉아라."

"에이!"

처음 모둠 짝을 바꾸기 시작할 때는 손뼉까지 치던 분위기가 한순간에 모두 불만 덩어리가 되었다.

"애들아, 억울하고 답답하니? 여학생들은 다했는데 남학생들 몇몇이 서로 안 빠지려고 하다가 일이 틀어졌으니, 억울하고 서운해서 기분이 나쁘지?"

"네…."

"그럼 어떻게 해야겠냐?"

"선생님, 저는 혼자 할래요?"

"선생님, 제비뽑기해요. 그래야 안 싸워요."

"야아! 말도 안 돼."

실컷 뽑아 놓았는데 제비뽑기 소리가 나오자 여기저기에서 원망 섞인 소리가 나왔다.

"'안 되'란 소리 하지 말고 의견을 내. 흥분하지 말고!"

"선생님, 같이하고 싶은 사람끼리 앉게 합시다. 시간 좀 주면 될 거예요. 시간 좀 주세요."

"그래, 시간을 좀 주면 할 수 있어?"

"네에!"

모두 한 소리로 짧고 힘차게 큰소리를 내었다.

"그럼 또 10분만 준다."

그래서 10분을 기다렸지만 서로 눈치만 보다가 시간이 다 가 버렸다.

"자, 앉아 봐라!"

보아 하니 불만이 더 생긴 분위기다.

"얘들아, 너희들 지금까지 모둠을 스스로 짜 본 적은 있니?"

"아뇨. 선생님이 다 짜 주셨어요!"

"그래, 지금까진 너희들끼리 스스로 정하지 못하고, 시키니까 따라만 해 왔구나. 그런데 이렇게 해 보니까 쉽지 않지?"

"자꾸 자기만 생각해요!"

"그래, 그런데 빨리 안 한다고 손가락질은 하지 마라. 내가 그 처지가 되어도 쉽게 해결하지 못할 거야. 기분이 나쁘면 서로 토론이 되지 않거든. 나만 손해 보고, 따돌림 받는다는 느낌 때문일 거야. 옆에서 자꾸 너 때문이야 라고 말하면 더 그래. 그래서 서운하고 답답한 거지. 모두가 만족할 수 있게 하는 게 힘든 거야."

"…."

"누군가 이럴 때 양보하거나 친구들을 좀 생각한다면 좋을 텐데. 시키는 대로 했다면 별 고민할 게 없었을 거야. 시키는 대로만 하면 되었으니까. 시킨 사람만 조금 원망하면 되잖아. 스스로 한다는 것은 이처럼 다른 사람들과 서로 부딪칠 때 마음이 상하기도 하고, 양보도 필요해. 지금까지 우리가 제대로 해 보지 않아서 그런 거야. 지금처럼 의견이 맞지 않아 다투는 것과 같은 분위기에 이상한 눈치, 짜증나는 마음 갖지 말고, 내 일이라고 생각해 보자. 이런 마음을 알아 가는 시간이 선생님은 소중하다고 생각해. 다시 해 보자. 아까 못 정한 남학생들은 다시 모둠을 짜 봐라!"

그렇게 해서 새로 모둠을 짰다. 몇몇 아이가 불만스러워했지만 다른 아이들은 안심하는 눈치였다. 다음번에는 지금 모둠 아이들과 같이할 수 없으니까 그때까지 잘 지내길 바란다는 말로 모둠 짜기 시간을 끝냈다.

새 모둠 짜기를 아이들한테 맡기면 이런 다툼은 늘 일어난다. 소외되는 아이가 생기면 갈등이 생길 수밖에 없다. 이런 일이 일어날 수 없게 아예 교사가 배정해 버릴 수도 있다. 교사에게 불만은 있겠지만, 아이들끼리 다툼은 줄일 수 있다. 그런데 이런 갈등 상황에서 감정을 조절하고 상황을 조정하는 능력을 길러 볼 기회는 얻지 못한다. 부대끼면서 배울 시간이다. 해결 과정에는 시간이 좀 걸린다. 교과 시간을 다 잡아 먹기도 한다. 끝까지 기다리며 갈등의 순간을 잡아 이야기한다. 그래도 원망과 시기, 남을 탓하는 말이나 분위기가 드러난다. 다시 설득도 한다. 잠시 멈추었다가 상대 처지를 생각해 보게 하고 또다시 시작한다.

이렇게 의견을 조율하는 시간은 서로의 감정과 마음이 상처받지 않도록 조절하고 배려할 수 있는 가치 있는 경험이 된다. 학급에서 자주 일어나는 선택의 순간에 아이들은 서로에게 상처를 주기도 하고 감정적으로 보상을 받기도 하면서 자란다. 학급운영이 아이들의 성장을 목표로 한다면 결코 그냥 넘길 수 없는 시간이다. 민주적인 의사 결정을 경험하고, 서로의 합의 하에 나온 결정은 흔쾌히 따를 수 있도록 함께 배운다는 자세를 가져야 한다.

모든 아이가 자신의 마음에 꼭 맞는 아이와 앉을 수는 없다. 서로 조금씩 참고 이해하면서 맞추어야 한다. 처음 모둠을 짤 때는 교과 학습 위주로 교사가 짜 주지만, 나중에는 스스로 짜 볼 기회를 준다. 서너 번 해야 조절하고 조정할 힘이 조금 생긴다. 적어도 서너 번은 기회를 주어야 아이들끼리도 큰 무리 없이 모둠을 짤 수 있다.

자리(짝) 바꾸기

"선생님, 자리 언제 바뀌요?"

7월이 되자 아이들 사이에서 짝을 바꿔 달라는 말이 자주 나왔다. 그래서 시험이 끝나고 바꾸기로 했다. 한 번 정한 자리는 보통 두 달 정도 그대로 둔다. 그래서 1학기에는 세 번 정도 바꾼다. 처음과 두 번째는 내가 아이들 교과 학습 수준에 맞추어 주었다. 이번이 세 번째인데 아이들에게 기회를 주기로 했다. 자리별로 앉아야 할 남녀별 위치만 짝 바꾸기 하루 전날 알려 주었다. 그 뒤 짝 바꾸기는 학급 대표들이 나와 사회를 보면서 함께 의논해서 정한다.

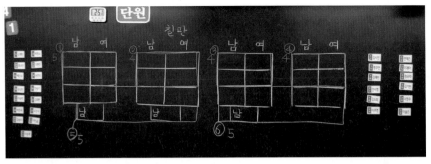

〈그림21〉 바꿀 자리 배치와 이름표를 미리 준비한다.

〈그림22〉 아이들이 협의해서 자리를 정할 기회를 준다.

시험이 끝나서 마음 편히 자리를 바꿨다. 어제 어떻게 자리를 바꿀 것인지 의논하더니 결국 제비뽑기로 정했다.

정하는 과정에서 여러 친구를 고루 사귈 수 있는 마음으로, 모두 만족하는 결과는 없으므로 잘 받아들이자고 힘주어 말했다. 누구와 같이 앉았다고 해서 놀리거나 놀림을 받아서도 안 된다고 말했다. 놀림과 장난의 대상이 되어서도 안 된다. 싫은 친구, 앉고 싶지 않은 친구와 짝이 된 것이 불행하다거나 불쌍히 여기는 말이나 분위기가 마음의 상처를 준다. 그런 마음부터 잡아 두고 짝을 바꿔야 하고, 어떤 짝이 되었던 겸허하게 받아들여야 한다는 점을 강조했다.

"선생님, 짝지 언제 바꿔요?"

9월, 학기가 새로 시작되자 아이들 사이에서 짝을 바꾸자는 말이 나온다. 지난해와는 달리 이번에 맡은 반에서는 한 달에 한 번씩 짝을 바꾸었는데 같이 앉고 싶은 친구끼리 앉는다. 그런데 한 번 같이 앉으면 두 번 다시 같이 못 앉는다.

이번에도 알아서들 앉아 보라니까 몇몇 아이끼리 뭉쳐 다니는 것이 한눈에 들어왔다. 아무 소리 없이 눈치만 보고 짝이 없이 자리만 지키는 아이도 보였다. 같이 앉기를 바라지 않는 아이가 누구인지 드러나 보였다.

저번에도 보았던 모습이다. 그러지 말자고 이야기를 하고 기다렸지만, 지금은 그게 너무 드러나 보이니까 이런 방식의 짝 바꾸기도 그만두어야겠다는 생각이 들었다. 다들 눈치만 보느라 짝이 맞추어지지 않았다.

"자, 모두 골마루에 나와서 키대로 서라."

처음 이 교실에 왔을 때처럼 키순으로 차례대로 앉혔다.

"선생님이 왜 이렇게 앉혔는지 여러분이 생각해 보세요. 여러분에게 원망을 들어도 괜찮아요. 욕은 선생님한테 하세요."

기분 나빠 하는 아이도 있고 그저 그런 아이, 내심 이렇게 앉는 게 낫다는 눈치를 보이는 아이도 보였다.

오랫동안 기다리면 나름대로 짝을 찾겠지만, 따돌림을 당하는 아이가 누구인지 뚜렷하게 드러나는 꼴이 되어 버리기도 한다.

짝 바꾸기는 어떤 방법이든 장단점이 있다. 장점을 아무리 살리려 해도 한계가 드러난다. 아이들과 한 시간 내내 의논하다 결국 제비뽑기로 한 적도 있는데, 이번에는 내 방식대로 바꾸었다. 앉기 싫은 아이를 거부하려는 마음은 이해하지만, 이번에는 정해 주는 편이 나을 듯했다.

짝 바꾸기와 모둠 짜기는 교사마다, 아이들 상황에 따라 달라진다. 아이들의 의견을 들어서 맞추기도 하지만, 감정싸움이 깊어질 상황이라면 교사가 직접 정해 주는 편이 낫다. 방법의 옳고 그름을 따지지 말고 아이들의 마음을 읽고 살펴서 때로는 자율로, 때로는 교사가 주도적으로 이끌어야 한다.

교사는 언제 어디서든 아이들의 마음을 잘 살펴보아야 한다. 특히 갈등 상황에서는 어느 시점에서 교사가 나서야 하는지, 나서지 않고 기다려야 하는지 늘 고민해야 한다. 그러면서 교사도 성장한다. 조절 능력도 키운다.

4. 공부 카드 만들기와 활용

여럿이 할수록 더 즐거운 공부 놀이

공부 카드 만들기는 공부의 의미와 공부하는 방법을 아이들에게 이야기하면서 실천한 것이다. 교사들이 개인별로 많이 활용하는 방법이다. 개인적으로 공부 방법이 문제집을 반복해서 풀이하는 학습에만 머물러 있는 게 안타까워 몇 가지 시도해 보다 아이들로부터 호응을 많이 받았다.

공부 카드는 처음에는 단답식 문제로 시작한다. 단답식 반복 학습을 여럿이 함께해 재미를 높였다. 혼자 하면 단순 반복에 효율성을 조금 높이는 효과가 있지만, 여럿이 하면 서로의 카드를 나누고 풀면서 함께 공부한다는 즐거움이 생긴다.

몇 번 거듭하면서 문제 유형과 내용이 주관식, 서술식에 이어 다양한 주장도 포함되었다. 아직은 많은 아이가 단답식, 객관식에 길들여져 있다. 그래서 단답식, 객관식 문제로 공부 카드 만들기를 익히고 나서, 서술식과 자기주장을 담은 내용으로 발전시켰다. 문제를 만드는 과정에서 더 많은 공부가 되는데, 친구들끼리 공부 카드를 공유하면서 수준과 능력이 조금씩 높아졌다.

어떤 방법이든 친구들과 공유하는 것이 중요하다. 스스로 자기 것을 점검하기가 모호하기 때문인데, 공유를 하면 자기 것을 되돌아볼 수 있다.

공부는 재미가 붙어야 한다. 공부 방법도 재미있어야 서로 즐겁게 할 수 있다. 시키지 않아도 재미있으면 스스로 하게 된다. 어떤 방법이든 꾸준히 제대로 활용하면 나름의 깊이를 더할 수 있다.

공부 카드 만들기

교실에 모아 둔 재활용 종이를 네 등분하고 잘라서 구멍을 뚫고 카드 링을 끼우면 공부 카드가 만들어진다. 처음 카드와 마지막 카드는 두꺼운 마분지로 만든다. 문제를 어떻게 낼 것인가 안내 자료도 준비했는데, 사회 문제 내기 안내 카드를 본보기로 만들어 활용했다.

카드 위쪽에 과목과 단원 제목, 쪽수를 넣는다. 글자는 큼지막하게 쓴다. 카드 앞쪽에 문제를 쓰고 뒤쪽에 답을 쓰면 된다. 재활용한 종이라서 뒤쪽에는 다른 내용이 인쇄되어 있겠지만, 빈자리가 있기 마련이다.

그동안 건네 준 시험지를 모아서 공부 카드에 붙여도 된다. 자기가 풀었

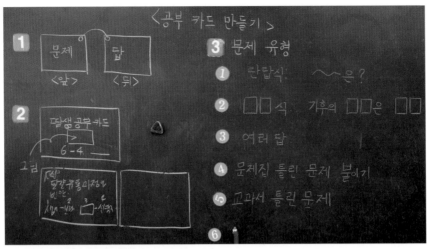

〈그림23〉 공부 카드 만드는 과정과 문제 유형 안내

〈그림24〉 공부 카드 앞쪽에 문제를 쓰고 뒤쪽에 답을 쓴다.

던 문제 가운데 틀린 것만 잘라서 카드에 붙인다. 오답 공책인 셈이다. 답을 맞힌 문제는 두 번 보지 않을 가능성이 높다. 그래서 카드 형식으로 모아서 되풀이 학습이 되도록 한다.

　카드 문제는 하루에 10개씩 만들게 했다. 그냥 되는 대로 만들라고 하면

〈그림25〉 문제 내는 방법 안내

〈그림26〉 이미 풀어 본 시험지에서 틀린 문제만 잘라서 붙이기도 한다.

〈그림27〉 카드 문제는 하루에 10개씩 만든다.

귀찮아서 만들지 않거나 시킬 때만 맞춰 주기 식으로 만드는 아이가 있어서 하루 목표를 정해 주었다. 여러 과목에서 골고루 하루 10문제 정도 만들고 하루 30분씩 카드 문제를 되풀이하여 푸는 습관을 들이면 효과가 크다.

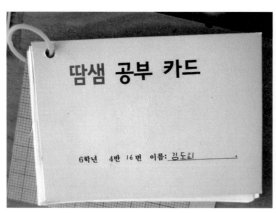

〈그림28〉 카드는 링으로 고정한다.

공부 카드 활용법과 보충하기

〈그림29〉 둘러앉아서 함께 만들며 도와준다.

하루에 10문제씩 과목별로도 골고루 만든다.

학급 책상을 원(네모)으로 배치하고 각자 자신의 공부 카드를 한 장씩 오른쪽으로 넘긴다. 이렇게 하면 친구들이 어떤 문제를 냈는지 보고 풀어 볼 수 있다.

과목별로 골고루 문제를 내다 보면 시험 범위가 좁은 과목에서는 중복된 문제가 많이 생긴다. 자연스럽게 반복 학습이 된다. 만들기는 했는데 집에 두고 왔다며 가만히 있는 아이도 있다. 아무것도 하지 않고 만드는 척하는 아이도 있는데, 모두 돌아가며 풀기 때문에 문제 만들기를 게을리한 아이들은 들통이 난다. 친구들이 알 수밖에 없다.

문제 낼 것이 없어서 못 한다는 아이들도 있다. 그래서 빙 둘러앉아 친구들이 만든 문제를 같이 볼 기회를 만든다. 공유한다. 낼 문제가 없다는 아이

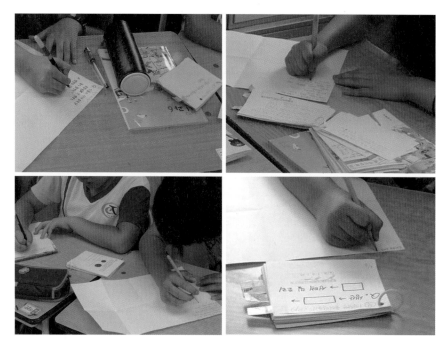

〈그림30〉 다른 친구 문제도 풀어 본다.

〈그림31〉 친구 문제를 풀면서 새로운 문제를 덧붙여 만든다.

는 이 과정에서 친구들 문제를 보고 참고해서 완성하도록 한다.

　문제를 공유하는 것은 모두 빠짐없이 참여하도록, 다양한 방법으로 기회를 만들어 주는 방법이기도 하다. 친구가 낸 문제 가운데 자기가 풀지 못한

〈그림32〉 아이들끼리 문제를 만들고 풀고 있다.

문제는 보고 베껴서 자기 카드에 추가한다. 이렇게 한 바퀴 돌고 나면 새로운 문제가 많이 만들어진다.

서로 바꿔 보면서 틈틈이 공부 카드 수를 늘린다. 내가 보는 눈과 친구가 보는 눈을 비교할 수 있고 구석구석 챙겨 볼 수 있다.

나중에는 모둠끼리, 친구들끼리 함께 공부할 수도 있다. 모두에게 도움이 될 수 있으니 늘 지니고 다니도록 한다.

공부 카드로 공부하기

시험이 얼마 남지 않으면 두세 명씩 모여 문제 3개씩 내어서 맞추도록 했다. 10일 정도 하면 100개의 문제가 생긴다. 최소 100문제를 꼭 만들도록 했는데 100문제를 만들지 못한 아이가 다섯 명이었다. 이 아이들이 모두

100문제씩 만들 수 있도록 반 아이들이 도왔다. 먼저 100문제를 만든 아이들이 한두 문제씩 만들어 주자 금방 100문제가 되었다. 못 하는 아이들을 탓할 필요는 없다. 까닭이 있을 것이다. 못 할 형편이었을 수도 있다. 모두 한두 문제씩 도와주면 금방 만든다. 늦게까지 남긴 했지만 모두가 도와서 한 사람도 남김없이 100문제를 완성했다. 이제는 완성한 문제를 되풀이해서 풀면 된다.

공부 카드 모아 두기

시험이 끝나면 공부 카드는 바구니에 모아 둔다. 2학기나 다음 해에도 쓰기 때문에 카드는 모두가 볼 수 있는 곳에 둔다. 이렇게 두면 문제를 제대로 만들지 못한 아이들이 언제든 가서 볼 수 있으므로 다음에 문제를 만들 때 도움이 된다.

학습 결과물은 아이들에게 돌려주기도 하지만, 이렇게 교실 뒤에 모아 두고 다시 활용한다. 수학 교구나 모둠 발표 도구, 장난감, 책 같은 것들도 사물함 위에 모다 두었다가 재활용하기도 한다. 그냥 올려 두고 전시만 하지 않고 주기적으로 재활용한다. 다른 친구들의 결과물을 어떻게 보고 어떤 식으로 활용해서 자기화하면 좋은지 방법도 자주 알려 준다.

학습 결과물을 재활용하여 아이들의 학습에 좋은 본보기 자료로 사용했으면 한다. 공부 카드는 단답식 문제 풀이로 시작했고 또한 단답식 문제가 많았다. 아이들끼리 서로 만나서 얼굴을 맞대고 푸는 과정을 더 소중히 여겼기 때문에 문제 내는 방법은 그 뒤의 과제로 삼았다. 아이들끼리 즐겁게

〈그림33〉 공부 카드를 모아 두고 언제든지 필요하면 참고하게 한다.

공부하는 분위기가 익으면 주관식을 더하고 사례 발표나 거꾸로 문제 만들기 형식으로 조금씩 깊은 사고가 필요한 문제로 발전시켜 나간다. 문제를 풀다 보면 오류가 섞이기도 한다. 대체로 글자를 잘못 써서 생기는데, 그래서 더욱 친구끼리 서로 바꿔 가면서 풀면 검증 단계를 거치는 효과를 얻을 수 있다.

너무 어려운 문제, 너무 쉬운 문제는 별 효과가 없다. 헷갈리는 문제, 애매한 문제, 풀었지만 이해하지 못하는 문제는 모아 두자. 그런 문제들을 교사가 살펴보면서 아이들이 어떤 문제를 힘겨워하는지 아는 것도 좋은 학습 정보다. 교사가 아이들 마음, 생각을 알아 가는 데 큰 배움이 있다. 아이들이 힘겨워하는 부분을 찾아 이해하려는 노력을 하다 보면 교사도 성장한다.

4장

기억과 추억으로 남는
학급 활동

학급에서는 교과 활동에 많은 시간을 보낸다. 각종 행사에 따른 특별활동도 만만치 않다. 그러는 틈틈이 아이들의 생활을 보살핀다. 보살핀다는 말 속에는 교과와 특별활동에 적응하도록 생활을 지도한다는 의미도 있을 것이다. 그래서 아이들의 삶보다는 교과와 특별활동을 보충하는 개념으로 받아들일 수 있다. 교과와 특별활동은 배당 시간이 있지만, 생활지도를 할 시간은 따로 정해지지 않는다. 그래서 교사의 의지와 노력이 많이 작용한다.

학기 말 아이들에게 가장 기억에 남은 일이 뭐냐고 물으면 교과보다는 특별활동, 특별활동보다 나와 만나서 이야기(생활지도)한 것들이라고 말한다. 나도 교육과정으로 정해진 교과나 특별활동보다는 학급 자체에서 만든 활동에 만족도가 높고 보람과 추억이 깃든다. 스스로 정해서 해 보았던 것들이 오랫동안 가슴을 데웠다. 재미있게 학급살이를 꾸리는 힘은 이런 활동에서 나온다.

수업 전후로 했던 노래 부르기, 학기 말에 했던 책 제대로 읽기는 자투리 시간에 했던 활동이었다. 노래는 하루의 감정을 푸는 일이고, 책 읽기는 책 읽는 능력을 가늠하면서 제대로 읽는 힘을 키우기 위한 일이었다.

한 번으로 끝나지 않는 발표, 기록하며 남기는 공부는 교과 공부와 함께 마무리한 결과물을 다시 피드백하는 공부였다. 일회성 경험의 되풀이, 대충 한 번으로 끝내 버리는 학습 습관을 끊어 보려는 노력이었다. 발표하면서 오류와 잘못된 관념, 학습목표가 엇나가는 순간을 잡아서 고쳐 내고, 학습 결과물을 남겨서 모두 다시 보며 고치는 과정이 집중력을 키웠다. 몰입할 힘을 주었다. 그 결과 제대로 한 가지라도 완성해 낸 데 따른 성취감도 높았다.

1. 노래로 마무리하는 하루

함께 부르는 노래와 몸짓

한때 노래 중심의 학급운영을 꾸렸던 적이 있다. 몇 해 꾸준히 아이들에게 함께 부를 노래를 골라 수업 시작 전후로 부르게 했다. 직접 기타를 치며 함께 부르기도 했지만, 악보를 보면서 따라 부른 시간이 많았다.

아이들이 잘 따라 부르는 노래는 대부분 유행가다. 동요를 들려주면 좋아하지 않을 것 같아 들려줄 생각도 못 하기는 했다.

그런데 아이들은 정말 동요를 싫어할까? 아이들의 정서에 맞는 노래를 찾아 들려주면 다르다. 문제는 그런 노래를 찾으려는 노력과 도전, 열정이 없거나 해 보지도 않고 포기하는 데 있다.

노래도 문화다. 생활이다. 자주 듣고 따라 부르다 보면 습관이 된다. 그러고 보면 유행가가 살아가는 방식이기도 하겠다. 그런데 동요도 자주 들려주고 부르면 산다. 흥얼거리며 부를 만한 노래를 모아 꾸준히 불러 보자. 현장학습이나 수학여행 때도 모아 부르면 좋은 효과(!)가 나타난다.

요즘에는 영상이나 음악을 쉽게 구할 수 있다. 영상에 익숙하다 보니 오히려 음악만 들려주는 게 때로는 새롭다. 불편해도 듣고 따라 써 보게 하는 것도 좋다. 노랫말이 시라면 더 좋다. 일주일에 한 곡씩만 불러도 한 해 서른 곡 넘게 배울 수 있다. 노래 부르기는 학급 문화에 흥겨운 리듬을 준다. 박자를 준다. 의미 있는 노래, 부모님도 함께 부를 수 있는 노래를 찾아보고 함께 불러 보자. 부모 세대를 아우르는 노래를 함께 공유할 기회가 된다. 하루 수업을 마치는 시간, 인사와 함께 즐거운 마음으로 한 곡 부르고 마치면 어떨까?

학부모가 어렸을 때 좋아했던 동요나 지금도 따라 부르는 좋은 노래를 추천받아 노래 목록을 뽑아 보자. 학부모 세대가 초등학생 때 불렀던 노래 중에 지금도 많은 사람이 좋아하는 노래가 있을 것이다. 노래들을 모아서 아이들에게 들려주고 함께 부를 노래를 정해 보자.

〈표1〉 함께 부른 노래

〈노래하나 햇볕 한 줌〉, 〈바위처럼〉, 〈그릇〉, 〈수현이의 크레용〉, 〈아름다운 것들〉, 〈선생님 사랑해요〉, 〈꽃과 어린 왕자〉, 〈깜장 까마귀〉, 〈백두산〉, 〈어느 산골 소년의 사랑 이야기〉, 〈서울에서 평양까지〉, 〈함께 가자 우리 이 길을〉, 〈밤배〉, 〈엄마 기다리며〉, 〈나이 서른에 우리〉, 〈누나야〉, 〈김밥〉, 〈기차를 타고〉, 〈일요일이 다 가는 소리〉, 〈우리 이야기〉, 〈꼴찌를 위하여〉, 〈눈 오는 날〉, 〈꿈이 더 필요한 세상〉, 〈순복이〉

백창우 씨가 아이들의 시나 이원수 선생님의 시에 가락을 붙여 노래를 많이 만들었다. 교과서에 나오는 시도 있다. 교과서에 나오는 시 대신 바꾸어서 익힐 만한 것도 많다. 시 공부 시간에 함께 감상하고 따라 부르기도 한다.

노랫말에 맞추어 뮤직비디오 형식의 UCC로 만들기도 했다. 노랫말이 아이들의 마음을 사로잡고 아이들의 삶을 보인다면 아이들은 금방 따라 부른다. 노랫말을 듣고 나도 저 정도는 쓸 수 있겠다고 여긴다면 글쓰기도 힘들지 않을 것이다. 내가 살아가는 모습, 하고 싶은 말이 글이 되고 시와 노래가 된다. 노랫말을 되새겨 부르며 삶의 리듬을 주자.

일주일에 한두 곡 정도 부르며 지내 보자. 특별나게 음정이나 박자를 지도하지 않아도 된다. 조금 틀려도 괜찮다. 교사도 노래 부르는 것이 즐거워야 한다. 힘차게 부르는 곡 대부분이 4분의 4박자 노래다. 노래를 다 익혀 여유롭게 부르면 간단한 몸짓을 넣어 부르자.

무릎 치고-짝-동작(2박자), 무릎 치고-짝-동작(2박자)….

아이들이 아는 동요는 어릴 때 부모님에게서 들었던 곡으로 현재까지 따라 부를 수 있는 곡은 몇 곡 안 된다. 오히려 학부모들이 아는 노래가 더 많을 수 있다. 챙겨서 들려주지 않으면 모른다. 동요를 즐겨 듣고 배울 시기와 기회는 많지 않다. 평소 아이들이 잘 알지 못한 노래, 사연이 깃든 노래, 소설 배경 노래, 동작과 함께할 수 있는 노래들을 찾아보자.

● **몸동작 만들기**

'모션', '율동'이라고 많이 하는데, 주로 저학년 아이들에게 간단한 노래에 맞춰 움직이는 동작이다. 고학년으로 올라갈수록 아이들이 쑥스러워하고 하기 싫어하지만 실제 하다 보면 모두 좋아한다.

박자에 맞추어 8개 동작, 16개 동작, 32개 동작을 반복하는데 처음에는 4개 동작, 8개 동작을 연습하고 가짓 수를 늘려간다. 익숙해지면 노래에 맞추어 흥겹게 따라 한다. 기본 동작만 익히면 다양한 노래에 맞춰 할 수 있어서 좋다.

● 수학여행 노래 만들기

수학여행을 갈 때는 그동안 배운 노래를 콤팩트디스크(CD)에 담아서 차 안에서 들을 수 있도록 한다. 따라 부르기도 하고 몸동작을 만들어 함께 움직이면 더 흥겹다. 평소 아이들 목소리로 녹음한 노래도 담아 틀어 주면 더 신난다.

모두가 알고 따라 부를 수 있는 노래이기 때문에 다 참여해서 즐긴다. 미리 가사 모음집을 준비해서 수학여행 버스 안에서 나눠 주면 더 좋다.

반가 만들기

반가를 만들었다. 우리 반만의 노래, 노래 가사만 바꾸어서 반 아이들이 좋아하는 곡의 반주에 맞춰 부르는 것으로 한다. 모두가 불러 녹음하고 노랫말에 어울리는 장면을 모둠별로 나눠서 영상으로 만들었다.

1) 배경 반주 음악 정하기

먼저 어떤 노래를 배경 반주로 정할 것인지 토의를 부쳤다. 노래의 종류로 동요, 가요, 트로트, 팝송이 나왔다. 그중 가요의 인기가 으뜸이었다. 곡을 정할 때는 유행가, 인기곡, 많이 따라 부르는 노래나 동요 같은 노래 중에서 고른다. 의견은 많은데 모두가 공감하는 노래 찾기가 쉽지 않다.

2) 모둠별로 가사 바꾸기

가사 바꾸기는 모둠별로 두 줄씩 정해 주었다. 다음 날 아침 시간에 정하고 미술 시간에 그 가사에 어울리는 행동이나 장면을 찍기로 했다. 아침에 오는 대로 칠판에 가사를 쓰도록 했다. 다 쓰면 함께 문맥이 맞는지 보고 고친다. 칠판에 이렇게 써 놓으면 문맥이 맞는지 한눈에 살필 수 있다. 정해진 가사는 바로 워드프로세서로 치고 인쇄해서 나눈다.

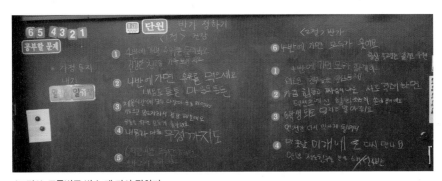

〈그림1〉 모둠별로 반 노래 가사 정하기

3) 노래 불러 보기

바꾼 가사를 보고 노래를 불러 본다. 반주 음은 전날에 사 두었다. 반주 음악에 맞춰 바꾼 가사로 불러 본다. 몇 번 부르면서 녹음도 해 둔다. 영상으로 만들면 우리 반 목소리가 담긴 음원이 된다.

〈그림2〉 모둠끼리 정한 가사는 바로 인쇄해서 불러 보면서 고친다.

노래를 부르다 보면 박자가 맞지 않거나 어색한 부분이 나온다. 다 함께 고쳐 간다. 모두가 참여하는 이 시간만큼 진지한 시간도 없다.

4) 가사에 어울리는 장면 만들기(사진과 녹화)

이제 모둠끼리 맡은 가사에 어울리는 장면을 만들 차례다. 스마트폰 카메라로 찍거나 동영상 촬영을 한다. 직접 기획하고 만들어 보는 생산적인 일에 아이들의 호기심이 큰데 그만큼 재미도 있다.

운동장, 조회대에서 하거나 칠판, 화이트보드 따위로 어울리는 장면을 기획하고 연출하며 촬영해서 기록한다. 이 과정은 미술이나 국어, 실과에도 관련 단원이 나온다. 이번 기회에 또 한 번 해 본다. 모둠별로 만든 자료를 모아 최종 편집은 내가 했다. 모두 모아서 함께 부른 노래와 가사 자막도 넣

<그림3> 가사에 어울리는 장면 찍기

어서 편집한다. 무엇인가 제 손으로 만들어 본다는 느낌과 참여의 재미가
좋은 동기가 된다.

5) 자료 보내기와 올리기

사진이나 녹화 영상은 SNS나 이메일로 교사에게 보내게 한다. 우리 반은
SNS(밴드)가 있어서 편리하다. 데이터 용량이 충분하지 않는 아이들은 집
에서 올리도록 했다. 아이들이 밴드에 올린 사진과 영상은 모아서 다음 날
작업을 한다. 스마트폰의 사진과 동영상 촬영 기능이 이번 시간에 잘 쓰였
다. 또한 밴드 애플리케이션도 자료를 나누고 기록하는 데 유용했다. 나는
아이들 모두가 갖고 다니는 스마트폰을 교과 시간에 활용할 기회를 찾으려
고 노력하는 편이다.

2. 책 읽기 습관 기르기

책 제대로 읽어 봤니?

책 읽기는 어느 학년이나 공통으로 강조하는 활동이다. 아침 시간이나 자투리 시간에는 교과 과제나 조사 학습에 필요한 책을 읽게 한다.

아이들이 책과 자주 만날 수 있도록 학급문고를 갖추지만, 막상 교실에 가면 편안하게 책 읽을 시간이 없는 게 현실이다. 그래서 일부러 아침 시간 10분은 책 읽기로 못 박아 두기도 한다.

해마다 살펴보면 책을 읽을 기회나 상황은 국어, 사회, 과학, 미술 시간이었던 것 같다. 모둠별 과제를 해결하려면 책이 필요해서 내가 책의 종류나 특정 책을 정해 주기도 한다. 또 아침 시간에 내가 직접 조금씩 읽어 주는 시간도 있었다. 돌려 읽는 책을 준비해 아이들 모두에게 똑같이 읽게 하거나 짬을 내서 스스로 골라 읽게도 한다.

아이들이 주로 읽는 책은 창작 동화가 많다. 식물도감, 음악, 미술 관련 책은 드물다. 물론 초등학생은 각종 동화를 많이 읽을 나이다. 또 그렇게 읽게 한다. 그래도 어느 정도 다양한 책을 읽을 기회를 마련해 주었으면 한다.

책의 종류에 따라 읽는 방법은 같을까, 다를까?

책을 읽는 속도는 어떨까?

얼마나 오랫동안 몰입할 수 있을까?

아이들이 책을 읽는 속도를 재어 보는 일도 재미있다. 책 읽는 습관을 살펴보고 하루에 읽을 양과 한 번 집중해서 읽을 수 있는 시간도 재어 보았다.

1학기 말 일주일 동안 책 읽기를 주제로 하여 다양한 책의 종류와 어떤 마음가짐으로 책을 읽어야 하는지도 알아보았다.

돌려 읽는 책과 학급 누리집

우리 반에서 아이들이 돌려 읽는 책에는 교과 내용과 관련한 내용이 담겼다.

사회 교과에서 역사 단원을 공부했을 때 돌려 읽는 책으로는 역사 만화책을 준비했다. 사회 시간에 아이들에게 자세히 설명한다고 해도 제대로 이해하는 아이가 많지 않다. 역사를 처음 배우는 아이들에게 재미와 흥미, 감동을 줄 방법을 고민하다 그동안 모아 온 역사 만화책, 아이들 눈높이에 맞는 역사책을 준비했다. 평소 꼭 한 번씩 다 읽어 봤으면 했던 책이었다. 그래서 돌려 읽는 책으로 삼았다.

또 돌려 읽는 책으로 많이 보여 준 책이 한 권 있다. 교과가 아닌 학기 초에 공부를 왜 하느냐는 근본 문제에 대하여 생각해 보자는 뜻에서 준비한 책이다. 제대로 공부하는 방법에 대해서 고민해 보라고 똑같은 책 세 권을 준비했다.

《공부 습관 스스로 길들이기》란 책이다. 학기 초 공부에 대한 고민과 이야기다. 공부 방법에 대해 좀 더 구체적으로 알려 주려는 뜻이기도 했다. 따로 시간을 내서 학기 초에 설명도 하지만, 혼자만의 시간에 찬찬히 읽어 가다 보면 선생님이 이야기한 내용을 다시 되새길 수 있다.

공부를 왜 해야 하는지, 좋은 공부와 나쁜 공부, 자기 주도 시간, 자기 주

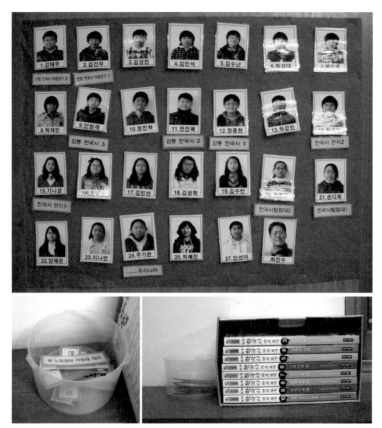

〈그림4〉 돌려 읽는 책을 읽은 사람을 표시해 둔다.

도 학습에 대한 이야기가 다 나와 있다.

　해마다 아이들에게 읽히려고 같은 책을 세 권씩 샀다. 반 아이들을 번호
대로 세 모둠으로 나누어 한 사람당 읽는 기간을 사흘로 잡았다. 사흘을 넘
기면 다 못 읽어도 다음 사람에게 넘겨야 한다. 못 읽는 부분은 한 바퀴 다
돌고 나서 읽도록 했다.

　교과 학습에 들어가기 전 공부하고 싶은 마음, 공부 습관 들이기 좋은 방

법들을 알아보면서 삶의 체계도 잡아 갈 수 있도록 했다. 책을 읽고 끝내는 것이 아니라 스스로 실천한 결과를 누리집에 공유할 수 있도록 게시판도 하나 만들어 놓았다.

돌려 읽는 책을 읽을 때는 차례를 정한다. 앞서 《공부 습관 길들이기》 책처럼 크게 세 모둠으로 나누기도 하고 차례가 필요 없이 읽고 싶은 사람 순서대로 읽기도 한다. 여기에 아이들 얼굴 사진과 돌려 읽는 책 이름을 코팅해서 교실 앞문에 붙여 두었는데, 이렇게 하면 언제 누가 무슨 책을 읽고 있

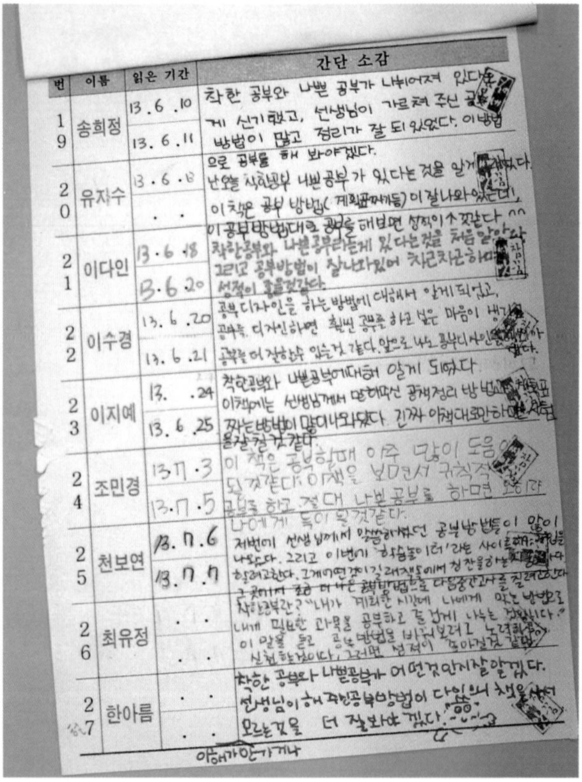

〈그림5〉 돌려 읽는 책 마지막에 간단한 소감을 남기도록 한다.

는지 알 수 있다.

사회는 교과서와 보조 교과서만으로도 읽고 함께 이야기하기가 벅차다. 다양한 배경 지식 없이 교과에 담긴 내용이나 토의·토론까지 그대로 풀어내기에는 많은 시간이 필요하다. 교사가 직접 책을 읽고 재미있게 이야기해도 좋은데, 아이들에게 직접 관련 책을 읽게 하거나 영상을 찾아보게 하는 방법도 있다.

'돌려 읽는 책'을 운영한 지 몇 년 되지 않는다. 내가 가진 책과 평소 읽었으면 좋을 책 목록을 누리집에 올려 두었다. 돌려 읽는 책과 추천 책을 읽었으면 책 게시판에 댓글로 소감과 느낌을 남기도록 했다.

학급문고, 돌려 읽는 책, 책 읽고 쓰는 공책, 학급 누리집에 댓글 달기가 서로 이어져 있다. 똑같은 책을 읽어도 아이들마다 소감과 느낌이 다 다르다. 그런 것까지 공유할 자리를 누리집에 만들었다.

다 읽고 나서 책 맨 뒷장에 간단하게 소감을 남기는 곳도 만들어 두었다. 해마다 활용하는 책이라서 지난해, 지지난해 아이들이 쓴 소감도 함께 볼 수 있다. 참고도 된다. 짧은 문장이지만 참여할 수 있는 공간과 자리, 기회를 자주 만들어 준다. 함께하는 활동에 살짝 묻어 가는 게 아니라 주체가 되어 참여하고, 참여한 흔적을 남겨서 서로 볼 수 있게 활동 과정을 구성한다.

독서 지도 일주일

방학을 일주일 앞두고는 책 읽기 지도를 한다. 일주일 동안 자신의 책 읽기 수준과 능력을 알아보는 시간이다. 책을 얼마나 읽고 있는지, 제대로 알고 읽는지, 읽는 속도는 어떻고, 어떤 종류의 책을 읽었는지도 알아본다.

1) 독서 지도 첫날: 내 독서 수준은?

아이들이 책을 읽는 목적이 무엇인지 살펴보는 것부터 했다. 책을 읽는 것에도 수준이 있다.

① 재미, 흥미, 관심 위주로 읽는 수준

② 학습, 배움, 앎을 위주로 읽는 수준

③ 깨침, 삶, 실천하려고 읽는 수준

〈그림6〉 아이들의 독서 수준을 알아보는 활동

이 세 수준을 그래프로 그려서 설명하고 자신의 수준을 스스로 점검해 보게 했다. 또한 각각의 수준에 어울리는 책 종류도 알아보았다. 딱히 수준별로 정해진 종류는 없다. 똑같은 소설책이라도 읽는 목적과 마음가짐에 따라 수준이 달라지기도 한다. 똑같은 만화책을 읽더라도 재미나 흥미 수준에 머무는 사람도 있지만, 배움과 삶에 대한 방향까지 찾아 삶이 바뀌는 사람도 있다.

과학, 환경 책에도 재미를 붙이고 나아가 삶의 깨침까지 얻을 수 있다. 반대로 배움이 깊은 책도 재미와 흥미가 없으면 오래가지 못해 포기해 버릴 수 있다.

〈그림7〉 아이들이 자신의 독서 수준을 알아보고 있다.

책을 읽는 방법과 수준을 이야기하면서 책을 제대로 읽어 보자는 목표를 세웠다. 공부를 왜 해야 하는가, 책을 왜 읽어야 하는가에 따른 책도 준비했다. 그동안 내가 보아 온 책을 아이들 수만큼 가져왔다.

'학습 방법, 우등생'이라는 수식어가 붙은 책이다. 제목만 봐서는 성적에 초점을 맞춘 자기 계발서 같은데 그 속에 읽어 볼 만한 공부하는 목적과 까닭, 학습 방법이 다양하게 담겼다. 뚜렷한 목표를 세우고 꾸준히 실천하는 것이 필요하다. 또 공부 방법을 안내하고, 다양한 정보도 담고 있다. 이런 책을 제대로 못 보았을 것 같아 준비했다. 다음으로 문학, 위인전, 과학, 환경 차례로 주제별로 이어 갔다.

책을 읽는 몸가짐, 40분씩 읽고 10분 쉬기, 책갈피 꽂이 활용, 명언으로 마음 다지기, 읽은 책을 다시 한 번 정독하기, 필사하기, 사색하기와 같은 방법으로 이어 갔다.

책을 읽다가 지루할 때, 자꾸 딴생각이 날 때, 몸이 기우뚱할 때, 잠이 올 때, 무슨 내용인지 모를 때, 다른 책으로 바꿔 읽고 싶을 때 어떻게 하면 좋을지도 나름대로 고민해서 정하면 좋다.

많이, 자주 책을 읽는 사람은 나름대로 책 읽기의 어려움이나 방해 상황을 이겨 내는 방법을 갖고 있다. 효과적인 방법을 찾으면 책을 읽는 즐거움도 색다를 것이다. 책 읽기에 꼭 필요한 부분이다.

2) 독서 지도 이틀째: 독서력 재기, 오래 읽기

이번에는 주로 간단한 삶의 이야기와 글쓰기 관련 책을 가져와서 가위바위보로 차례를 정해 책을 고르게 했다. 다 읽으면 앞에 갖다 놓고 다른 책을 골라서 읽으라고 말했다.

그후 독서력, 책을 읽어 내는 힘을 재어 보았다. 10분씩 시간을 재며 얼마나 읽었는지 스스로 알아보게 했다. 10분씩 세 번을 하는데, 10분마다 속도에 차이가 있다. 갈수록 읽는 속도가 빨라진다.

〈그림8〉 10분 동안 읽은 양 재어 보기

　30분 동안 읽은 양을 재어 보면 책을 한 권 읽어 내는 시간을 짐작할 수 있다. 물론 읽을 때 일부러 대충 빨리 읽어서는 안 된다. 평소 자기 속도가 중요하다.

〈그림9〉 다 읽은 책은 제자리에 두고 다른 책으로 바꾸어 간다.

두 시간 정도 읽고 나면 몸이 뻐근해진다. 이때는 책이 지루해지기 쉽다. 그래서 가벼운 운동이나 명상, 눈을 감고 잠시 쉬는 것도 좋다. 짐작대로 두 시간 정도 지나자 아이들의 집중력이 떨어졌다. 이런 몸 상태를 아는 것도 좋은 공부다. 책과 함께 호흡하는 방법을 익힌다. 책에 얽힌 명언도 모아서 복사물을 만들었다. 함께 읽으며 다시 마음을 추스른다. 마음에 드는 명언에 형광펜으로 표시해서 자주 읽으며 마음에 새긴다.

3) 독서 지도 사흘째: 위인전 읽기

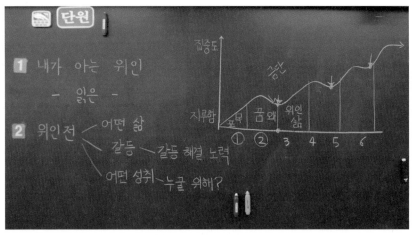

〈그림10〉 위인전에 담긴 이야기 구조 설명

독서 공부 사흘째에는 위인전 읽기로 넘어간다. 도덕 교과에는 자주 등장하는 위인이 있지만, 위인전으로 다 읽어 내지 못한다. 아이들이 알 만한 국내외 인물들을 조사해서 표로 짜 두었다.

〈그림11〉 내가 읽은 위인전 설문 조사

설문지를 준비했다. 먼저 인터넷 서점에서 위인전을 뽑아 우리나라 인물과 다른 나라 인물 30명씩 뽑았다. 그러고는 '이름을 들어 본 사람', '조금 아는 사람', '책으로 읽은 분'으로 체크를 해 보았다.

이렇게 해 보면 아이들마다 어떤 상태인지 짐작이 간다. 통계 결과를 복사해서 아이들에게 보여 주었다. 한두 권만 읽은 아이도 있고 50권 이상 읽은 아이도 나왔다.

이제 도서관에서 가서 본격적으로 위인전을 찾아 읽었다. 두 시간 책을 읽고 나서는 영화 〈블랙〉도 보았다. 보지도 듣지도 못하는 한 소녀를 대학까지 보내는 선생님의 노력이 눈부시다. 장편 영화지만 장애를 가진 아이

역의 연기도 대단했다. 수화로 던지는 말 한 마디 한 마디가 우리의 삶을 되새기게 한다. 눈물을 글썽이며 보았다. 책을 읽는 시간만큼 보는 시간도 풍부해야 한다.

4) 독서 나흘째: 고전 읽기

고전 읽기다. 도서실에 가서 학교에 있는 고전을 다 뽑아 왔다. 교실 바닥에 깔아 놓았다. 아침에 먼저 오는 사람부터 책을 고르게 했다.

고전은 막연히 그냥 옛날 책이 아니다. 옛날에 쓰여진 책이자 사람들에게 끊임없이 읽히는 책이다. 나름대로 길게는 수천 년, 짧아도 몇 백 년까지 읽혀 왔다. 지금까지도 읽을 가치가 있어 살아남아 이어져 온 책이다. 고전은 아이들 수보다 많이 준비했다. 다 읽었으면 앞에 가져다 놓고 다시 다른 책을 고르도록 했다.

아침에 짧은 설문지도 하나 만들었다. 위인전처럼 아이들이 읽을 수 있는, 이 정도면 교과서에 나오는 웬만한 고전은 다 알 수 있을 정도로 표를 만들어 주었다. 내가 아는 책도 표시해 보고, 앞으로 읽을 책, 목표로 삼을 책, 읽은 책을 표시해 보라고 준 것이다.

고전은 옛날이야기를 읽는 느낌이어서 그런지 아이들의 집중도가 높았다. 한 아이가 손을 들었다.

"선생님! 이거, 오늘 빌려 갔다 월요일에 가져오면 안 돼요?"

책을 끝까지 읽고 싶은 모양이다.

〈표2〉 우리 나라 고전 50권

번	책 이름	앎	목표	살 것	읽음	번	책 이름	앎	목표	살 것	읽음
1	계축일기					26	예덕선생전				
2	광문자전					27	옥루몽				
3	구운몽					28	옹고집전				
4	규중칠우쟁론기					29	왕오천축국전				
5	금방울전					30	우상전				
6	금오신화					31	운영전				
7	김신권전					32	유충렬전				
8	난중일기					33	이생규장전				
9	두껍전					34	이춘풍전				
10	마장전					35	이해룡전				
11	민옹전					36	인현왕후전				
12	바리데기					37	임경업전				
13	박문수전					38	임진록				
14	박씨부인전					39	장끼전				
15	배비장전					40	장화홍련				
16	별주부전					41	전우치전				
17	사씨남정기					42	조웅전				
18	숙향전					43	춘향전				
19	슬견설					44	콩쥐팥쥐				
20	신유복전					45	토끼전				
21	심청전					46	한중록				
22	양반전					47	허생전				
23	연오랑과 세오녀					48	호질				
24	열녀 함양박씨전					49	홍길동전				
25	열하일기					50	흥부전				

"여기 놓아 두었다가 오후에 더 읽고 가거나 월요일 와서 다시 읽자!"

마음은 가져가서 읽으라고 말하고 싶었지만, 책을 읽고 싶은 마음을 더 들게 하려고 잘라 말했다. 애절한 마음이 들어야 기억도 오래가고 성취감도 크다.

〈그림12〉 학교 도서관에 있는 고전 책을 다 모아 왔다.

다음에는 시집, 자기 계발서, 글쓰기 책 따위를 골라 읽게 할 것이다. 다섯 째날까지 읽다 보니 체계가 잡히는 듯했다. 지루함을 넘어 재미와 인내도 함께 익혀 간다.

5) 독서 다섯 째날: 만화책 읽는 날

하루는 만화책을 가져왔다. 내가 그동안 모아 온 학습용 만화책이었다.

〈그림13〉 다양한 주제가 담긴 만화책들

주로 역사 만화나 사회, 경제 용어 중심, 우리나라 명화 보는 법, 과학 만화다. 아이들이 보통 보는 만화책과 좀 다르다.

만화 형식을 빌려 주제의 흥미를 높인 것이다. 만화는 그 자체로는 나쁜 책이 아니다. 전체 줄거리와 흥미를 끌기 위해 꾸민 사건만 훑고 '읽었다'는 겉치레만 가지는 습관이 문제다. 내가 가져온 만화들에 아이들은 어떤 반응을 보일까 궁금했다. 딱딱한 내용도 있고, 진지한 이야기도 있었기 때문이다.

아침에 모두 한 권씩 아이들 책상에 올려 두었다. 종교, 미술, 음악, 과학, 역사, 사회 문제를 다룬 만화책들로, 다 보면 다음 사람에게 건네도록 했다. 오늘 하루 빠른 애는 다섯 권 정도, 보통 서너 권 정도는 읽었다. 나중에 교실에 꽂아 두어야겠다.

3. 한 번으로 끝나지 않는 발표

조사, 탐구 활동 보고서는 꼭 발표로 이어져야

발표는 학급 교과 마무리 활동으로 꼭 한다. 조사 자료를 프레젠테이션하거나 모둠별로 역할을 나눠 발표하기도 한다. 물론 시간이 없으면 보고서만 보고 교사가 심사하기도 한다.

우리 반 과제 마무리는 꼭 발표하는 것으로 알 만큼 나는 발표를 중요하게 생각한다. 발표하고 다시 고쳐서 준비하는 과정에 가장 생각을 많이 한다. 내용에 깊이를 더할 좋은 기회다. 조사, 탐구 보고서는 글로 쓴 결과만으로 끝내면 안 된다. 꼭 발표해야 한다. 여러 사람에게 설명해서 알려야 한다. 그 발표를 듣고 청중은 질문도 하고 평가도 한다. 더 자세한 설명이 필요한 부분을 찾아 듣는 시간도 중요하다. 안 그러면 자기 발표만 신경 쓰고 남의 발표는 듣지 못하게 된다. 이런 발표라면 '보고 읽는 시간'이 돼 버린다.

첫 번째 발표한 내용에는 꼭 고칠 거리가 나온다. 고칠 거리를 찾는 게 첫 번째 공부다. 두 번째는 고치기, 세 번째는 제대로 알아듣기 쉽고 보기 쉬운 글, 설득력 있는 말하기를 연습한다. 이러면서 완성도가 높아진다.

대부분 첫 번째는 과제 완성, 두 번째 발표는 단순 읽기 수준에 머문다. 세 번쯤 해야 내용에 고민이 들어간다. 주제에 안 맞는 것은 빼고, 더 보충할 것을 붙이면서 학습 목표에 맞은 고민과 생각이 펼쳐진다. 내용 중심의 고민과 대화가 되려면 적어도 두세 번의 실수와 실패, 시행착오를 거치게 된다. 또한 모둠 아이들끼리 믿고 관심을 갖고 꾸준히 참여해야 한다. 생활지도도 따른다. 교사는 아이들이 빠지지 않고 제구실을 다할 수 있게 조정하고 챙겨 본다. 때로는 엄격하게 공동 책임을 묻기도 한다.

꼼꼼해지고 철저해지면서 처음은 느리지만, 점점 속도가 빨라진다.

사회 발표 시간

두 번째 사회 발표 시간이다. 문화재 신문을 만들고 발표하기다.

아이들이 발표하는 모습을 보면 대개 발표문을 보고 읽는다. 외우거나 본 대로 말한다. 앉은 아이들은 다음 차례, 자기 발표를 준비하느라 듣지도 않는다. 들리지도 않는다. 듣지도 않는데 말하고, 말하는 사람도 소리만 낼 뿐이다.

"'소실'이란 말이 무슨 뜻인데?"

"재위 13년에서 '재위'란 무슨 뜻이야?"

물어 봐도 모른다. 발표자도 모르고, 듣는 이는 묻지도 않는다.

이런 결과물을 가지고 와서 읽는 수준의 발표가 아이들이 지금까지 해 온 경험과 방법이었을 것이다. 무슨 말인지 모르고 말하고 들었다. 발표 뒤에 질문도 궁금한 점도 없었다.

도대체 왜 이런 식의 발표가 해마다 반복될까?

그래서 두 번째 시간에는 알기 쉽게 말하기와 잘 알아듣기에 초점을 두었다. 조사할 때는 어려운 용어가 많이 나온다. 발표할 때는 자기도 알아들을 수 있는 쉬운 말로 찾아 말해야 한다. 도저히 어려워서 설명을 못 할 정보면 뺀다. 듣는 사람도 무슨 말인지 잘 듣고 발표자에게 묻거나 기록한다. 모르면 자꾸 묻도록 한다. 묻지 않으면 거꾸로 발표자가 듣는 사람에게 무슨 말을 했는지 묻는 시간을 만든다. 시간에 쫓기거나 다음 단원을 공부해야 해서 발표를 생략하면 외운 것 소리 내기 수준으로만 머물고 만다. 이런 일이 반복되면 잘못된 학습 습관으로 자리 잡는다. 아무리 많이 가르쳐도 이런 상황을 놓쳐 버리면 지식 위주, 암기식 공부를 학습시키는 꼴밖에 되지 않는다. 사회 교과는 외우는 과목이라는 오해를 많이 받는다. 그런데 외우면 외울수록 외울 게 많아진다. 외우고 시험을 치고 나면 다 잊어버리는 습관을 무한 반복할 것인가? (사실 단순 지식 중심 시험도 이제는 없다.) 얼마나 머리 아프고 지루한 학습이 될까.

조사하고 발표하고, 잘 듣고 묻고 다시 확인하는 과정의 흐름(학습 방법)을 배워야 한다. 그런 시간이 더 소중하다. 그런 과정을 거치면서 발표 내용을 알게 되고 자연스럽게 오래 기억한다.

꼼꼼히? 아니, 정확히!

연설문 촬영을 세 번째 했다. 연설문 발표는 2분 동안 해야 하는데, 그 시간을 채우지 못하거나 말이 빠른 아이, 자기 경험 없이 조사한 것을 읽기에 바쁜 아이들도 있다. 그래서 다시 해야 할 아이가 많다. 누리집에 댓글을 달지 않은 아이, 한 달 가까이 지났는데 별표 일기를 못 올린 아이…

수업이 끝나자 그런 아이들에게 교실에 남아 한두 개라도 하고 가라고 했다. 그런데 남아 있어야 할 아이 가운데 그냥 간 녀석들이 있다. 그냥 간 녀석들은 칠판에 이름을 써 놓았다. 남아 있는 아이들이 컴퓨터 차례를 기다리는 걸 보고 옆 반 여자아이 하나가 그런다.

"선생님, 왜 그렇게 꼼꼼하세요? 우리 샘은 안 그런데!"

"그건 꼼꼼한 게 아니라 정확한 거야."

보통 사람들의 눈에는 틀림없이 꼼꼼한 사람으로 보일 것이다. 제대로 하도록 챙기는 일을 꼼꼼하다고 평가한다. 그렇지만 나는 '정확하다'고 말하고 싶다. 제대로 한다는 뜻이다. 그냥 대충 '했다'는 것만 검사하면 본래 목적에서 벗어나기 쉽다. 연설문을 2분만 채우면 통과라고 해 버리면 '시간' 채우기가 목표가 돼 버린다. 그래서 천천히 말하고 아무 곳에서나 따온 글로 말을 늘리는 요령만 늘게 된다.

'정확하게' 하라는 말은 문제점과 해결점을 자기 경험을 바탕으로 주장하거나 내세우면서 조사한 내용을 덧붙이라는 것이다. 조사한 것만 가득 적어 와서 시간에 맞춰 읽기만 하면 그것은 조사한 것 소리 내어 말하기다. 정확히 말해서 '시간 채우기'다. 문제점과 해결점에 자기 생각이 있어야 한다. 자기 생각을 드러내는 일이 중요하다. 그런 다음 설득력을 갖추려고 여러 조사를 한다. 또 제대로 전달하기 위해서 편안한 호흡으로 이야기해야 한다.

누리집에 별표 일기와 댓글을 다는 것도 그렇다. 그냥 자판을 쳐서 올리는 게 목적이 아니다. 다시 읽어 보면서 생각을 다지는 일이다. 습관이 되도록 생활을 바꾸는 일이다.

댓글도 달랑 '재미있었다. 감동이다. 다음부터는 나도 조심해야지'와 같은 한 줄 느낌은 의미 없다. 진지하게 자기 생각을 드러내야 한다. 여러 댓글이 달리면 다른 사람과 견주어 보면서 생각의 폭도 넓어진다.

꼼꼼하다고도 할 수 있지만, 제대로 정확하다는 말로 듣고 싶다.

천천히 하더라도 정확하게 해야 한다. 안 되면 몇 번이고 되풀이해야 한다. '했다'는 것을 검사받는 것이 아니다. 목표, 목적에 맞게 그 과정을 밟아서 생각하며 했는가를 보는 것이다. 그러려면 평소에 꾸준히, 꼼꼼히 해야 한다.

평소에는 '꼼꼼히' 하고 평가는 '정확히' 하는 것이다.

국어, 학습 상황 토의 결과 발표

전날 못 한 토의 조사 결과 발표를 아침부터 했다. 아침 시간에 칠판에 발표 과정과 방법을 써 놓았다. 미리 발표할 파일을 내 컴퓨터에 넣어 두도록 하고, 프레젠테이션할 때 주의할 점을 일러 준다.

"선생님, 고칠 게 있는데 선생님 컴퓨터 써도 돼요?"

"그래, 써."

아침부터 열심히 발표 준비하는 모습이 좋다. 아이들의 열정이 따뜻하고 고맙다.

시간이 되자 발표 방법과 주의할 점을 알려 주고, 모둠별 발표 차례를 정했다.

먼저 발표할 사람을 추천받고, 없으면 무작위로 뽑는다. 먼저 하려는 모둠이 없어서 섞어 뽑아서 번호 자석표로 붙였다.

모둠별로 1, 2차 발표로 한다. 1차 발표에서는 발표하는 방법을 고쳐 준

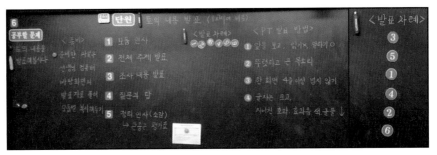

〈그림14〉 토의 조사 결과를 발표하는 시간

다. 2차 발표는 1차 발표에서 고쳐야 할 부분을 바꾸어서 다시 발표한다.

1) 1차 발표

1차 발표에서는 아이들이 준비한 대로 해 보고, 그것을 보고 내가 고칠 것을 알려 준다. 대부분 아이는 조사 내용을 적어서 읽거나, 모니터 화면을 그대로 보고 읽는다. 그래서 보통 1차 발표 때는 '읽기와 발표'의 개념을 확실하게 짚어 준다.

발표자는 청중에게 말해야 하는데 눈은 종이나 화면에 있고, 심지어 청중을 등지고 말하기도 한다. 청중이 있으나 마나 한 발표다. 발표를 빨리 끝내려는 의도가 많기 때문이다. 지금까지 그래 왔던 학습 습관이기에 꾸중할 일은 아니다.

두 번째는 프레젠테이션 문제다. 갖가지 애니메이션 효과나 효과음, 화려한 색상과 글꼴이 내용을 어지럽게 만든다. 또한 글을 그대로 복사해 붙여서 읽어 내기도 바쁘다. 무슨 내용인지 읽는 사람도 알지 못한다.

프레젠테이션 글은 한 화면에 넉 줄이 넘지 않도록 한다. 글꼴은 되도록 한두 가지로 통일한다. 도형이나 꾸밈 틀도 처음에는 되도록 쓰지 않도록 한다. 글 내용에 충실해야 한다. 글자도 청중에게 잘 보이도록 크게 하며, 마인드맵의 핵심 낱말과 같이 중요 낱말만 쓰게 한다. 그 낱말만 보이고 발표할 때 이야기로 엮어 말해야 한다. 화면의 글을 읽기만 한다면 발표자가 서 있을 필요가 없다.

2) 2차 발표

2차 발표 때에는 1차 발표에서 고쳐야 할 부분을 다듬어서 한다. 이때 제대로 수업 내용에 집중할 수 있다. 이제 평가도 해 본다. 토의 결과 발표 평가표를 개인별로 만들어 주었다. 1차 발표 때는 발표 방법과 프레젠테이션 활용법을 익히는 기본 학습이었다면, 2차 발표 때는 제대로 내용을 보고 듣고 판단하는 공부다.

〈그림15〉 친구들의 발표를 듣고 토의 내용 발표 평가표에 기록한다.

이번 단원에서는 절차를 밟아 토의를 거치는 과정이 큰 중심이다. 마지막 한 차시가 조사 결과 발표다. 그런데 막상 발표하면 여러 가지 문제가 드러난다. 내용상의 오류나 오개념, 기능 중심, 읽기 중심 발표력을 그대로 두고 넘기기가 쉽지 않다. 앞으로 이와 비슷한 발표 기회가 자주 있을 것이다. 그런데 절차는 제대로 꾸렸지만, 발표가 엉성하고 대충 넘기면 잘못된 학습 습관이 다음 발표 때도 그대로 이어진다.

그래서 아이들의 모습을 비디오로 녹화해 두었다. 1차 발표와 2차 발표를 견주어 보면 무엇이 어떻게 바뀌었는지 보인다. 바뀌지 않거나 잘 안 되는 아이도 보인다. 한 번만으로 다 고칠 수는 없다. 읽는 버릇이 든 아이들이 쉽게 관중에게 말하듯 하는 게 쉽지 않다. 쉽지 않기 때문에 도전하고 노력하는 공부를 한다. 그게 또 하나의 학습목표인 셈이다.

국어, 뉴스 만들기 1차 발표

1) 뉴스 발표 안내

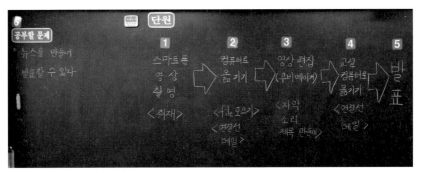

〈그림16〉 뉴스 발표 과정 안내

뉴스 만들기 1차 발표 시간 전, 칠판에 뉴스를 완성하는 과정을 써 놓았다. 첫 번째는 촬영 취재, 두 번째는 편집을 위해 컴퓨터로 옮기기, 세 번째는 영상 편집, 네 번째는 교실 컴퓨터에 옮겨 놓기, 마지막으로 발표하기다. 발표까지 준비한 모둠이 한 모둠이다. 다하지 못한 아이들에게 지금 어느 단계인지 물었다.

아직 1단계에 머문 모둠은 한 모둠이고 2, 3단계는 네 모둠이다. 왜 그렇게 늦었는지 까닭을 물었더니, 만드는 것보다 모둠원끼리 모이는 게 더 힘들어서 그랬단다. 학원에 가야 할 시간이라며 가 버리는 아이가 있어서다. 이런 부분을 챙겨 봐야 한다. 모둠 활동은 한 사람도 빠져서는 안 된다. 나는 못 하니까 빠지고 나머지 사람들한테 알아서 하라고 내버려 두면 모두 힘이 빠진다. 모둠 활동이 안 된다.

못 할 상황이나 시간이라면 방법과 가능한 시간을 찾아야 한다. 방과 후나 휴일에 만나서 하려는 노력이 있어야 한다. 하려고 애쓰면 방법은 생긴다. 시간이 없다고 아예 빠져 버리거나 안 하고 넘어가면 모둠 활동은 시간이 남으면 하는 것으로 인식돼 버린다. 관계를 맺고 협력해서 풀 과제가 아닌 답이 있는 개인 과제만 골라 하는 학습 습관이 형성된다. 이런 상황을 전체 아이들과 공론화하여 어떻게 행동해야 하는지 학급회의 시간을 가져야 한다. 이런 지도가 학급운영(살이)에서는 중요하다. 진도가 바쁘다며 빠뜨려서는 안 된다. 늦더라도 전체의 합의를 거쳐서 꼭 해결할 수 있도록 방법과 규칙을 정해야 한다. 이런 시기를 놓쳐 버리면 앞으로의 모둠 활동과 협력학습이 다 의미가 없어지기 때문이다. 이게 모둠 활동할 때 큰 어려움이면서 문제를 해결하는 소중한 학습 기회이기도 하다.

취재와 편집은 천천히 해도 된다. 혼자서도 가능하다. 다른 사람과 함께

하는 자리와 기회는 기다려 주지 않는다. 아이들과의 관계와 시간을 챙겨야 한다. 하려고 하는, 해야만 하는 목적과 의무감도 자주 심어 주어야 한다.

모둠 활동의 바탕에는 이런 목적과 책임감, 의무감이 필요하다. 무슨 활동이든 끝까지 해결하는 책임감으로 이어진 작품이어야 보람과 성취감이 붙는다.

우연히 잘 하거나 몇몇 잘 하는 아이의 주도만으로 이루어진 작품은 협동의 의미가 없다. 서툴러도 함께 맞추고 모두가 참여해야 한다. 못 하면 못 하는 대로 잘 하면 잘 하는 대로 완성하면 된다. 그렇게 만들어 놓고 고치고 다듬어 가면서 하는 것이 공부다. 힘들고 귀찮고 까다로움을 이겨 내는 마음도 함께해야 한다. 다하지 못한 모둠에게는 다음 날 발표를 하도록 했다. 다음 날까지 다할 수 있을는지 의심스럽지만 그래도 끝까지 발표 기회를 마련해 주어야 한다.

2) 발표

〈그림17〉 뉴스를 완성한 모둠이 발표를 하고 있다.

뉴스를 완성한 한 모둠만 발표를 했다. 완성도와 깊이가 있다. 그만큼 준비를 철저하게 했기 때문이다. 뉴스에 들어가는 기자 말, 관계자 인터뷰, 시각 자료, 통계 자료도 넣었다. 전문가 의견이 없는 것은 아쉬웠지만 처음 한 것치고는 훌륭히 해내었다. 마지막 부분에 엔지(NG) 장면까지 넣어서 보는 즐거움과 함께 아직 뉴스를 완성하지 못한 아이들에게 동기와 의욕도 함께 올려 주었다.

감상한 아이들에게 먼저 단점을 물었다.

"인터뷰할 때 시끄러웠어요."

"화면이 흔들려서 어지러워요."

"틀린 글자가 있어요."

장점을 말해 보라고 했다.

"모두가 참여했어요."

"열심히 노력한 것이 보여요."

"시각 자료, 통계 자료가 좋아요."

아직 뉴스를 완성하지 못해서 그런지 아이들의 집중력이 높았다. 이렇게 장단점을 알면 앞으로 자기 모둠이 만들 때 참고가 될 것이다.

오늘 발표한 모둠은 친구들이 단점이라고 하는 점을 보충해서 영상을 고치도록 했다. 발표는 안 해도 되고, 영상만 고쳐서 내면 된다고 말해 주었다.

3) 다시 만들기

여러 가지 까닭으로 뉴스를 완성하지 못한 아이들에게 시간을 주었다. 곳곳에서 영상을 찍느라 바쁘다. 아직 무엇을 찍어야 할지 뚜렷하지 않은 모

〈그림18〉 모둠끼리 뉴스를 만드느라 바쁘다.

둠은 회의도 한다. 이미 한 모둠이 완성했기 때문에 참고해서 따라 해야 할
부분, 더 넣어야 할 부분, 자기 모둠의 색깔이 드러날 부분이 떠오를 것이다.

합격한 모둠은 이제 마이크와 같은 소품도 간단히 만들어서 다시 찍는다.
제목도 다시 만드는 등 다듬는 노력이 보인다. 내용이 갖추어져 있으니 이
전에는 생각하지 못한 곳까지 생각이 폭넓게 미친다.

국어, 뉴스 만들기 2차 발표

〈그림19〉 아침마다 칠판에 아이들이 활동할 내용을 미리 적어 놓는다.

뉴스 발표 두 번째 시간이다. 전 시간에 한 모둠이 발표를 했는데 이번 시간에도 한 모둠만 완성을 해서 발표를 하게 됐다. 남은 모둠 가운데 한 모둠은 아직 제대로 취재를 못 했고, 나머지 모둠은 편집 과정만 남았다. 오늘도 어제와 같이 모둠이 발표하면 아이들에게 단점과 장점을 말하게 한다.

〈그림20〉 모둠의 발표가 끝나면 아이들에게 단점과 장점을 말하게 한다.

아이들 모두에게 종이쪽지를 석 장씩 건넸다. 한 모둠에 한 장씩 장단점, 배울 점 따위를 쓴다. 아직 완성을 못 한 모둠에게는 배울 점이 될 것이다.

여섯 모둠이 한꺼번에 완성했으면 좋겠지만, 현실은 그렇지 못하다. 이런 활동은 먼저 마친 모둠 것을 참고해서 아이디어를 얻을 수 있게 한다. 늦은 모둠은 자기들끼리 모이는 것 자체가 힘들기도 하지만, 어떻게 만들지 감을 못 잡기도 한다. 이럴 때 먼저 한 모둠 것을 보면 모방을 하더라도 어느 정도 감을 잡는 데 도움이 될 것이다.

〈그림21〉 뉴스를 완성하기 위해 모둠원끼리 머리를 맞대고 있다.

감상하는 아이들도 보는 기준, 평가 기준을 주어서 평가하면서 비판적으로 보도록 한다. 그냥 보게만 해서는 안 된다. 슬슬 날씨가 더워지면 움직임이 많은 활동 거리들이 생긴다. 교과서 내용도 아이들을 많이 움직이게 한다. 주제별 프로젝터 활동으로 재구성할 것들이 많다.

날씨가 벌써 뜨거워지고 있다. 더위가 빨리 오고 있다. 한 곳에 몰입하는 열정이 있어야 더위도 이긴다. 목적 없이 가만히 있거나, 무얼 하는지 모르고 따라 하기만 하면 더위에 마음을 빼앗긴다. 더위에 신경 쓸 겨를 없이 몰입하는 열정과 열의가 필요할 때다. 몰입과 집중이 더위를 이기는 한 가지 방법이기도 하다. 여기에 재미와 즐거움까지 붙는다면 한결 더 좋다. 누구 하나 빠짐없이 포기하지 않도록 챙기는 교사의 열정도 중요하겠다.

끈질기게, 꿋꿋하게, 끝까지, 빠짐없이!

국어, 면담 발표 끝까지 마무리하기

면담 발표를 끝냈다. 저번 주까지 다 못 한 두 모둠이 오늘 발표했다.

저번 시간에 왜 발표를 못 했는지를 먼저 이야기했다. 편집 과정에서 실수를 한 모둠과 모둠원이 다 모이지 않아서 손도 못 댄 모둠이었다. 이처럼 과제를 제때 완성하지 못한 모둠이 나오면 그 까닭도 발표를 하게 한다. 그래야 어떻게 풀어 갈지 방법을 의논할 수 있다. 그냥 덮고 넘기거나 꾸중만 할 일이 아니다. 못 했을 때는 해내게 하는 방법을 함께 고민하는 일도 중요하다.

교사가 직접 일러 주기도 하지만 먼저 해 본 아이들의 해결 방법이 도움이 되기도 한다. 서로 미루다 때를 놓친 모둠 아이들이 1학기에는 많았다. 이런 상황은 언제든지 일어난다. 한 사람도 빠짐없이 참여하는 규칙은 꼭 지켜져야 한다. 다 하든 못 하든 정해진 시간까지 한 활동 결과는 꼭 확인한다. 완성했다고 끝난 것이 아니다. 제대로 했는지 살펴서 다시 고치고 다듬어야 한다. 2차, 3차로 이어지면서 어떤 부분이 부족한지 알고 고쳐 가면서 장점은 더 살리고 단점은 줄여 나간다. 이런 것이 배움의 기회이고 과정이다.

1학기에는 이런 과정을 모둠마다 서너 번씩 겪었다. 2학기로 넘어오자

단번에 해결해 내는 모둠이 많아졌다. 물론 여전히 서툴고 모자란 부분은 나온다. 완벽하지 않다. 하지만 정성과 노력은 깊어 간다. 대충 빨리 만들지 않았다. 모두 참여한 준비 과정을 느낄 수 있었다.

이번 면담처럼 계획된 시간에 다 끝내지 못할 때도 잦다. 내용과 상관없이 결과에 집착하다 보면 컴퓨터나 편집 기술에 너무 기댈 수 있다. 모둠원끼리 뭉치지 못하고 한두 아이의 희생과 봉사만으로 만들어지기도 한다. 그런 부분을 잡아 주고 기다려야 한다. 아이들의 생활도 함께 봐 주어야 한다. 함께 토의, 토론할 주제도 된다. 학원 때문이라면 시간을 조절해서 연기하거나 바꿀 수 있는 노력도 필요하다. 모둠 과제 해결에 이런 시간 조절은 중요하다. 학원은 절대 빠지면 안 된다는 '학원' 중심 사고에 집착하거나 얽매이면 아무 활동도 못 한다. 문제 풀이식 과제밖에 못 한다. 그러면 재미가 없어진다. 지루한 공부 방법만 익히게 된다. 문제집 풀이식 공부만 '공부'로 알게 된다.

의견을 나누고 협력하는 과정을 어릴 때부터 자주 겪어야 한다. 초등학교에서는 그게 중요하다. 이런 활동과 가치를 어른들은 믿고 기다리며 지원해 주어야 한다. 어른들의 책임이다. 소중한 활동을 소중히 볼 줄 아는 눈과 마음을 모두 가져야 한다.

4. 기록하고 남기는 공부

아이들은 많은 것들을 남긴다

아이들은 글을 쓰고, 보고서도 쓰고, 조사하고, 그림을 그린다. 수행평가 때문이라도 노래를 부르고, 발표하고, 뜀틀을 뛰어넘고, 합창하고, 연극도 하고, 프레젠테이션도 한다.

이런 많은 활동 결과들은 결국 어떻게 될까? 평가를 위한 대상으로만 점검받고 버려질까? 남겨 두었다 다시 활용할까? 단지 학습의 추억으로만 남을까?

학교에서 행해지는 각종 평가의 목적은 등급을 매기는 데만 있지 않다. 학습목표에 도달하지 못하면 더 보충하고, 지원해서 도달할 수 있도록 돕기 위해서다.

아이들이 해 온 결과물을 보면 아이마다 수준과 능력의 차이가 보인다. 이런 수준과 능력의 차이만 확인하고 점검하는 수준이라면 아이들 작품을 보는 교사의 눈높이만 높아진다. 경력이 쌓일수록 아이들의 작품을 보는 교사의 눈은 높아지지만, 아이들은 여전히 고만고만한 수준에 머물고 만다.

교과 시간에 과제를 해결한 아이들의 작품과 활동 결과물을 모든 아이와 공유해 보자. 아직 과제를 해결하지 못한 아이들이 참고하고 감을 잡기 위한 좋은 자료가 된다. 먼저 끝낸 아이들도 나중에 아이들이 완성한 작품을 보면서 고칠 부분, 더 개선할 부분, 더 좋은 아이디어가 생기기도 한다. 한층 더 자기 능력을 높일 계기가 되고 좀 더 도전해 보는 힘도 생긴다.

아이들이 남긴 글, 그림, 노래, 발표, 동작 등을 복사하고, 찍고, 녹음하고, 녹화해서 학급 누리집과 SNS에 저장하고 나누면서 수업 중간중간 보고 듣고 느끼게 하자. 스스로 고쳐야 할 것들, 바꾸었으면 하는 것들이 보일 것이다. 그럴 기회, 그런 눈이 자신을 객관적으로 보게 한다.

리코더 연주 녹음

오늘 음악 시간은 리코더 합주로 수행평가를 했다. 두 주일 정도 시간을 주었다. 짝끼리 높은음, 낮은음을 번갈아 두 번 연주한다.

〈그림22〉 리코더 연주를 녹음하고 누리집에 올려 공유한다.

연주한 것을 녹음했다. 컴퓨터 녹음기 프로그램과 마이크를 준비했다. 정보와 생활 시간에 다루었던 프로그램이다. 이럴 때 활용해서 자연스럽게 그 쓰임을 익힌다. 녹음 파일은 누리집에 올렸다. 나중에 학급 뮤직비디오를 만들 때 배경 음악으로도 쓰일 것이다. 나는 이렇게 아이들의 여러 가지 발표 자료를 모아 두고 활용한다. 나중에 졸업 앨범이나 영상 앨범에도 넣을 수 있다.

아이들의 작품과 활동을 기록(녹음, 녹화, 사진 따위)해 두고 누리집에 공개하면 그냥 대충 할 수 없다. 또래 아이들의 작품을 보고 자신의 작품을 고쳐 볼 기회도 생긴다. 수행평가라고 했지만 몇몇 녀석은 연주를 다 못 했거나, 아예 준비도 안 한 아이도 있다. 평가가 주목적이 아니다. 연주는 끝까지 하도록 한다. 연주가 다 끝나야 평가가 이루어진다. 끝까지 '수행'하는데 1차 목적을 둔다. 낮은 점수라도 한 번 더 기회를 얻어 도전하도록 한다. 초등학교 졸업하면서 노래 한 곡이라도 끝까지 연주해 내는 경험이 소중하다.

발표 녹음

스마트폰을 사서 학급에서 가장 먼저 활용한 기능은 녹음이다.

국어의 재치 있는 이야기 공부를 마무리하면서 도서실에서 각자 재치 있는 이야기 한 편씩을 찾아 발표하게 했다.

책 제목과 글쓴이, 어떤 부분이 재치가 있는지 말하는 것이다. 스마트폰으로 녹음하고 사진도 찍었다.

〈그림23〉 발표한 내용을 스스로 녹음해서 기록하는 방법도 익힌다.

    학급 누리집에 발표 장면 사진과 녹음 파일도 올렸다. 이런 발표는 모두가 빠짐없이 참여하도록 끝까지 챙겼다. 기록도 중요하다. 이렇게 발표할 때 각자 자기 생각과 친구들이 한 말도 공책에 쓰게 한다. 듣는 사람도 내용을 간추려 쓰고, 평점을 매기도록 한다. 때로는 발표자에게 질문을 하도록한다. 꼼꼼하게 챙기면 수업이 길어진다. 그래도 발표 날에는 끝까지 다하도록 챙긴다. 오후에 남더라도 끝까지 챙기면 아이들도 적응한다.

미술 작품 모으고 활용하기

    우리 반 학급 누리집에는 빠지지 않는 게시판이 있다. 미술 작품 게시판이다. 미술 시간에 만든 아이들의 작품을 모두 사진으로 찍어서 올린다. 작품을 든 모습과 작품 사진이다. 아이들 이름별로 범주를 만들어 저장해 오고 있다. 요즘은 디지털 카메라와 사진 편집 프로그램 덕분에 퇴근 전까지

"이것이 삵의 마지막모습이 될지도 모릅니다."

〈그림24〉 댓글 김○○: 나는 환경보전 포스터를 멸종위기 동물에 대하여 그렸다. 이것이 삵의 마지막 모습이 될지도 모른다는 멸종위기 동물인 삵이 뒤를 돌아보며 다시는 볼 수 없을지 모른다는 암시를 뜻한다. 삵 말고도 다른 멸종위기 동물들을 보호하였으면 좋겠다.

처리가 가능하다. 이렇게 모아 두면 한 해 동안 미술 작품을 개인별로 다 볼 수 있다. 개인별 포트폴리오가 된다.

각각의 작품 사진에는 본인이 직접 작품 설명을 달게 했다. 작품을 만든 까닭과 소감, 어려운 점 등을 남긴다. 이렇게 달아 두면 친구들끼리 참고하고, 학부모도 볼 수 있어서 수업 시간이 진지해진다. 작품이 늘수록 설명도 풍부해진다. 학급문집 만들 때 개인별로 한두 작품을 뽑아 삽화로 쓴다. 학급 시디를 만들 때 아이들 이름별로 폴더를 만들면 미술 작품을 다 담아 줄 수 있다. 미술 작품뿐 아니라 글, 과제물도 이름별로 정리해 두면 성장하는 자기 모습을 되돌아볼 수 있는 자료가 된다. 여러모로 쓰임새가 많다.

6417 김시진 / 고양이: 고양이를 처음 만난 날

〈그림25〉 댓글 김시진: 고양이를 처음 만났을 때 내 기분을 우연적 감각 기법으로 표현했다. 붓으로 찍기, 누르기, 뿌리기, 흩어뿌리기, 떨어뜨리기, 번지기, 덮기 등을 사용하였다. 고양이를 처음 만났을 때의 그 미묘하고 기묘한 느낌과 한편으로는 두려운 느낌을 한 그림에 함께 담아 두었다.

　나는 새내기 때부터 지금까지 학습 결과물이 다시 아이들에게 돌아가도록 하는 방법을 늘 고민해 오고 있다. 또래끼리 참고할 수 있는 자료로도 쓰일 수 있도록 연구한다. 학습 결과물들을 모아 내고 정리하고 다시 재구성하는 재미도 학급살이를 하면서 느끼는 즐거움이다. 재미가 있어야 오래간다. 스스로 동력이 생긴다.

　새내기 시절에는 다른 사람들이 모아 놓은 자료가 많았지만, 경력이 쌓이면서 그동안 가르친 아이들의 작품을 아이들 눈높이에 맞게 자체적으로 만든 자료가 늘어났다. 작품에 얽힌 이야기가 함께 고스란히 아이들에게 전달될 것이라 믿는다. 이야기가 많은 교사가 되는 것이다.

학급 누리집 꾸리기

학급 누리집은 새 학년 학급을 맡으면 꼭 만들었다. 지금까지 독립된 누리집을 써 오고 있는데, 몇 년 꾸준히 쌓인 자료도 있어서 새롭게 구성하는 데 어려움이 없다. 아이들을 새로 가입만 시키면 된다.

올해는 조금 달리 만들었다. 몇 년 사이 대부분 아이가 스마트폰을 가지고 다닌다. 스마트폰으로는 누리집에 들어가기가 불편하다. 이런 현실이라 요즘 누리집은 그렇게 빛을 못 보는 것 같다. 몇몇 글 쓰는 사람들(마니아)만 활용하는 듯하다. 이제 누리집은 자료 저장소 역할 외에는 커다란 장점이 보이지 않는다. 그래서 이번에는 학급 누리집을 블로그(카페)로 만들었다.

'땀샘 몇 기'라고 붙여 온 누리집 이름도 새로 바꾸었다. '참다운 나를 가꾸는 우리 반!'

올해는 학급 특색이 드러나는 게시판도 준비했다. 공부에 대한 성찰과 방법을 알 수 있는 게시판도 준비했다. 공부 시간에 이야기하고 아이들이 참여할 수 있는 방을 준비했다.

'공부 참나 가꾸기' 게시판은 '학원 없이 공부하는 습관 학습 놀이터'에서 아이디어를 얻어 게시판 이름을 그대로 몇 개 따왔다.

지난해까지는 스마트폰 지도를 규제 위주로 했다. 올해도 여전히 제한적인 쓰임 위주일 것이다. 사진기와 동영상 촬영 기능을 몇 번 활용한 정도다. 올해는 게임을 하는 시간을 줄이고 그 시간을 누리집 쪽으로 돌리도록 해 보려고 했다. 흥미와 호기심 위주로 하는 데는 한계가 있으니까 철저한 준비가 필요하다.

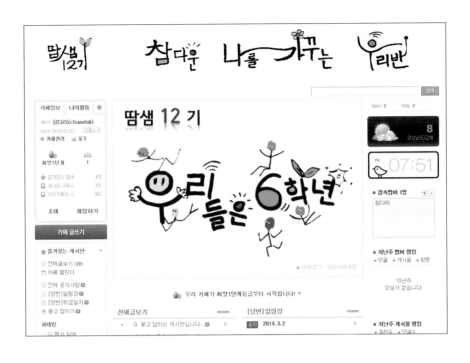

<그림26> 학급 누리집인 '참다운 나를 가꾸는 우리 반'

★ 즐겨찾는 게시판 ▼

🗐 전체글보기 (22)
🗓 카페 캘린더

🗐 전체 공지사항 🔃
🗐 [당번]알림장 🔃
🗐 [당번]학급일지 🔃
🖳 묻고 답하기 🔃

과제방
└ 🗐 행사 참여
└ 🗐 국어
└ 🗐 수학
└ 🗐 사회
└ 🗐 실과

공부 참나 가꾸기
└ 🗐 1공부 왜 할까? 🔃
└ 🗐 2정리습관 🔃
└ 🗐 3자기주도시간 🔃
└ 🗐 4공부계획표 🔃
└ 🗐 5교과서보기 🔃
└ 🗐 6공책정리 🔃
└ 🗐 7.어떻게 풀어?[수학] 🔃

땀샘 사진방
└ 🖼 미술 작품
└ 🖼 학습결과물 사진
└ 🖼 교실공부 사진
└ 🖼 행사사진
└ 🖼 내 마음 껏 촬칵

공부 자료 나누기
└ 🗐 학급자료실 🔃
└ 🗐 국어
└ 🗐 수학
└ 🗐 사회
└ 🗐 과학
└ 🗐 실과
└ 🗐 음악
└ 🗐 미술
└ 🗐 영어
└ 🖳 또래상담/선생님도움 🔃

🗐 가입인사 🔃
🗐 방명록
🖳 출석체크

▣ 학원없이 공부하는 습관
학습놀이터
▣ 땀샘학급살이

페이스북, 트위터, 카카오톡(카톡)처럼 요즘은 소셜네트워크서비스(SNS)에 바로 글과 사진을 올릴 수 있다. 카페도 마찬가지다. 스마트폰으로 다 된다. 이런 기능을 소비성 멘트 날리기에만 사용하니 문제가 많다. 의미 없는 시간만 보내고 스스로 통제를 못 해 안타깝다. 생산적이고 효율적으로 쓰면 안 될까 늘 고민이다. 생활 모습과 의견, 자기 교과서, 공책 따위를 찍어 올려 함께 나눠 보려고 한다. 모르는 문제나 어려워하는 문제를 찍어 올려서 서로 답해 보면 어떨까? 서로 의견을 나누는 방법으로 스마트기기의 도움을 받고자 한다. 효율적으로 해 보면 어떨까 싶다. 이미 많은 곳에서 시도하고 어느 정도 성과를 거둔 사례도 보인다.

나는 학급 차원에서 조금씩 해 나갈 계획이다. 학습에 재미가 붙었으면 한다. 실험일 수 있다. 게임과 카톡, 연예 소식에 머물러 있기에는 너무도 아까운 시간이다. 스스로 헤쳐 나와야 한다. 가정에서도 해야 할 일이다. 스스로의 동기가 뚜렷하고 강해야 한다. 그런 마음가짐을 첫날부터 다져야겠다. '참다운 나'를 찾는 첫걸음이 될 것이다.

아이들과 부대끼며 이런 현실을 헤쳐 가 본다. 모험이자 도전이다. 누리집에도 그 흔적들과 과정이 남았으면 좋겠다.

처음 누리집은 학급문집 글을 모으려고 만들었다. 그 뒤에는 학습 자료 안내와 과제 해결로, 이번에는 자기 삶을 드러내며 소통하는 한 수단으로 삼는다. 삶을 가꾸는 활동과 뜻은 변함없지만, 이런 방법과 수단은 시대에 따라 바뀐다. 뜻은 꿋꿋하고 튼튼하게, 방법은 아이들의 눈높이에 맞게!

그래서 배움은 끝이 없고 해마다 새롭다.

학급문집 글 모으기

학급문집에 실릴 글과 자료가 하나하나 모인다.

학급일지와 개인 일기 10편 이상, 기억에 남는 일, 손 글로 쓴 시, 꿈을 이룬 나에게 쓰는 편지, 내가 이루고 싶은 것을 쓴 글을 모았다. 수업 시간에 챙겨 둔 것(기억에 남는 일), 꾸준히 평소에 쓴 것(학급일지와 별표 일기), 공부한 것도 한 번 더해서 다듬은 것(시 쓰기, 편지, 이루고 싶은 것) 따위가 있다. 이런 자료들은 누리집의 문집 게시판에 모두 담았다. 평소 꾸준히 모아 둔 자료라서 따로 새롭게 챙길 필요는 없다. 마지막으로 한 해 동안의 사건과 여러 추억을 설문하는 일만 남았다.

설문지는 지난 기수 문집에서 뽑아 본보기 글로 만들었다. 본보기 글을 보면 어떻게 써야 할지 어느 정도 감을 잡을 수 있다.

본보기 글을 참고해서 기억에 남은 사건과 추억을 자세히 쓰도록 한다.

하루 시간을 준다. 집에 가서 해 오라고 했지만, 복사물 그대로 서랍에 쑤셔 두었다가 아침에 와서 급하게 써 내려가는 녀석도 있다. 한두 낱말로 대충 빨리 정성 없이 쓴 글은 읽지도 보지도 않는다. 재미도 없다. 이런 글들이 모여 있는 문집은 손을 대고 싶지 않다. 하나하나 정성과 노력이 들어가야 한다. 하루에 안 되면 이틀, 사흘 동안 해야 한다. 지금까지 살아온 내 삶의 혼적을 남기는 일이다. 그것을 어찌 단 몇 분 만에 쓱싹쓱싹 해내겠는가? 한 번에 끝낼 일이 아니다.

설문을 다한 아이는 컴퓨터실에 가서 누리집의 문집 게시판에 댓글로 올린다. 한 번 썼다고 해서 완성된 게 아니다. 또다시 고치기를 되풀이한다.

나중에 고치더라도 처음에는 일단 모든 아이가 참여하는 것이 목적이다.

번	C	제목	날짜	본수	투표
10	☐	🔘 설문10) 나에게 영향을 준 무엇?(그 까닭도 자세히 쓰기) 💬26	14·12·19	38	0
9	☐	🔘 설문9) '바르게 합시다. 다 함께 인사'대신 다른 인사말로 바꾸면? 💬26	14·12·19	34	0
8	☐	🔘 설문8) 자기 특징을 한 마디로 하면? 💬26	14·12·19	35	0
7	☐	🔘 설문7) 이런 벌을 받으면 좋은 것 💬26	14·12·19	32	0
6	☐	🔘 설문6) 우리 선생님 하면 생각나는 것은? 💬27	14·12·19	34	0
5	☐	🔘 설문5) 만약 내가 새로운 과목을 만들어 낸다면 어떤 과목을 만들 것인가? 💬26	14·12·19	30	0
4	☐	🔘 설문4) 다음에 태어날 내 자식에게 남기고 싶은 말? 진지하게 💬26	14·12·19	29	0
3	☐	🔘 설문3) 내가 우리 반 선생님이었다면? 💬26	14·12·19	29	0
2	☐	🔘 설문2) 가장 기억에 남는 사건? 구체적으로 자세히 💬26	14·12·19	34	0
1	☐	🔘 설문1) 가장 기억에 남는 공부 시간? 왜? 💬26	14·12·19	37	0

1

검색　설정　삭제　쓰기

〈그림27〉 학급 설문을 개인별로 완성하고 누리집의 문집 게시판에 댓글로 남긴다.

다음은 고쳐야 한다. 고치는 과정이 피드백이다. 이때 아이들이 생각을 많이 한다. 고민을 많이 한다.

댓글을 보면 내용이 모두 비슷하다. 복사해서 붙이거나 베끼기도 한다. 그래서 다시 해야 한다. 이런 설문에는 모두의 참여와 함께 다양한 내용과 생각이 펼쳐지도록 분위기를 만들고 지도하는 것도 중요하다. '문집'이라는 결과물보다 만드는 과정이 중요하다.

'우리 선생님 하면 생각나는 것은?'이라는 질문에 한 아이가 '우리 선생님 점이다. 선생님 얼굴 오른쪽 눈썹 위에 점이 있는데…'라고 썼다면 그 뒤 아이는 점 이야기 말고 다른 이야기를 쓰도록 한다.

다양한 생각과 의견, 주장, 비판, 사건이 필요하다. 고민하고 또 고민하면 생각이 나온다. 하루 이틀이 더 걸려도 기다려 보자. 이런 기다림은 필요하다. 꿋꿋한 원칙과 기준을 아이들에게 보여 주어야 한다. 다른 점을 보아야 한다. 또 다른 특징이나 사건이 있을 것이다. 그래서 다른 친구 의견도 잘 보고 읽어야 한다. 모두가 다른 의견, 특징, 생각이었으면 한다.

<표3> 설문을 이용해 아이들 생각을 확장하기

		□□□은 ○○○이다
		6학년 반 번 이름:
번호	이름	예2) 무지개. 무지개처럼 아름답게 변신하기 때문이다. 예2) 애벌레. 애벌레처럼 형광 녹색으로 옷을 입고 다니고 체육 시간에 뒤구르기 할 때 꿈틀꿈틀 딱 애벌레다. 예3) 지우개. 길순이는 우리 잘못을 꾸준하지 않고 지워 주고 덮어 주는 마음을 가졌다. 뭐든지 깨끗하게 지워 주어서 고맙다. 잘 지워 줘.
1	최**	
2	김**	
3	박**	
4	조**	
5	류**	

'□□□은 ○○○이다'라는 친구 이름을 정의하는 방식의 설문도 했다. 앞 설문의 답글과 같이 이것도 모두 다 다른 내용이어야 한다.

컴퓨터실에서 워드프로세서로 의견을 칠 때 중복이 되면 지우고 다시 하도록 한다. 처음에는 다른 사람 의견이 없으니 그냥 써 놓았다가 먼저 올린 사람이 나타나면 고칠 사람이 늘어난다. 방식을 알았으니 게으름을 부리면 자기만 손해다. 비슷한 생각이 많으면 생각하는 시간이 길어진다.

〈표4〉 학급 누리집에 댓글 달기

제목: 선생님은 @@@이다	
유** :	선생님은 시간이다. 선생님은 시간을 철저하게 지키시고 우리들의 쉬는 시간. 공부 시간 마저 아주 시간을 딱딱 지키시기 때문에 선생님은 시간이다.
김** :	선생님은 외톨이다. 점심 시간만 되면 우린 선생님을 버리고 밥을 먹으러 가기 때문이다.
이** :	선생님은 책벌레다. 점심 시간 짬짬이 책을 읽기 때문이다 이번 연도에는 약 100권 정도 읽었다.
송** :	선생님은 커다란 안경이다. 우리가 안경을 쓰기 전에는 아무것도 보이지 않아 막막하지만, 선생님께서 안경 역할을 해 주셔서 안경을 쓰면 잘 보이고 모든 것이 이해가 잘 가게 하기 때문이다.

댓글 달기는 이렇게 지도하지 않으면 똑같은 의견이 많이 나온다. 그래서 글을 고치고 다듬는 시간이 더 필요하다.

친구의 글이나 작품에 댓글을 달 때는 장난처럼 일부러 좋지 않은 단점만 수두룩 달 수도 있다. 그래서 되도록 장점을 찾도록 지도하는데, 꼭 단점을 적어 주고 싶다면 장점도 하나 찾고 단점을 달도록 했다.

그밖에 개인별로 쓰는 글을 게시판에 올린다. 빠지는 아이가 없도록 챙겨 본다. 누리집에 각자 올릴 수 있어서 글을 모으기가 쉽다.

후배들에게 남기는 낱말과 졸업 영상

학기 말에 한 시간 후배들에게 남기는 낱말 쓰기를 했다. 이 교실을 쓸 다음 해 후배들에게 초등학교 생활을 마무리하면서 남기고 싶은 말을 한 낱말로 쓰기다. 평소에 선생님이 자주 말한 것, 스스로 느끼고 깨친 낱말도 나온다. 목표, 기대, 충고 같은 낱말도 보인다. 초등학교 전체를 통틀어 생각하는 아이도 있고, 6학년 때 생활을 느끼면서 자신을 되돌아보고 쓰는 아이도 있다. 써야 할 낱말이 많으면 종이 쪽지에 다 써 놓고 하나씩 빼 가면서 최종적으로 한 낱말만 정하도록 한다. 그런 낱말을 써서 기념 사진을 찍고 게시판에 붙였다.

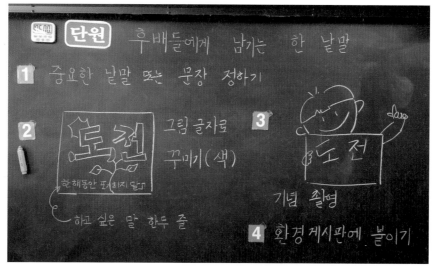

〈그림28〉 후배들에게 남기는 낱말 쓰기

사진은 인화해서 학급문집 맨 앞쪽에 붙인다. 완성한 낱말은 다음 해 6학년이 볼 수 있도록 교실 뒤 게시판에 붙여 주었다.

〈그림29〉 후배들에게 남기는 낱말 쓰기를 완성하면 각자 개인별로 사진을 찍고 인화해 학급 문집에 붙인다.

〈그림30〉 후배들에게 남기는 낱말을 교실 뒤 게시판에 붙여 다음 해 아이들이 보게 한다.

보통 해가 바뀌어 새로운 학년의 교실로 가 보면 뒤 게시판이 비어 있다. 그런데 해마다 나는 6학년 첫 만남에 이렇게 선배들이 남기는 낱말로 할 이야기가 많다. 낱말 하나하나마다 얽힌 사연을 이야기해 주는 것만으로도 한 해 어떻게 살아갈지를 가늠할 수도 있다.

이런 사진을 엮고 음악을 넣어 영상으로 만들어 졸업식날 학급에서 학부모들에게 보여 준다. 내 업무가 학교 누리집과 영상 담당이라서 학교 졸업 영상도 만든다. 6학년 전체 졸업 영상에는 학급별 봉사위원을 모아서 자기 반 선생님 하면 떠오르는 낱말을 적게 했다. 6학년 학급 봉사위원이 반별로

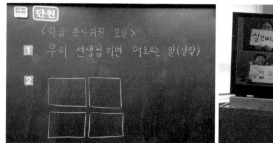

〈그림31〉 졸업 영상에 쓰려고 6학년 각 학급 봉사위원들에게 자기 반 선생님의 특징도 쓰게 했다.

네 사람이니까 각 반 선생님들의 특징이 네 가지 낱말 안에 담기는 셈이다. 6학년 반별 봉사위원들이 쓴 낱말을 보면서 어떤 점들이 아이들 마음속에 깊이 남았는지 되돌아보게 된다.

사람마다 특징이 있고, 같은 사람이라도 해마다 조금씩 성격과 성향, 특징이 달라지는 듯하다. 또 달라지도록 노력하고 있다. 한두 가지 정도는 새롭거나 다르게 해 보려고 애를 쓴다. 그런 모습들이 이런 자그마한 활동에서 드러나 보인다. 아이들 곁에서 아이들 말로 현재 교사가 가는 길을 확인해 보기도 한다.

마지막까지 아이들이 참여해 함께하는 자리를 만들고 공유하는 기회를 가진다. 모두 함께 행복한 마무리를 지어 본다.

〈그림32〉 6학년 각 반 대표 네 명이 쓴, 자기 반 선생님의 특징(졸업 영상용)

5장

학교행사를
교육과정과 조화롭게

    예고 없이 불쑥불쑥 들어오는 학교행사 때문에 새내기 시절에는 답답할 때가 많았다. 경제, 환경, 학교 폭력, 소방, 독도…. 어느 것 하나 중요하지 않은 것이 없다. 각종 협조 공문에 따라 아이들을 동원하거나 글과 그림을 그리게 한다. 이런 행사가 해마다 있다 보니 아예 학교 교육과정에 넣어 운영하기도 한다. 학예 행사와 잔치, 야영 때 함께 묶어서 교과 과정을 재구성하는 노력이 펼쳐진다.

    이럴 때는 학교 차원보다 학년 교사들이 함께 의논해서 결정했으면 싶다.

    실제 행사를 치르는 곳은 학급이다. 단순한 한두 차시 수업, 과제로 해결될 일이 아니다. 제대로 교육하려면 사전 준비와 사후 마무리 과정이 필요하다. 교육 내용 자체야 제대로 하면 나쁠 것이 없다. 문제는 급하게 들어오니까 아이들이 소화할 수 있도록 재구성할 시간이 없다는 데 있다.

    따지고 보면 각종 행사가 모두 초등학교 전 교과에 담겼다. 큰 재난이나 안전에 따른 문제가 아니면 교육과정의 흐름을 믿고 놔 두면 다한다. 그것을 못 기다리고 때마다 각 기관이 참여하라고 요구하면 학교 교육과정이 중심을 못 잡고 끌려 다니게 된다.

교육을 많이 해서 오히려 손해를 보기도 한다. 학습 동기를 떨어뜨려 빨리 포기하게 하는 버릇이 들게도 한다. 받아들일 마음이 되어야 교육 효과를 볼 수 있다. 이런 마음의 상태를 알아야 한다. 아이들을 누구보다 잘 아는 사람이 교사다. 행사도 교육의 한 부분이다. 교사의 검토와 협의, 준비가 된 뒤에 아이들에게 들어가야 한다. 아이들이 행사의 취지와 의미, 목적을 알고 참가할 수 있는 최소한의 시간과 과정이 필요하다.

1. 일회성 행사 살펴보기

과학 상상 그리기와 글쓰기

오늘은 과학 행사의 일환으로 그림 그리기가 준비되어 있다. 이미 어제 오늘 수업을 예고하고 준비하도록 시켰다.

"오늘 그림 다 못 그릴 수도 있어요. 책상 위 물건들은 다 책상 서랍에 집어 넣으세요."

갑자기 교실 안이 조용해진다. 무슨 벌이라도 받는 분위기다.

"오늘 과학 상상 그리기는 제 시간에 다 못 그려도 좋아요. 내일 집에서 그려서 월요일에 가져오면 됩니다. 여러분과 선생님이 먼저 이야기를 했으면 합니다."

칠판에 '과학 상상 그리기'라고 쓰고 그동안 과학 행사로 그린 그림과 과학이나 미래에 관련된 그림을 그릴 때 주로 무엇을 그렸는지 물었다.

'우주, 로봇, 지하 도시, 수중 도시, 해저 도시, 우주 도시…' 등 아이들이 불러 주는 대로 칠판에 썼다.

"좋아요. 그럼 이것 말고 또 있어요?"

윤규가 손을 들었다.

"식물에 우리가…."

환경이나 유전자 조작에 따른 이야기도 나왔다.

"그럼, 오늘 준비한 그림은 칠판에 쓴 것이 가장 많겠네?"

"네."

"지금까지 무슨 그림을 가장 많이 그렸지?"

우주 도시가 반을 넘었다.

"자, 그럼 오늘은 여기 칠판에 써 놓은 것만은 그리지 말자."

"네? 에이, 어제 그것 그릴 거라고 준비했는데…."

"그래, 아깝지. 그래서 오늘, 선생님이 다 완성하지 않아도 좋다고 말한 거야. 오늘은 그냥 함께 상상하고 고민하고 생각만 해도 좋아. 그 생각이 다 만들어지면 집에서 해 와도 돼. 오늘 다 못 할지도 모른다고 한 이유가 있었지?"

"…"

나는 칠판에 써 둔 '상상'과 '그리기' 글자에 동그라미를 치면서 말했다.

"과학 상상 그리기를 할 때는 어떤 시간이 많아야 해? 상상을 많이 해야 해? 그리기를 많이 해야 해?"

"상상요!"

"그리기요!"

그런데 그 말이 끝나자 모두 조용하다. 그동안 이런 행사가 있을 때마다 선생님이 몇 가지 주제를 주고 그리라는 대로 그리기만 해서인지 이렇게 이야기를 나누는 게 어색하다는 표정이 역력하다.

"오늘은 우리가 불편하고 좋지 않은 것을 고친다면 어떻게 고쳐 나갈 것이고, 그게 미래와 자연에 어떤 도움이 될까 하는 생각을 했으면 해. 여기 칠판에 쓴 것들은 다른 곳, 전국 어느 아이들이나 다 그리고 생각할 것들이야. 그냥 그랬으면 좋겠다는 것이겠지. 과학 발전이 때로는 자연을 해치며 나만 편해지는 것도 있고, 너무 지나쳐서 남의 것을 빼앗거나 내 것만 지키는 것도 있잖아. 오늘은 우리가 자연과 함께 살아가는, 자연을 살리는 상상을 해서 자기 나름대로 생각을 찾았으면 해."

모두 몽롱한 눈빛이다. 어떤 생각을 해야 할지 몰라 눈만 껌뻑껌뻑한다. 생각을 하느라 조용하다. 무엇인가 몰두하면 이렇게 조용해진다.

"생각이 안 나면 선생님이 먼저 말해 볼게. 선생님은 그런 생각도 해 봤어. 지금 영어를 많이 배우고 있는데 영어를 안 배워도 미래에서는 모든 나라 사람들이 그냥 자기 나라 말로 하면 다 통할 수 있게 발전하거나 그런 기계나 방법이 나왔으면 좋겠어!"

"와아, 맞다!"

몇몇 아이들한테서 감탄사가 나온다. 이렇게 끄집어 내니 여러 가지 말이 나왔다. 동물들과 말을 나누는 세상, 자연을 있는 그대로 살리는 세상도 나온다.

해마다 과학 행사에 따른 그림은 대충 생각해서 꼼꼼하게 색칠하는 데 힘을 썼다. 그러다 보면 늘 뻔한 주제와 등장인물들을 그리는 기능만 늘 뿐이다. 무슨 내용을 어떻게 나타내려고 하는지 함께 말해야 서로 '창의적인' 생각을 나눌 수 있다. 빨리 그리고 끝내는 것보다 더 중요한 것은 늦어도 생각하는 힘과 방법을 함께 나누는 시간이다.

"애들아! 힘들어도 천천히 생각해서 자기만의 세상, 자연을 해치지 않고 함께 어울려 사는 미래를 그리고 글로도 써 보자. 그럼 좋은 그림이 되고 좋은 글이 될 거야. 이런 생각을 하고 인터넷이나 책을 찾아보면 자기 생각을 펼치는 데 많은 도움이 될 거야. 그게 정보를 제대로 활용하고 오랫동안 기억에도 남을 좋은 습관이 된다."

경험이 적으면 생각이 나지 않을 수도 있다. 그래서 우리는 공부를 한다. 배우는 목적이 나만 편한 것을 찾는 게 아니다. 함께 살아가는 세상에 어울리는 기술의 발전과 사람의 역할이 중요하다. 때로는 불편함이 더 유용할 경우도 있다. 깊이 있게 다양한 생각을 나눌 시간이 참 많이 필요하고 중요하다.

이벤트성 야영 수련회! 한 번 생각해 보자

나도 어느 새 15년 넘게 수련 활동을 다녔다. 그동안 야영 수련 활동에서 보고 겪은 것이 많다. 교사들이 직접 아이들에게 음식을 해서 먹고 재우는 프로그램까지 준비했던 적도 있었다. 지금은 수련원이나 수련장까지 데리고만 가고, 수련 활동을 하는 아이들을 지켜보는 경우가 많다.

수련 활동에는 산 타기, 놀이와 노래, 공작품 만들기, 예절 교육, 옛 서당 체험, 레크리에이션과 체육 활동, 장기자랑 같은 것이 많다.

예전에는 교사와 아이들이 버너로 밥을 해 먹느라 시간이 오래 걸렸다. 그런 다음 놀이나 체육 활동을 많이 했다. 야영하면서 산에 오르고 물놀이로 하루를 즐겁게 보내기도 했다. 일부러 짠 프로그램이 아니라도 자연을 벗 삼기만 하면 즐거웠다. 그 뒤 야영 수련이 학교마다 의무(!)같이 되어서 전문 야영 수련원에 아이들을 맡기게 되었다. 물론 아직도 직접 선생님들이 프로그램을 짜서 하는 곳도 많다.

예절 교육, 옛 서당 체험, 활쏘기와 같은 활동을 하는 곳도 있고, 군대같이 군기(!)를 잡고 불놀이, 레크리에이션, 장기자랑과 같은 것을 꾸리기도 한다. 대부분 이 둘 가운데 이벤트성 수련원이 많을 것 같다.

우리가 이번에 간 곳도 그렇다. 많은 아이가 몰리다 보니 수련원 나름대로 규율을 만들어 운영한다. 빵빵한 스피커에서 흘러나오는 음악과 효과음이 아이들의 눈과 귀를 꽉 잡는다. 반마다 검은 모자를 푹 눌러 쓴 교관이 따라붙고, 단체 생활의 규칙을 어기면 벌칙이 가해지는 군기 잡기식 훈계가 너무도 당당하게 이루어진다.

'입소식, 퇴소식'이라는 말부터 딱딱하다. 교사가 들어올 때 모두 일어서서 손뼉을 치는 것도 어색하고 꽉 조이는 느낌이다. 평소에도 꽉 조여 사는 아이들을 수련회에서까지 잡아야 할까? 좀 자유스럽게 했으면 하는데….

밤에 하는 불놀이(캠프파이어), 장기 자랑도 이제는 성인 나이트클럽과 별반 차이가 없다. 빵빵하게 흘러나오는 디스코 음악이 아이들을 흔들어 놓는다. 무대에 올려서 춤추게 하고 개인기를 펼치게 한다. 되도록 섹시하게, 야하게 추는 것을 부추기기도 한다. 그런 아이들이 인기를 받고 더 아이들을 들뜨게 한다. 한꺼번에 나와서 몸을 꼬고 흔든다. 그게 아이들을 즐겁게 하고 마음을 풀게 한다고 여기듯, 아이들도 그런 것이 '즐거운 것'으로 물들어 간다. 먹고 노는 모습이 어른들의 소비 생활과 꼭 닮지 않았나?

뻔히 이런 수련 활동인 줄 알면서 해마다 시간에 쫓겨서 학교마다 비슷비슷한 수련 장소를 찾는다. 교사가 직접 하지 않는 한 이런 이벤트성 활동을 막을 도리가 없는 것일까? 그렇다고 모든 것을 다 교사가 맡아서 하자니 이제는 엄두가 나지 않는다.

야, 일어서, 빨리 모여, 이것밖에 안 되나? 귀 잡고 앉았다 일어서기 스무 번, 똑바로 못 하나, 열한 시까지 취침! 누가 소리 내? 불 안 끄고 뭐 하냐? 누구야, 돌아다니는 사람?

수련장을 왔다. 꼼짝없이 잡혔다. 말이 사납다. 15년도 훌쩍 넘은 군대 훈련장에서 들었던 말이 아이들의 수련장에서 똑같이 들린다. 수련장 가까운 곳을 거닐면서 들꽃, 풀꽃으로 목걸이 만들기 같은 것을 하면 안 될까? 바람 소리, 물소리, 나뭇잎 소리를 들으며 느끼는 명상은 어떨까?

맨발로 산을 걸어 보고, 넓은 들판에서 풀벌레도 찾아보며 자연과 어울리는 활동이 되살아났으면 좋겠다.

예전에 강에서 하던 물놀이, 헤엄치기가 이제는 놀이공원의 시멘트 풀장에서 수영하는 것으로 바뀌었다. 밥하고 반찬 만들고 설거지하던 것은 배식이란 이름으로 줄을 서서 남김없이 음식을 먹는 것으로 교육받는다. 숟가락을 들고 먹기만 하면 된다. 배경 음악 없이도 모두가 참여하던 장기자랑이 이제는 음악에 맞춰 몇몇 끼 있는 아이들이 신나게 춤추는 모습을 구경하는 것으로 바뀌었다.

비판하고 한탄하면서도 이렇다 하게 바꾸지 못하니 마음만 굴뚝같다. 틀에 박힌 도시 생활을 벗어나 자연 속으로 좀 풀어 놓는 것이 '야영 수련'의

뜻일 텐데 또다시 아이들을 규율과 규칙으로 얽어서 쥔다. '수련'은 당연히 '그래야 한다'는 어른들의 생각이 아이들에게 그대로 전이되어 고정화된 관습을 더 굳혀 가는 게 아닐까.

알뜰시장

"알뜰시장, 자선 바자…. 무슨 뜻일까? 오늘 우리는 무얼 하지?"

"불우 이웃 돕기를 위한 알뜰 시장이요!"

"그래, 그럼 바자란 무슨 뜻이야? 우리나라 말? 한자 말? 영어?"

'바자'란 페르시아 도시의 공공 시장을 가리키던 말이다.

"알뜰시장이라고 하니까 사는 사람이나 파는 사람도 알뜰하게 해야겠지? 그래서 선생님이 이번 우리 알뜰시장에서 두 가지는 팔지 않았으면 했는데…."

"음식 만들기 하고 게임 시디 파는 거요?"

"그래, 왜 그랬을 것 같아? 알뜰시장을 하기 전에 그것부터 알자. 그냥 행사니까 아무 생각 없이 뚝딱 하고 말면 안 되잖아? 음식 만들기를 왜 하지 말았으면 했을까? 한 마디씩 해 보자."

손들이 올라온다. 음식을 만들 돈이 더 많이 드는데 그 돈을 아예 불우 이웃 돕기 성금으로 내면 된다, 일회용 컵과 접시·젓가락을 써서 안 좋다, 음식을 만들다 보면 쓰레기가 더 많이 나온다는 말 등이 이어졌다.

"그래, 까닭을 알고 있구나. 그런데 음식을 만드는 건 나쁜 것일까?"

"아니요!"

"그럼, 어떡하지?"

"…."

"음식을 만들기보다는 집 음식물 가운데 식구들이 다 먹지 못하거나, 다른 사람들에게 나눌 수 있는 것이 있으면 가지고 와서 나누면 좋겠지!"

알뜰시장이 열리자 우리 반 아이들은 한 시간가량 자기 물건을 사고팔았다.

검은 안경, 원숭이 인형, 로봇, 시디, 학용품, 수첩, 액세서리, 만화책….

다 마치고 청소하는 사이 건도가 다른 반 아이들에게 들은 소리라고, "선생님, 다른 반이 우리 반 보고 불쌍하다고 그래요. 음식 만들기도 안 한다고…." 한다.

"그래, 우리가 정말 불쌍해?"

"…."

무엇이라 답을 하지 못하고 머뭇거리기에 반 아이들 모두에게 물어 보았다.

"너희도 우리 반이 음식 만들기를 안 해서 불쌍해?"

"아니요! 다른 반이 더 불쌍하죠!"

"우리가 왜 불쌍해? 불쌍하게 생각할 필요도 없고 또 다른 반을 불쌍하다거나 좋지 않다는 말도 할 필요가 없어! 서로 다른 생각을 존중해 줘야지. 불우이웃을 돕는다는 생각은 같잖아. 모두 격려할 일이지. 무슨 경쟁이 아니고, 장난삼아 해서는 안 되겠지요?"

"선생님, 뿌듯해요!"

"선생님도 기분 좋아. 여러분이 아껴서 물건을 사고 남은 돈을, 원래 불우이웃 돕기 알뜰시장에 쓰려고 가지고 온 돈이라며 그냥 내는 것을 보고 감동했어. 아무것도 받지도 갖지도 않고, 그렇게 순수하게 낸 마음이 좋아. 멋졌어!"

"선생님, 감동 먹었어요?"

나는 그날의 기념으로 각자 아이들이 가장 마음에 들어 하는 물건을 사진으로 찍어 주었다. 다 마치고 물건을 챙기고 가려는데 채린이가 뿅망치로 내 어깨를 뿅 치고 간다.

"선생님 선물! 뿅!"

뿅망치 한 대 맞았다. 선물로!

봉사위원 선출

봉사위원 선출을 했다. 먼저 하고 싶은 사람부터 손을 들어 보라고 했다. 네 사람이다. 추천하고 싶은 사람을 말해 보라고 했더니 남자 서넛, 여자 두세 명이 나왔다. 그렇게 봉사위원 할 사람을 추천받고 있는데

"아, 하지 마, 하기 싫어."

"아, 청소하기 싫어."

"선생님 전 안 해요!"

라는 말이 여기저기서 나온다.

나는 먼저 추천을 다 받고, 그다음 본인들한테 물어 보자고 했다. 그 뒤 추천을 받은 아이들 중 기권을 하겠다는 아이들에게 까닭을 물었다.

"하기 싫어요!"

"청소하기 싫어요."

"학원 가야 하고 불편해요."

여러 가지 까닭이 나왔다. 하기 싫다는데 어쩔 수 있나. 그래서 칠판에서 기권하겠다는 아이들의 이름을 지웠다. 열 명을 뽑아야 해서 다시 추천을 받았다. 역시 청소하기 싫어서, 그냥 하기 싫어서 포기하겠다는 아이들이 나왔다. 결국 열 사람이 되어서 투표하지 않고 다 당선이 되었다.

왜 아이들은 청소하기 싫다거나 귀찮다는 이유로 봉사위원 하는 것을 꺼려 할까?

가만히 생각해 보니, 1학기에 봉사위원들에게 다른 아이들이 하지 않는 청소를 많이 시킨 것 같다. 그게 오후에 남아서 하니까 귀찮기도 하고, 다른 아이들보다 일찍 집에 가지 못한 것이 싫었나 보다.

1학기 때 경험으로 '봉사위원'은 다른 아이들보다 힘들고 어려운 일을 해야 한다는 것을 알고 그런 자리와 역할은 맡지 않으려는 것이다. 그러면 앞 학년 때는 무엇을 했느냐고 물으니, 선생님 대신 아이들을 조용히 시키고, 때로는 명령도 했던 모양이다. 봉사위원은 원래 그런 거려니 했는데 1학기에 정말 '봉사'만 하니까 하기 싫다는 말이 나오는 것 같다. 힘든 일은 '봉사위원'이 하고 자기는 편하게 있겠다는 마음인 것 같아 속으로 화는 좀 났다. 하지만 꼭 그렇지는 않을 거라고 믿는다.

아직도 '봉사위원'이라는 명예와 권한은 가지고 싶고, 실제 봉사는 하고 싶지 않은 것 같아 안타깝다. 어른이 되어서도 어떤 대표 자리만 탐하고, 남을 위한 일을 귀찮고 힘들어서 하지 않겠다고 불평하면 그것은 참 위험하다.

남을 돕는 일이 우리 반과 학교, 사회를 돕고 결국에는 자신을 돕는다. 그 힘은 내가 목소리를 크게 내서가 아닌 평소의 삶에서 만들어진다.

'봉사위원'이란 자리를 꼭 맡지 않아도 좋다. 어느 자리에 있든 남을 도울 자리는 많다. 그것이 우리 학급과 우리 사회를 살찌우는 일이다.

오늘 봉사위원이 된 사람 모두를 축하해 주는 자리를 마련했다. 스스로 되었든 추천을 받아서 되었든 아무런 보답을 바라지 않는 진정한 '봉사위원'이 되어 주었으면 한다.

"더럽다고 하지 않는 일, 귀찮다고 제쳐 두는 일 모두 선생님과 함께합시다. 우리 반 모두 함께합시다. 하지 않는 사람이 있다면 나무라지 말고 봉사위원이 본보기를 보여 줍시다. 선생님도 그렇게 할게요. 안 한다고 나무라고 꾸중하면 봉사가 아닌 명령이 됩니다."

명령을 받고 하는 일은 아무리 좋은 일이라도 짜증스럽고 기분이 상하기 쉽다. 우리 반 봉사위원은 진짜 봉사위원이 되었으면 한다.

2. 포스터 그리기

또 행사야?

몇십 년째 불조심 포스터 그리기가 이어지고 있다. 이제는 교육과정에도 시간을 잡아 두었다. 포스터 그리기는 단순 홍보나 행사 참여로만 그치기 쉽다. 창의적인 작품 활동보다는 천편일률적인 고정관념을 그대로 답습해서 안타깝다.

해마다 치러지는 행사라 경력 교사는 미리 마음의 준비를 할 수 있지만 새내기 교사 처지에서는 생각지도 않게 갑자기 파고 들어오는 불청객이나 다름없다. 작품 내용을 고민하거나 교육과정을 재구성할 겨를이 없다. 그래서 몇십 년 전에 그려 왔던 형태를 그대로 따라가는 고정관념의 재생산화가 이루어진다.

포스터뿐 아니라 글짓기, 감상문과 같은 글쓰기도 마찬가지다. 해마다 비슷한 내용의 주장, 느낌, 생각이 반복된다. 수업 시간에 제대로 고민하지 않아서 자기 작품이지만 자기 생각이나 아이디어가 잘 보이지 않는다. 그래서 의례적인 행사를 치르듯 빨리 대충 끝내려는 활동으로 여기기도 한다.

교육과정에서 아이들이 그리는 포스터는 대부분 대회 행사용이다. 스스로 주제를 정하기보다 행사용 주제에 맞춘다. 행사용이라도 아이디어를 준비해서 낼 수도 있을 텐데 보통은 행사한다는 것만 알리고 바로 다음 날 한두 시간 안에 완성하도록 해 뻔한 포스터를 자꾸 그리게 만든다.

제대로 그리게 하려면 생각하고 자료를 찾아서 참고하고 연구할 시간이 필요하다. 그런 과정에서 생각을 더 많이 하게 된다. 포스터 그리기를 단지 색칠하는 시간으로 여겨서는 안 될 일이다.

불조심 포스터

불조심 포스터 그리기 계절이 어김없이 돌아왔다. 학교 교육과정에 행사로 한 시간을 잡아 두었지만, 밑그림을 그리고 색칠까지 하려면 오전 시간을 몽땅 투자해야 한다. 밑그림을 생각하는데 한 시간이 넘게 걸렸다. 사나

〈그림1〉 불조심 포스터 하면 생각나는 고정관념을 살펴보았다.

흘 전 미리 인터넷을 뒤져서 지금까지 나온 불조심 포스터를 찾아서 보여 주었다. 보기는 하되 그대로 베껴서는 안 된다고 일러 주었다.

뻔한 그림, 뻔한 글이 안 되게 생각해 보고 미리 기본 스케치를 해 오라고 했다. 그렇지 않으면 생각만 하다 시간을 다 보낸다.

시간이 부족하면 바탕색도 칠하지 않는다. 바탕을 꼭 칠할 필요는 없지만, 칠할 겨를이 없거나 귀찮아서 칠하지 않는 것은 다른 문제다. 바탕색도 나름의 의미가 있다. 시간에 쫓겨 그냥 넘겨 버리니 안타깝다.

불조심 하면 떠오르는 것이 학부모들이 어린 시절부터 많이 봐 온 성냥불, 성냥불에 타는 건물 그림일 것이다. 아래와 위에 줄을 긋고 노란 바탕에 '불 불 불조심!' '꺼진 불도 다시 보자'와 같은 말을 써 놓는다.

성냥불이 아니면 산불, 담뱃불이 나온다. 천편일률적인 이런 그림들이 대

〈그림2〉 주제가 있는 포스터를 그릴 때는 기존의 고정관념을 뛰어넘어 창의적인 표현이 되도록 힘쓴다.

를 이어 그려지고 있다. 사실 성냥불, 산불, 담뱃불 모두 어른들과 연관성이 더 많다. 불을 일으킬 가능성이 높은 사람이 받아야 할 교육을 아이들이 하는 셈이라 씁쓸하다. 이런 뻔한 말과 표현은 일단 하지 말라고 일러 주었다.

전날 미리 얘기한 대로 아이들이 스케치를 해 와서 포스터를 제 시간에 완성할 수 있었다.

완성 작품을 사진으로 찍어 누리집에 올리고 저장해 두었다. 이렇게 해 두면 내년 행사 때 아이들에게 보여 주면서 설명할 자료로 요긴하게 쓰인다. 포스터 만들기 과정을 차근차근 설명하는 영상을 만들어 두는 것도 도움이 된다.

통일 포스터 그리기

호국 보훈 기간에 또 포스터, 그림, 표어를 만들라고 한다. 이런 게 너무 자주 오니까 담당자가 선택해서 하라고 한다. 이런 행사 참여 여부를 교사와 의논할 기회를 주지 않고 담당자 개인이나 관리자가 결정하는 행태가 반복되니 씁쓸할 뿐이다. 제대로 하다 보면 교과 시간을 뺄 수밖에 없어 그것도 속상하다.

같은 학년 선생님들과 어떻게 할 것인지 의논했다. 올해는 사회 교과에서 역사를 배우니까 광복과 6 · 25전쟁 부분을 미리 공부하고, 다큐멘터리 〈전쟁과 인간〉을 보고 포스터를 그리기로 했다.

〈전쟁과 인간〉에는 6 · 25전쟁 과정에서 피난을 다니다 희생을 당하는 많은 사람들 모습이 담겼다. 전쟁이 우리 삶을 얼마나 비참하게 만드는지 보

〈그림3〉 **포스터를 그리기 전에** 내용이 연결되는 교과와 연계하여 공부하고 관련 행사에 참여하도록 한다.

여 준다. 학살 장면도 나온다. 포로 교환이 이루어지고, 서로 다른 나라로 나뉘는 사람들도 나오고, 그 가운데 살아남은 사람들의 삶을 흑백 영상으로 볼 수 있었다.

다큐멘터리를 다 보고 나서 《평화를 꿈꿔요》라는 그림책도 소개했다. 보스니아 사태 때 그린 아이들 그림을 볼 수 있다. 세계에는 이런 전쟁이 지금도 끊이지 않고 일어나고 있다. 다큐멘터리와 책을 보고 나서 각자 주제를 정해 포스터를 그리도록 했다. 포스터를 그릴 때는 이렇게 저렇게 하라는 말은 하지 않는다. 예전과 같이 고정화된 그림 형태로 그린 아이가 넷 정도 보였다. 마음껏 생각해서 그려 보라고 했다.

나는 어릴 때 주로 반공 포스터를 그렸다. 그때는 북한 사람들이 사람이 아닌 줄 알았다. 악마와 괴물로 표현하고 공산당을 쳐부수자는 내용이 많았는데, 요즘은 민족, 통일, 평화란 낱말을 많이 사용하는 시대가 되었다.

더 이상 이 땅에서 전쟁이 일어나지 않아야 한다. 더 이상 아이들 손에 분단된 모습의 포스터가 그려지지 않았으면 한다. 통일과 평화를 꿈꾸는 세상을 더 많이 그렸으면 한다.

〈그림4〉 요즘은 반공 포스터에 통일이나 평화란 낱말이 많이 사용된다.

〈그림5〉 완성된 작품을 게시판에 붙여 놓고 아이들과 이야기를 나눈다.

환경 포스터 그리기

환경 보전에 대한 포스터 그리기에는 두 시간이 주어졌는데, 하루나 이틀 전에 준비할 필요가 있다. 이 준비 시간이 중요하다.

〈그림6〉 포스터를 그리기 전에 미리 본보기 자료를 감상할 시간을 가진다.

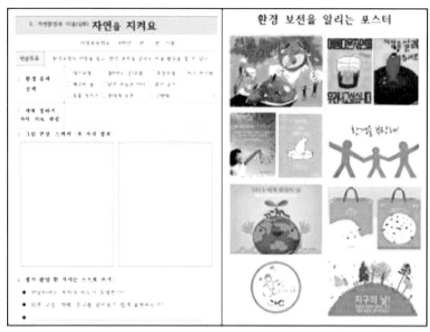

〈그림7〉 구상 계획서와 본보기 자료

   미리 안내 겸 한 시간 수업을 했다. 칠판에 본보기용 환경 보전 포스터를 붙여 두었다. 구상 계획서도 복사해서 주었다.

   본보기 자료를 컬러로 인쇄해 칠판에 붙여 놓고 감상한 다음 각자 아이디어를 구상한다. 이렇게 만든 자료는 같은 학년 선생님들과 공유하고 다음 해 자료로 그대로 쓴다. 본보기용 자료는 어디까지나 참고 작품일 뿐이다. 그대로 따라 그리거나 비슷하게 그리지 않도록 지도한다. 그러면 생각이 깊어지고 진지해진다. 그래서 시간이 걸린다. 생각할 시간, 구상할 시간, 다르게 그릴 준비 자체가 몰입할 기회가 된다.

   깊은 몰입은 쾌감을 준다. 자주 되풀이하면서 습관으로 굳게 해야 한다.

설렘과 새로움을 찾는 흥분이 즐거움으로 전이되어 스스로의 동력으로 발전해야 한다.

환경 문제는 사회 시간에 미리 배운다. 어떤 환경 문제를 주제로 잡고 만들 것인지 정하고 제목도 정한다. 오늘 미리 정해 구상을 해 두어야 한다.

부정 관점의 제목이나 긍정 관점의 제목에 대해서는 국어 시간에 배웠다. 다양한 참고 자료를 바탕으로 구상해서 스케치하고 내일은 완성하는 데 충분히 시간을 들여야 한다. 당일 바로 하면 생각도 잘 나지 않아서 대충 그려 내거나 누구나 그렸을 법한 뻔한 것만 재생산해 낼 가능성이 높다. 이미 나온 포스터만 보고 따라 그려도 힘들 텐데 그렇게까지 해야 하나 싶겠지만, 자기만의 생각을 창의적으로 펼쳐야 한다. 색칠을 잘하는 게 중요한 게 아니다. 어떤 '생각'과 '주장', '가치관'을 담아 내느냐에 많은 시간과 노력을 들여야 한다. 학습 결과보다 학습 과정에 많은 시간이 필요하다. 그런 시간을 소중히 다루고, 대충 넘기지 않도록 충분한 시간과 여유, 분위기를 만든다. 함께 만든다.

누리집에 다양한 포스터를 모아 보여 주었다.

1) 환경 문제 선택하기

미리 주제를 생각할 시간을 주고, 아침에 와서 칠판에 자기가 정한 환경 문제에 표시를 하도록 했다. 이렇게 해 두면 미리 준비하지 못한 아이들이나 빠뜨린 아이들이 챙겨 보게 된다. 조금 긴장도 한다.

주제를 바꾸기도 한다. 또 다른 생각이 떠올랐다는 의미다. 전날 미리 준비했지만 친구들이 정한 주제를 보고 생각을 바꾸기도 한다. 아이들의 행동을 보면 어떤 문제에 더 관심을 가지는지 살필 수도 있다. 남들이 보지 못

〈그림8〉 자기가 그릴 주제나 내용을 표시해서 보게 한다.

하는 문제, 관점을 찾아보고 도전해 보는 것도 재미있다.

이렇게 스스로 주제를 선택하게 하고 다시 주제를 바꿀 기회도 주면 몇몇은 주제와 제목을 옮기기도 한다. 같은 주제를 선택한 아이들끼리 함께 그리게 하는 방법도 있지만, 그릴 때는 자기 자리에서 그대로 그리게 한다. 서로 다른 주제들끼리 모이는 것이 오히려 생각의 폭을 더 넓히고 그리면서 또 다른 아이디어를 낼 수도 있다.

다음 해는 환경 포스터를 그리기 전에 미리 문제를 선택해서 생각할 수 있도록 해야겠다.

2) 스케치와 색칠하기

〈그림9〉 구상도를 보고 스케치하기

〈그림10〉 아이마다 포스터를 만드는 방법이 제각각이다.

아이들이 각자 자기가 만든 계획서(구상도)를 보고 스케치를 한다. 아이들이 스케치하는 걸 보니 방법이 제각각이다. 글자를 먼저 쓰는 아이도 있고, 검정색부터 칠하는 아이도 있다. 되도록 바탕부터, 옅은 색부터 쓰라고 일렀다.

"선생님, 바탕 색을 칠해야 해요?"

어김없이 나오는 질문이다.

"바탕은 네가 정해서 하는 거야. 바탕의 효과를 내거나, 의미를 넣어서 칠하기도 하지. 그런데 색칠하기 귀찮아서 그대로 두는 것은 그렇지?"

바탕과 바탕 색도 의미가 있다. 하늘이나 바다가 될 수도 있다. 어둠이 될수도 있다. 그런 의미를 담아서 바탕 색을 한 가지나 두세 가지, 또는 또 다른 그림으로 표현하기도 한다. 귀찮거나 하기 싫어서 그대로 둔다는 것은 다른 문제다. 선택은 어디까지나 아이들이 한다. 스스로 정하게 한다. 설명은 하되 아이들의 최종 의견은 존중한다.

3) 완성 작품 사진 찍기

〈그림11〉 아이들에게 완성한 작품을 들게 하고 사진으로 남긴다.

완성한 작품은 사진으로 찍은 뒤 게시판에 꽂아 둔다. 오늘 완성하지 못
한 아이들은 집으로 가지고 가서 마무리해서 내일까지 가져와야 한다. 오

늘은 반쯤 완성했다.

3. 수학여행, 적지 말고 담자

체험과 현장학습을 위한 기회

아이들이 학기 중에 가장 기다리는 것이 현장학습과 수학여행이다. 요즘은 박물관, 유적지, 문화 공연 관람과 같은 다양한 장소와 체험 활동의 기회가 있다. 수학여행도 6학년이라면 늘 기대한다. 무엇보다 친구들과 함께 놀수 있다는 것에 큰 의미를 두며 기대감이 높다.

이런 현장학습에서도 교사들은 무엇인가 한 가지라도 배우게 하기 위해 학습지나 견학 자료집 등을 만들어 아이들 손에 들려 준다.

많은 것을 보고 들어도 특별히 기억에 남는 감상거리는 없다. 친구와 이야기한 것, 먹고 뛰논 것만 마음에 남는다. 그게 아이들이다. 지금 어른들도 그랬다. 어른이 되고 나서야 책을 보거나 미리 사전 정보를 찾아보고 그곳에 가서 천천히 역사적 배경을 알고 현장의 흔적을 느낀다. 물론 아이들도 그러지 말라는 법은 없다.

교사들은 아이들이 한 가지라도 더 알았으면 하는 바람으로 자료집을 만들고 사전 조사 활동도 많이 펼친다. 이동하는 버스 안에서 이야기도 하고 유물에 대해 설명도 한다. 갔다 와서 자세히 보고 느낀 것을 쓰게도 한다.

눈에 띄는 효과는 보지 못하겠지만, 그래도 권하고 싶다. 그 준비 과정,

한 가지라도 제대로 알고 볼 수 있게 자료를 준비하고 챙기는 노력을 아이들이 배운다. 느낄 것이다. 당장 깊이 있는 여행이 아니어도 좋다. 나중에 어른이 되어서 스스로 준비해서 찾아가는 여행이 되었으면 좋겠다.

수학여행 자료집

요즘 웬만한 학교에서는 다 자료집을 만들어 수학여행을 가는 아이들 손에 들려 보낸다. 예전에는 유적지에서 관련 내용을 수첩에 적느라 바빴지만, 요즘은 미리 자료를 만들어 가기 때문에 여유로운 편이다. 하지만 아무리 빨라도 수학여행 당일이나 하루 이틀 전에 자료집을 주니 아이들이 제대로 볼 겨를도 없을 뿐 아니라, 들뜬 마음에 눈에 들어오지도 않는다. 그래서 이번 수학여행에는 우리가 갈 곳에 대한 내용과 볼 것을 미리 공부하거나 읽고 갔으면 해서 같은 학년 교사들끼리 한 달 전부터 준비했다.

주로 경복궁과 국립중앙박물관에 대한 내용으로, 먼저 경복궁에 관한 자료를 정리했다. 관련 책을 사서 읽어 보고 아이들이 쉽게 읽고 이해할 수 있도록 다시 말을 푸는 데 한 달 가까이 걸렸다. 아이들에게 어려운 한자 말을 어떻게 쉽게 풀까 하는 고민도 많았다. 나름 풀어 썼다고 하지만 여전히 아이들이 제대로 이해할까 싶었다. 궁궐이 생긴 까닭이나 없어지고 새로 세워지는 과정, 궁궐에 얽힌 이야기는 6학년 아이들이라면 1학기에 역사를 배우기 때문에 알 만한 내용이다. 우리나라 근대사도 얽혀 있다.

자료집을 아무리 잘 만들었어도 그냥 던져만 주면 아무 소용없다. 어느 학년, 어느 교과에 활용하면 좋을지 교과 분석도 해 두었다. 6학년 1학기 사회와 미술 교과의 관련 단원을 찾았다. 자료집에 아이들이 풀어 보고 그림도 그릴 수 있는 학습지를 덧붙여 두었다. 그림 그리기나 색칠하기, 유물 찾기 활동으로 바꾸어 보았다.

아침 시간마다 학습지 형태로 한두 장씩 볼 수 있도록 복사해 주었다. 한두 주일 정도 걸린 것 같다. 날마다 조금씩 읽어 보고 이야기도 나누었지만 모아 두었다가 수학여행 가기 며칠 전에 한꺼번에 건넨 반도 있었다. 수학여행 가기 전날 반마다 한 시간씩 설명도 해 주었다.

미리 알고 가야 보인다. 무엇을 볼 것인지 나름의 기준이 서지 않으면 다리만 아픈 기억만 남는다.

지금의 여행 경험이 나중에 어른이 되어, 내 아이들에게 그대로 옮겨질 것이라는 생각을 해 보라고 했다. 미래의 부모 교육이다. 제대로 알지 못하면서 시키거나 다그치기만 할 것인가, 제대로 알려 주면서 함께 즐길 것인가. 지금 다 아는 것은 무리지만 노력하는 과정은 익혀야 하지 않겠는가.

지금 부모 세대는 오늘날처럼 자료를 쉽게 얻을 수 없어 현장에 가서야 보고 듣고 했다. 지금은 쉽게 정보를 얻을 수 있다. 그런 정보를 미리 챙겨 보고 현장에서 몸과 감성으로 느끼는 경험의 시간을 오래 가졌으면 한다. 집에 있는 컴퓨터와 인터넷을 이럴 때 제대로 써야 하지 않을까?

아는 것만큼 보인다고 했다. 똑같은 것을 보고도 그냥 스쳐 가는 사람이 있는가 하면 오랫동안 머물며 생각하고 상상하며 즐기는 사람도 있다. 빨리 보고 빨리 지나가는 사람한테는 지루하고 따분하기만 할 뿐, 먹고 논 것만 남는다. 평소에는 쉽게 쓰지 못하는 많은 돈을 들여서 가는 수학여행인데 먹고 놀기만 하면 되겠는가?

수학여행을 다녀와서 아이들 마음속에 무엇이 어떻게 남았는지 확인할

길은 없지만, 자료집을 준비하면서 어른인 나 역시 우리 문화재에 대한 생각과 탐구가 많이 모자란 것을 반성했다. 그동안 별달리 관심을 두지 않아서일 것이다. 그래서 아이들과 마찬가지로 유적지에 가서도 그곳에 써 있는 설명만 겨우 읽고 지나쳤을 것이다. 미리 챙겨 보고 살펴보고 간 것은 이번이 처음이었던 것 같다.

수학여행 이야기

6학년 담임은 해마다 수학여행을 간다. 수학여행지에 대한 설명이나 준비물 따위는 당연히 챙긴다. 요즘은 버스 안에서 준비할 것도 챙긴다. 학급에서 준비한다. 몇 년 전에는 학급에서 익힌 동요를 틀어 주기도 했다. 올라갈 때와 내려올 때 볼 만한 좋은 영화도 두 편 준비했다. 올해는 아이들에게

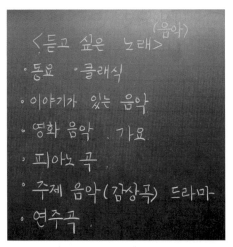

〈그림12〉 차 안에서 듣고 싶은 노래 정하기

듣고 싶은 음악을 설문 조사했다. 대중가요, 동요, 교과서에서 배운 노래 아무거나 써 보라고 했는데 거의 다 대중가요만 나열했다.

대중가요, 교과서 음악, 건전가요 차례로 번갈아 가면서 시디에 노래를 담았다. 60여 곡을 담으니 한 시간 반 가까이 걸린다. 이 시디에는 학예회에 부를 노래, 연주할 곡도 실었다. 아직 다 익히지 않았지만, 교과서 감상곡도 실었다. 가사집도 만들었는데 알았으면 하는 곡만 담았다. 수학여행지에서는 안전하게 움직이는 것에 먼저 초점을 맞춘다. 내용이나 관련 정보는 미리 자료집으로 만들어 다루었으니 마음껏 보고 느끼면 된다.

1) 먹는 것

먹을거리에는 숙소에서 먹는 밥과 간식이 있다. 밤늦게까지 과자를 너무 많이 먹어서 탈이 나기도 한다. 그래서 10시 이후에는 먹이지 않는 게 좋다. 주의를 주는데도 몰래 먹었다가 다음 날 배앓이를 하는 아이가 여럿 나온다. 숙소는 주로 콘도를 이용하는데, 취사 시설이 갖추어져 있어 몰래 라면을 사서 끓여 먹기도 하지만 조리 기구는 쓰지 않도록 주의를 준다.

2) 자는 것

아이들 중에는 집 밖에서 자는 게 처음이라며 설레는 마음에 새벽까지 자지 않는 게 무슨 자랑과 추억인 양 여기기도 한다. 저녁 먹고 서너 시간 이야기 시간을 주고, 11시 정도에는 꼭 자도록 한다. 잠잘 시간을 지켜서 불을 다 끄도록 방마다 점검한다. 몇몇 아이 때문에 방 전체 아이들이 잠을 제대로 못 자 다음 날 골골거리거나 두통을 호소하기도 한다. 밤사이 누군가 창문을 열어 놓아 배앓이를 하는 애도 생긴다. 잘 먹고 잘 자야 한다.

3) 보는 것

아이들은 보통 놀이공원 말고는 다른 것에는 관심을 잘 두지 않는다. 사먹고 노는 것 말고는 대충이다. 걷다가 자판기 앞에서 음료수도 사 먹는다. 목적 없이 가라는 데로 따르기만 하면 더 피곤한 법이다. 무엇을 보고 알 것인지 작은 목표를 정하고 보는 게 지루하지 않다. 차에서 자료집에 적어 두거나 기록해 둔다. 교사가 간단히 설명해 줘도 좋다.

4) 다녀와서

현장학습을 다녀온 뒤에는 감상문을 가장 많이 쓴다. 수학여행도 마찬가지다. 사흘 동안의 일을 다 쓰려면 귀찮고 팔도 아프다. 어디를 갔다, 무엇을 했다(보았다), 재미있었다는 말만 되풀이한다. 그런 감상문은 읽는 사람도 재미없다. 재미있으려면 재미있었던 일, 기억에 남은 일 가운데 한두 가지 자세히 쓸 수 있어야 한다.

수학여행 감상문이 학급문집에도 많이 실린다. 우리 반은 감상문을 모두 워드프로세서로 작업해 누리집에 올린다. 먼저 올린 아이들이 어떻게 쓰는지 보고 따라 쓴다. 먼저 올린 아이도 뒤에 올린 아이들 글을 보고 고치기도 한다. 되도록 다른 아이들 것과 다른 자기만의 경험, 기억, 생각, 느낌을 쓰도록 지도한다. 빨리 썼다고 해도 불러서 이런저런 부분을 짚어 자세히, 실감 나게, 대화 글도 넣어 보라고 한다. 글은 고치고 다듬어 가면서 완성되는 것이다. 뭐든 빨리 끝내고 무슨 보상을 바라는 것처럼 다른 것(!)을 하면 안 되느냐고 기대하는 아이들이 처음에는 많았다. 지금도 그렇지만 나는 아이들에게 자기 글을 자꾸 고치게 한다. 빨리 쓰기보다는 자세히 쓰는 것에 초점을 맞춘다. 어떻게 쓰는 게 자세히 쓰는 건지 막연해하는 아이가 있어서 누리집에 친구들의 글을 올려 두었다. 다른 아이들의 글을 읽다 보면 생각이 나지 않는다고 대충 쓰는 아이들도 생각의 폭을 넓힐 수 있다.

수학여행 준비와 실행, 마무리

1) 수학여행 가기 전

① 수학여행 자료집: 미리 다 보고 풀고 가자

수학여행지 어디를 가든 아이들이 자료집을 들고 다니며 적는 모습이 자주 보인다. 수학여행을 자주 다니다 보니 이제 자료집 만드는 일도 수월하다. 여러 선생님이 만든 자료를 뽑아서 추리거나 엮어도 된다.

이런 자료집이 아이들한테 도움이 될까? 자료를 들고 다니며 하는 '미션' 해결이 배움이 될까? 무슨 생각을 하며 풀까? 자료집을 만든 목적이 무얼까? 여행지에서 열심히 적기는 하지만 그게 배움이 될까?

그래서 올해는 자료집에 담긴 문제를 미리 다 풀도록 했다. 자료집 없이도 돌아다니며 배운 것을 보고 눈으로 확인할 정도만 되게 말이다.

미리 여행 장소에 대한 정보도 준다. 관련한 웹사이트를 둘러봐도 좋겠지만, 생각보다 정보가 너무 없거나 너무 많아서 어떤 기준으로 봐야 할지 오히려 헷갈리기도 한다. 그래서 둘러볼 시간을 알려 주고 무엇을 집중적으로 볼 것인지 정해서 조사하도록 한다.

자료집에 있지만, 따로 자기 나름의 자료를 만들거나 덧붙일 수 있도록 한다. 자료집에 문제를 내거나, 오류 부분을 넣어서 찾아내도록 미션을 주

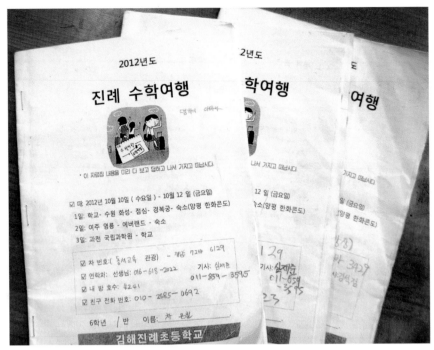

〈그림13〉 요즘은 많은 아이들이 수학여행 자료집을 들고 다닌다.

기도 한다. 현장 미션보다는 수학여행 전에 미리 찾아보는 미션의 효과가
높다. 현장에서 보고 듣고 알았던 것을 눈으로 확인하고 오감으로 느껴 보
는 감성적 체험이 더 효과적이다. 지식 공부는 예습, 현장에서는 감성 공부
가 되는 셈이다.

② 교과 재구성과 수업: 미리 가 보는 수학여행지

수학여행을 간다는 말을 듣는 순간부터 아이들은 들뜬다. 자료집을 만들
어 주면 수학여행에 대한 호기심과 설렘이 드러난다. 이런 자발적인 동기
를 교과 학습으로 끌어들여야 한다.

〈그림14〉 수학여행 가기 전에 자료집 내용을 인터넷에서 검색해 확인하도록 한다.

국어, 미술, 음악, 정보와 생활(재량) 시간에 교과서를 살펴 미리 당겨서 배울 만한 내용을 찾아 연결하고 융합하고 재구성하여 단원 학습을 짠다.

어떤 한 가지 결과물로 만든다는 목표를 두면 집중하기 좋다.

꼭 한 가지 결과물을 만들라는 것은 아니지만, 이런 목표로 삼아서 여행 결과 그림책, 여행 명언 글 남기기, 미리 가 보는 수학여행 프레젠테이션이나 동영상 만들기 등 다양한 결과물을 만들 수 있다.

〈그림15〉 수학여행과 관련한 영화와 다큐멘터리 감상도 도움이 된다.

다른 학교들의 수학여행 감상 UCC를 보고 우리도 갔다 오고 나서 이런 활동을 해 보자고 하면서 학급 단위에서 주제를 달리해 공모전이나 발표전을 열어서, 다녀오고 난 뒤 지난 추억을 되새기며 정리하는 방법도 있다. 귀찮고 힘들어 보이겠지만, 교과 시간에 배우고 익힌 것을 현장학습을 거치며 활용하고 적용해 볼 기회이기도 하다.

〈그림16〉 수학여행지 소개 책과 워크북도 활용한다.

그밖에 수학여행을 가면서 들을 만한 노래나 유물·유적 보는 법, 옛날 그림 보는 법, 감상문, 기행문 쓰는 법 따위도 미리 살펴보거나 준비하면 좋다. 그래서 수학여행 일주일 전부터는 교과를 재구성하여 가르칠 필요가 있다.

③ 6학년 전체 안내와 지도

자료집에도 수학여행 갈 때 주의 사항이 들어 있다. 먹고 마실 때, 버스를 탈 때, 숙소에서 지킬 예절 등에 대해 안내해 놓는다. 그러나 자료집을 만들어서 나눠 주어도 아이들이 제대로 다 읽는 것은 아니다. 그래서 하루나 이틀 전 자료집을 모두 훑어볼 시간이 필요하다. 6학년 모두를 모아 놓고 기본적으로 지켜야 할 예절, 수학여행 경험 이야기, 아이들이 묻고 싶은 것을

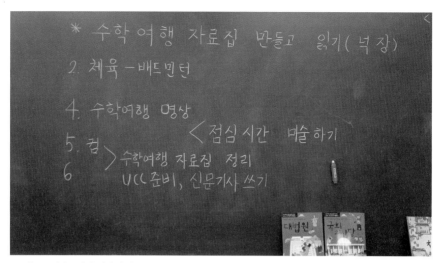

〈그림17〉 **아이들과 수학여행** 자료집에 보충해 넣을 만한 내용을 의논한다.

답하면서 이야기한다.

2) 수학여행지에서

① 시간 조절: 풀고, 시간 정하고 모으고

수학여행은 대개 여러 관광 명소를 둘러보는 코스가 많다. 그런데 많은 아이들과 둘러보려면 미리 관람하는 방법을 약속하는 것이 좋다. 내려서 먼저 기념사진을 찍고 둘러본다. 둘러보는 방법도 줄 서서 따라다니며 보기, 시간과 모임 장소를 정해서 마음껏 돌아다니며 보기가 있다. 때로는 줄을 서서 다니다가 몇 분 정도 시간을 주고 다시 모아서 다니는 방법도 있다.

수원 화성에서는 줄을 서서 산책하듯이 다녔고, 경복궁은 줄을 서서 다니다가 근정전에서 단체 사진을 찍고 민속박물관 앞으로 몇 시까지 모이도록 했다. 민속박물관에서도 시간만 정해 두고 마음껏 보도록 했다.

모두 함께 가야 할 때와 개인별로 관심에 따라 움직여야 할 때를 잘 정해 주어야 한다. 미리 차 안에서 어떻게 움직이는 것이 좋은지 안내한다.

② 놀고 먹고?

수학여행지에서 유적과 유물을 보는 것만큼 아이들이 놀고 먹는 일도 중요하다. 첫날부터 휴게소에 들를 때마다 음식을 사 먹느라 정신없는 아이들도 많다. 그러다 보니 나중에는 돈이 없어서 돌아오는 날에는 쫄쫄 굶기도 한다. 그래서 용돈 쓰는 법, 활용하는 법도 여행하면서 한 번 고민할 문제다.

보통 첫날에는 점심 도시락을 싸온다. 그래서 첫날은 되도록 용돈을 쓰지 않도록 한다. 둘째 날부터 많이 걸어 다니고 놀이 공원 따위를 간다. 이때는 목이 마르기 때문에 음료수 정도 사서 마시는 것으로 한다.

마지막 돌아오는 날에 휴게소에서 간단한 간식을 사 먹도록 하면 좋다. 전혀 사 먹지 않기보다는 제때 돈을 쓰는 것도 중요하다. 낭비하지 않고 효율적으로, 제대로 쓰는 법을 배워야 한다.

③ 자료집은 차 안에서 미리 보기

유적지에서 자료집을 들고 다닐 필요는 없다. 차 안에서 미리 보거나 유적지를 둘러보고 나서 간단히 차에서 적도록 한다. 보조 가방이 있으면 가지고 가서 바로 적으면 좋겠지만, 잃어버리거나 오히려 방해되기도 한다.

3) 수학여행을 마치고

수학여행을 마치고 나서는 일기나 기행문을 많이 쓴다. 요즘은 초등학교

6학년쯤 되면 스마트폰이나 디지털카메라로 사진을 많이 찍는다.

UCC 만들기, 뮤직비디오 만들기 등도 해 보면 좋겠다. 먼저 아이들이 찍은 사진을 누리집에 올려서 서로 나눈다. 기억에 남는 사진을 뽑아 UCC나 프레젠테이션으로 엮은 감상문도 가능하다. 찍고 난 뒤 모으고 정리하는 일이 쉽지는 않다. 개인보다 모둠끼리 협력해서 발표하게 하는 등 끝까지 마무리 짓게 한다.

자료집은 꼭 확인해 본다. 다 정리했는지 꼭 챙겨 본다. 빠뜨리기 쉬운 내용, 특히 일기 부분을 꼭 챙겨서 다시 한 번 되새기게 한다.

자료집을 미리 만드는 노력만큼이나 끝까지 챙겨서 마무리 짓는 시간도

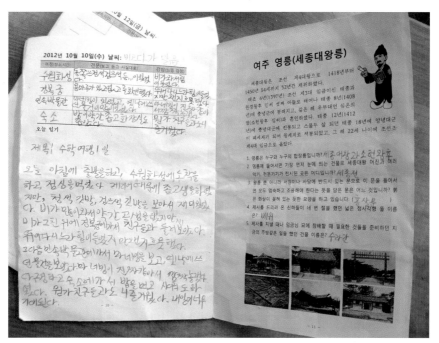

〈그림18〉 수학여행지에서 자기 전 간단히 하루를 정리한다.

그만큼 든다. 교사가 아무리 정성껏 만들어도 아이들이 함께 참여하지 않으면 무용지물이 될 수 있다. 스스로 참여해서 만든 부분이 있어야 관심을 갖는다. 그래서 자료집을 만들 때는 아이들이 스스로 더 채워 넣을 만한 내용도 구성해 준다. 여행을 마치고 정리한 자료도 끝까지 챙겨서 모아 두었다가 살펴보고 돌려준다. 여행과 함께 한순간에 사라지지 않도록 챙겨 보고 모아 두자.

수학여행 자리 정하기, 관계 다지기

〈그림19〉 버스에서 함께 앉을 짝 정하기

수학여행이 한 주 정도 남았다. 벌써부터 아이들의 입과 눈, 말에서 반쯤은 버스에 타고 있는 듯하다. 수업 시간에 질문도 자주 한다.

"몇 시까지 자야 돼요?"

"자리는 어떻게 해요?"

"잠자리는 어떻게 짜요?"

"버스에는 누구랑 앉아요?"

"용돈은 얼마나 가져가야 해요?"

점점 다가오는 수학여행이 아이들의 마음을 설레게 한다. 장소와 잠잘 곳이 정해졌고 답사도 마쳤다. 버스에 함께 앉을 자리도 정했다. 버스 자리를 그려 놓고 자석 얼굴 이름표로 앉고 싶은 자리에 붙이게 했다.

"선생님, 노래방은 가면 안 돼요?"

"넌 공부하다 쉬는 시간이나 점심시간에 노래방 갈 수 있어?"

"아니, 놀러가잖아요?"

"그래, 노는 것도 맞아. 그런데 교실만 바뀌는 거잖아. 함께 어울려 여행지에서 보고 배우고 즐기잖아."

수학여행은 목표를 갖고 놀러가는 것이다. 노는 공부다. 소비가 아니다.

수학여행을 준비하면서 가장 마음에 쓰인 건 버스 안에서의 자리 정하기였다. 자리 정하기에 앞서 수학여행의 의미, 무엇을 준비해야 하는지 뚜렷한 목표를 함께 공유할 시간이 필요하다.

가족여행과 수학여행이 다른 점이 무엇일까?

같은 여행인 것은 공통점이다. 다른 점은 다 알 것이다.

친구와 한다는 것이다.

갔다 와서 친구 관계가 좋아질까?

가기 전에 관계가 끊어지거나 멀어지면 어떻게 될까?

어떤 의미가 있을까?

그래서 버스 안에서의 자리를 정하기 전에 꼭 당부하는 말이 있다.

같이 있고 싶은 친구만 챙기려다 다른 친구를 내팽개치듯이 하거나 따돌리거나, 같이 앉고 싶지 않다고 피해 다니는 행동과 분위기를 만들지 말라는 것이다. 누구에게는 기쁨과 설렘이 누구에게는 아픈 상처가 될 수도 있다. 나를 위해 다른 친구의 마음을 다치게 하지 않아야 한다. 타협과 배려, 함께 품는, 함께 지내는 용기와 나눔이 있어야 한다.

좋은 여행의 밑바탕은 관계에 있다. 평소 친한 친구와 더 깊어지고 친할 기회가 없었던 친구와 함께 어울릴 수 있는 자리이기도 하다. 관계 맺기와 다지기는 여행을 준비할 때부터 먼저 챙긴다. 수학여행의 목표이기도 하다. 마구 사고 먹고 마시는 소비는 혼자서도 언제든지 할 수 있다. 돈으로 언제나 아무 곳에서나 가능하다. 수학여행은 친구들과 서로 더 가까워지고 이해의 폭을 넓히는 공부를 하러 가는 것이다.

6장

학부모와의 만남, 관계, 소통

학부모와의 만남은 새내기 시절에도 그랬지만 경력이 쌓여도 어렵고 힘들다. 교사와 학부모가 만나서 나누는 이야기는 아이들의 학급 적응 방법이나 학습 상담이 대부분이다.

학부모 총회(교육과정 설명회), 상담 주간, 공개수업, 학예회, 졸업식과 같은 행사 때 주로 학부모가 찾아오신다. 모든 행사에 참여하는 분도 있지만 처음과 끝 행사에 한 번 얼굴 정도 비치는 분이 대부분이다. 봉사활동(교통 안전지도, 급식 봉사, 급식 모니터링)에 직접 참여하기도 하고, 아침 시간 책 읽어 주기, 학교 독서 도우미와 같이 적극 참여하시는 학부모도 계시다.

학부모 모임을 공부하는 동아리로 발전시킨 학교도 있다. 요즘은 교사와 함께 아이들 문제를 고민하고 연구하는 모임으로 발전하기도 한다. 다른 학교 모임과 함께 행사를 만들어 사회단체로 성장하기도 한다. 앞으로 사회 문화 활동을 함께 해 나가는 네트워크로 발전했으면 한다.

교사와 학부모와의 만남은 학교 차원의 행사에 머물지 말고 꾸준히 소통하는 관계로 넓혀 가야 한다. 행사로 시작했어도 자기 학급만의 이야기, 아이들 이야기로 서로의 만남이 이어졌으면 한다.

학부모는 교사로부터 자기 아이의 이야기를 듣고 싶어 한다. 해마다 커 가는 아이들의 성격과 성향, 학교생활, 친구와의 관계, 학습 적응 능력 등을 알고 싶어 한다. 교사 또한 아이들이 집에서는 어떤 삶을 사는지 궁금하다. 같은 처지다. 서로 아이들을 제대로 알려고 하는 노력이 필요하다. 그래서 함께 공부한다.

어른들도 동아리를 만들어 함께 공부해야 하지 않을까. 아이들의 성장을 위한 노력, 어떻게 도움을 줄 것인가 하는 공통된 목표가 있다. 공부 주제가 된다. 그게 함께 사는 어른들의 공부와 실천일 것이다.

1. 소통의 시작, 학부모 통신문

학부모 통신문이라고 하면 학교에서 알릴 사항이나 행사 안내 등을 제공하는 수준으로 생각하기 쉽다. 여기서는 담임이 학급의 학부모에게 보내기 위해 학급 이야기를 담아 내는 통신문이다. 이것도 학교 통신문과 같이 단순한 교육 정보와 행사 안내 수준에 머물 수도 있다.

많은 교사가 학기 초 아이들에게 각종 준비물 안내와 함께 학부모 통신문도 함께 낸다. 교사의 교육 철학과 학급운영 원칙 등을 통신문에 담아 낸다. 학부모와의 첫 만남 전에 미리 통신문으로 학급 정보를 알리면 첫 만남 때 이야기하기가 수월하다.

나는 새내기 시절에 매달 또는 매주 학부모 통신문을 냈다. 첫 호에는 담임 소개, 학급운영 목표와 방향을 설명했고, 다음 호부터는 학급에서 일어난 사건, 아이들의 시험 결과, 학급 행사나 교과 안내도 다루었다. 행사나 안내는 옮겨 싣기만 하면 되지만, 학급 사건이나 사고, 아이들의 생활 문제, 교사의 생각은 직접 글을 써야 했다. 그래서 그날그날 수업 일기를 써 두었다.

아이들이 공부하는 방법, 시험이 끝나고 나서 서로 주고받는 말, 어른들이 고민할 점, 공부 시간에 일어난 몇몇 아이의 말다툼이나 주먹다짐, 즐겁게 참여해서 공부한 내용과 같이 학급에 어떤 일들이 벌어지고 어떻게 풀어 갔는지를 통신문으로 공유했다. 공부 시간에 배운 것을 가정에서도 함께 이야기할 만한 주제로 던져 주기도 했다.

우리 반 아이들이 보고 듣고 말하고 생각하는 것들을 일기처럼 쓴 학부모 통신문은 아이들을 알아 가는 좋은 자료이자 학부모와의 관계를 의미 있고 건강하게 이어 가는 매개체가 되었다.

발행 주기

내 경우 처음에는 학부모 통신문을 한 달에 한 번 내는 것으로 시작했다. 그 후 일주일에 한 번씩 내다가, 수시로 펴내기도 했다. 학급 단위 통신문을 내지 않더라도 학교 행사 등을 안내하는 학교 통신문이 수시로 나온다. 교육과정에 따라 알려야 할 일들이 많기 때문이다. 그런 통신문은 일반적인 안내장이다.

학부모 통신문은 꾸준히 일정한 날짜에 낼 것을 권한다. 한 달에 한 번 정도 월초나 월말이 좋다. 한 달에 두 번 내는 경우 월초에는 주로 학급 행사 안내와 정보가 중심이 되고, 월말에는 학습 결과와 행사 결과, 아이들 성장 이야기, 학부모 참여 내용으로 꾸려 나갈 수 있다. 학교 안내장이 나올 때 함께 묶어서 발행해 교육과정 흐름을 함께 맞추는 게 좋다.

주제 및 내용

1) 학교 및 학급 행사 안내

보통 가장 많이 싣는 것이 행사 안내다. 안내장이 따로 가기 때문에 간단히 표로 정리하면 된다.

2) 교육 및 학습 정보

학부모가 알았으면 하는 교육과정 내용이 학습 정보다. 우리 아이들이 배우는 교육과정은 학부모가 어렸을 때 배운 교과서 내용이나 평가 방법, 교과 학습 방법과 많이 다르다. 학부모 통신문은 우리 아이들이 어떤 것을 배우고 익히는지 알려 준다. 그리고 어떻게 도와줄 수 있는지 교사의 의견도 넣어 준다. 담임교사의 전문성을 내비칠 수 있다.

학급을 운영하면서 드러나는 아이들의 학습 형태와 내용을 중심으로 엮어야 하는데, 처음에는 관찰해야 할 시간이 필요하므로 관련 책에서 따오기도 한다. 그러다가 학급 사건, 아이들의 교과 적응도, 오류, 시행착오 등 사건 중심으로 풀어 나간다.

학습 준비물도 미리 한 달 전에 안내할 수 있다. 문방구에서 사서 준비하기보다 미리 학부모의 경험이나 함께 의논해서 준비할 것이 있다. 그래서 미리 알려 주고 준비하는 것 자체가 교육적 효과와 의미가 있음을 알려 준다.

3) 학급 이야기

우리 학급만의 학부모 통신문이 되려면 우리 반 이야기가 많아야 한다. 그런 의미에서 학부모 통신문은 교사가 학급에서 일어나는 사건을 겪으며 쓰는 일종의 사설이라고 할 수 있다. 시험, 싸움, 수업 시간 아이들의 고민거리, 시사성 있는 사회 문제를 교과에서 다룬 이야기, 교과 재구성, 아이들의 생활 속 문제점과 아이들이 바라보는 눈높이를 진솔하게 써내려 가면서 교사 나름의 분석과 해석을 넣을 수 있다.

학부모에게 교사의 생각, 철학, 가치관을 느끼게 할 수도 있다. 교사나 학부모 모두 아이들을 관찰하면서 알아 가고 이해하는 데 목적이 있다. 이런 이야기를 꾸준히 이어 가면서 나중에 학부모들에게도 아이들을 키우면서 느끼고 생각한 것을 글로 쓸 수 있는 참여 기회를 줌으로써 학부모 통신문의 내용을 넓혀 나갈 수 있다.

4) 아이들 이야기, 아이들 학습 결과

학급신문이나 문집에는 자주 아이들 글이 나오는데, 특정 행사에 따른 감상문이나 보고서 따위다. 학부모 통신문에도 이런 아이들 글을 담아서 학급문집의 성격을 드러내기도 한다. 하지만 아이들 글을 합평하는 내용이 없으면 글을 보는 눈을 길러 줄 수 없다. 단지 결과물은 보여 주는 정도다. 아이들의 글을 하나하나 빠짐없이 담아 내는 정보지의 역할에 국한된다.

학습 결과물이나 아이들 이야기는 교사가 쓰는 학급 이야기(사설)와 같이 아이들이 쓰는 글에 대한 분석, 이해, 의견을 덧붙여 내용의 깊이를 더해 나갈 수 있다. 처음에는 교사가 시작하겠지만, 아이들에게도 참여하게 한다. 학급의 장점, 좋은 결과물을 뛰어넘어 객관적인 비판력을 키울 수 있도록 학급의 문제점을 고민하고 털어 낼 수도 있다. 문제점을 함께 고민해 볼 수 있는 기사를 쓰고, 다음 호에 의견을 받아서 다시 이어 갈 수도 있다.

5) 학부모 참여

꾸준히 학부모 통신문을 내면 학부모 참여 기회도 늘어난다. 의도적으로 모두가 한 편씩 쓸 기회를 주기도 한다. 학부모가 쓰는 글에는 아이들을 격려하거나 칭찬하며 희망을 주는 내용이 많다. 처음에는 한 가지 주제에 대해서 어떻게 생각하는지 설문 형태로 잡아서 모두의 의견을 담아 낸다. 모두의 참여에 목적을 두도록 한다. 공개적인 자리라 선뜻 모든 학부모가 참여하지 않을 수 있다. 이럴 때 그 자리는 아이가 대신 쓸 수도 있다.

설문 형태로 간단한 의견과 생각을 담아 내는 방법으로 시작해서 학부모의 경험이 우러나올 수 있도록 몇몇 분에게 깊이 있는 참여를 유도한다. 아이들에게 직접적인 가르침을 주기보다는 학부모가 배워 왔고 알고 있는 어릴 적 이야기를 풀어서 공감대를 높인다.

학부모 통신문은 학부모만 보는 것이 아니다. 아이들도 학부모에게 건네면서 다 보게 된다. 볼 수 있다. 엄격히 말하면 가정 통신문이란 말이 더 합당해 보인다.

6) 그밖에

졸업생, 다양한 직업의 전문가를 대상으로 한 인터뷰 기사도 따로 실을 수 있다. 통신문이 안정적으로 만들어지고 내용이 풍부해지면 이런 영역까지 생각해 보고 늘려 나갈 수 있다.

교육 기사와 시사성 있는 내용을 실어서 생각해 볼 문제를 던져 놓기도 한다. 일단 다양한 정보를 서너 번 담아 내 내용에 대한 반응을 설문으로 조사해서 자기 학급만의 내용 체계를 잡아 가면 된다.

전달 방법

학부모 통신문은 복사물로 아이들 손으로 전달을 한다. 그러면서 배달 사고(!)가 많이 발생한다. 책상 서랍, 사물함에 넣어 두고 가져 가지 않거나 책가방에서 며칠, 몇 달째 잠자고 있기도 하다.

나는 학기 초 학부모들로부터 이메일 주소를 받아서 이메일로 전달하기도 하고, 학급 누리집에 학부모 통신문 게시판을 만들어 꾸준히 올리기도 했다. 세 가지 방법처럼 보이지만, 세 방법 다 해야 한다. 복사물과 이메일은 안 볼 수 있다. 누리집에 올려 두면 언제든지 다시 찾아볼 수 있다. 또한 댓글로 자기 의견을 덧붙일 수 있어서 간단한 소통의 자리가 만들어진다. 요즘에는 다양한 SNS로 건넬 수 있다.

어떤 방법이든 복사물로 만들어서 내는 것을 기본으로 권한다. 복사물로 만들기 위해서는 기본 자료가 있어야 한다. 그런 자료로 이메일, 누리집, SNS로 소통하면서 기록하고 쌓아 나간다. 이렇게 쌓인 자료가 학급을 운영하는 데도 참고가 된다. 나중에는 학급문집에도 한 자리 차지할 수 있다. 학급에서 일어나는 여러 가지 활동이 기록으로 남을 수 있어 좋은 추억과 기억의 씨앗이 된다.

학부모들 반응

학부모들은 처음에 학부모 통신문을 안내장 수준으로 여긴다. 학교에서 각종 안내장이 나오기 때문에 자신과 해당 사항이 없으면 바로 쓰레기통으로 들어간다. 그래서 아이들에게 건넬 때 우리 반만의 이야기, 통신문, 기록이라고 잘 이야기해 준다. 함께 읽어 가면서 부모님의 반응이 어땠는지 이야기할 시간도 가진다. 서로의 부모님이 어떤 생각과 반응이었는지 알아보게 하면 아이들이 학부모의 참여를 이끌기도 한다. 또는 전체를 읽고 간단한 소감을 받아 오게 과제를 내기도 했다. 이런 의견은 그다음 호에 담는다. 참여하신 분들의 의견을 담아서 꾸준히 공개하면 대부분이 참여한다. 공개 수업 때 우리 아이가 수동적인 모습을 보이면 아쉬움이 느껴지듯 아이들도 학부모에게 그런 마음이 드는 것이다.

교사의 부지런한 노력과 학부모들의 챙겨 보는 정성이 필요하다. 귀찮고 힘들고 언제 이런 것까지 하겠냐는 넋두리가 나올 수 있다. 그러나 서로의 믿음과 진정성을 다지는 활동이 될 수 있다. 서너 번 정도 내고 나면 학부모들 대부분이 한 번쯤 보게 된다. 그때부터 호감과 관심, 믿음을 나타낸다. 학부모들과 첫 만남이 있기 전 학부모 통신문을 먼저 내면 첫 이야기의 주제가 통신문에 나온 내용이 되기도 한다.

학급교훈	학부모 통신문 6 호	9월
땀 흘리며 일하고 샘처럼 맑게 살자	# 땀 샘	6의8 땀샘반 40명 아이들 교사 최진수

아이들이 쑥 커졌습니다

늦었습니다.

방학을 마치고 2학기 들어 첫 인사입니다. 이번에는 한 달이 지나서야 글이 나오는군요.

운동회도 끝나고 그렇게 더위가 물러날 기미가 보이지 않더니, 역시 계절은 어김없이 다가왔습니다. 9월 한 달을 보내면서 우리 아이들이 참 예쁘고 착하게 많이 커 가고 있구나라는 생각을 많이 했습니다. 방학 중에 아무 사고 없이 건강한 모습에 우리 학부모님께도 감사를 드립니다.

한 달 동안 많은 일이 있었습니다.

부정 부패 사건, 자식의 손가락 절단 사건, 가스 폭발 사고 따위 여전히 좋지 않은 일들이 우리들 가슴을 아프게 합니다. 그리고 아이들 속에서도 사치스럽고 소비적인 문화가 일어났습니다.

머리를 물들이는 것, 힙합 바지, 굽 높은 신발, 스티커 사진, 컬러 머리 핀, 다이어리….

아이들의 소비를 부추기는 상술이 판을 치고, 이것을 좋아하고, 이것을 좇는 아이들. 유행에 뒤처지지 않으려는 헛된 생각에 아이들 말과 옷차림, 몸가짐이 흐트러지고 있습니다.

그 자체에 대해서는 좋고 나쁨을 신중하게 생각하고 말하여야 하지만 그런 문화가 왜 왔는지, 왜 하는지, 아무 생각 없는 행동에 안타까움이 앞섭니다.

우리 사회는 세계적으로 굶어죽는 사람들도 많습니다. 식량 사정이 어려운 북한의 현실, 직장을 잃어 버린 사람들, 어려운 가정 살림으로 가고 있습니다.

'어려울 때 아끼고 유혹되지 않고, 꿋꿋하게 살아가는 방법을 배우자'고 가르칩니다.

세상은 점점 돈 씀씀이가 커지고, 아이들을 유혹하는 먹거리와 입을 거리, 모양 거리들이 마구 쏟아지고 있습니다. 그래서 우리 아이들이 더 현혹되기 쉬운 세상으로 바뀌고 있습니다.

이것들을 이겨 내고, 뿌리칠 수 있는 마음가짐이 '마음이 튼튼한 사람'이라 생각합니다. 이런 사람이 '큰 사람'이고 철이 드는 것이라 생각합니다.

지금은 그런 것을 어른이, 선생님이 가르치고 있습니다. 왜 그렇게 하지 말아야 하는 건지, 또 유행을 따르지 못하는 것이 부끄러운 것이 아니라 자기 스스로 판단하여 당당하게 살아가는 것이 '바른 삶'이란 것을 느끼도록 가르칩니다.

우리 아이들이 스스로 그것을 알고 잘 헤쳐 나갔으면 합니다. 그렇게 하도록 해야지요. 많은 부모님도 이러한 문화와 유행에 대하여 아이들과 한 번 이야길 나눠 보십시오.

아이들 하고픈 대로 해 주는 것도 좋긴 하지만 하지 말아야 할 부분도 있다는 것을 알리고 그렇게 실천해야 할 것입니다. 물론 그에 합당한 이유를 들고 서로의 생각을 나누고 이해를 시켜야 하겠지요.

아이들이 커 가고 있습니다. 아무리 빨리 보채도, 아무리 느릿느릿해도 어김없이 아이들은 조금씩 조금씩 커 가고 있습니다. 앞으로 앞으로 걷고 있습니다. 아이들이 앞길에 놓인 장애물을 피하지 말고, 이겨 내는 힘이 필요할 때입니다.

2. 학부모가 공개수업 보는 법

수업을 봅니까? 아이를 봅니까?

공개수업이나 학부모 참여 수업이 있는 날에는 학부모, 학생, 교사 모두 바쁘다. 바빠진다. 마음도 평소보다 남다르다.

학부모는 우리 아이가 학습에 잘 참여하고 발표를 잘 할까 조마조마한 심정으로 본다.

"학부모님들! 공개수업을 하면 수업을 봅니까? 자기 아이를 봅니까?"

공개수업 하는 날 아침, 학부모들에게 먼저 던진 질문이다. 공개수업이니까 '수업'을 봐야 하는 것이 바른 답인 듯하지만 솔직하게 답하라면 아이들, 곧 자기 아이를 본다고 말한다.

"맞아요. 아이를 보죠. 아이들을 보세요!"

"…"

"혹시 공개수업 보는 법을 아시는 분 계십니까? 어떻게 보라고 교육이나 연수를 받으신 분이 있으세요?"

학교에서 공개수업을 보러 오라고 했지만, 누군가로부터 수업 보는 법을 듣거나 연수를 받은 적은 없었을 것이다.

공개수업이 있는 날, 학부모가 어떻게 움직이나 살펴보자.

먼저 교실 앞에 둔 등록부에 사인하고 지도안과 각종 안내물을 받아 든다. 교실 뒤쪽 준비된 걸상에 앉아 교실 수업을 본다. 지도안을 보면서 지도안대로 하고 있는지, 우리 애가 발표나 질문은 잘하는지를 살핀다.

어떤 수업이 좋은지, 우리 아이가 어떻게 공부하는 것이 좋은지, 수업 시간에 나타나는 아이들 반응을 어떻게 해석해야 하는지 한 번도 들어 본 적은 없었을 것이다.

공개수업은 학부모가 자기 아이의 성향, 학습 태도, 학습 방법을 제대로 알 수 있는 기회다. 아이가 어떻게 배우는지 알 수 있는 자리다.

"발표와 질문을 잘 하는 아이, 발표는 잘 하지만 질문은 하지 않는 아이, 발표는 하지 않지만 질문은 잘 하는 아이, 발표도 질문도 하지 않는 아이, 이 가운데 누가 가장 공부 시간에 잘 하는 아이일까요?"

손을 들어서 답을 해 보라고 했다. 또 우리 아이는 이 가운데 어디에 속할까 손을 들게 했다. 발표와 질문을 하는 아이가 수업 시간에 잘 하는 아이라는 답이 나온다.

"제가 한 질문이 잘못되었습니다. 누가 공부 시간에 가장 잘 하느냐는 질문 자체가 잘못되었습니다. 이런 질문을 해서는 안 됩니다. 오늘 공개수업에서 우리가 배울 것은 수업과 아이들을 보는 눈, 관점을 제대로 가지는 것입니다. 네 가지 유형 모두 다 공부 성향입니다. 어떤 유형이 좋다, 나쁘다고 할 수 없습니다."

질문과 발표는 잘 하지만 한 번의 발표만으로 그칠 수 있고, 질문과 발표를 하지 않지만 조용히 듣고 잘 정리할 수도 있다. 네 가지 유형은 평소 행동일 수 있고, 당일 수업 내용에 따라 공부하는 방법이 수시로 바뀔 수도 있다.

공개수업에서는 우리 아이가 교사와 또래 친구들과 어떤 반응과 관계로 학습에 참여하는지 살펴보아야 한다. 말이 앞서는 아이, 생각을 오래 하는 아이, 옆 사람에게 먼저 묻는 아이와 같이 각자의 성향이 있다. 그래서 수업을 살피는 데도 지도안대로 교사가 이끌어 가는가 보기보다는 아이들한테 눈이 갈 수밖에 없다. 아이들이 활동 과제를 어떻게 고민하고 풀어 가는지 눈여겨보아야 한다.

아이들 중에는 혼자 무슨 문제든 해결하려는 아이, 자기가 앞장서서 이끌어야 직성이 풀리는 아이, 정리를 잘하는 아이, 자주 물어서 알려는 아이, 무슨 말인지 몰라 참여를 피하는 아이, 도우며 함께하려는 아이, 도움을 피하는 아이 등이 있다.

학습하는 방법도, 행동도, 성향도 아이들마다 다르다. 개인별, 교과별로도 차이가 있다. 어떤 상황이든 좋고 나쁨의 기준으로 평가해서는 안 된다. 각자의 방식대로 배우려는 의지와 노력, 행동이 있으면 된다.

무슨 말인지 모르거나, 참여를 피하거나, 학습에서 소외되는 순간들을 찾아야 한다. 나무라거나 꾸중할 일이 아니다. 그런 순간을 어떻게 대처하는지 함께 고민해야 한다. 날마다 이런 순간을 겪는다. 많고 적음의 차이만 있을 뿐이다. '아, 그렇구나!'라고 깨치는 학습 쾌감을 느끼는 순간이 언제인지도 찾아보자. 그런 순간이 몰입이다. 배우는 즐거움, 자율적인 참여가 이루어지는 순간이다. 교사도 학부모도 그런 순간을 끊임없이 찾는다.

그러면 아이들의 움직임에 관심이 쏠린다. 공개수업을 보는 법이다.

자주 보아야 한다. 배움이 일어날 때와 어려움을 겪을 때를 정확히 알면 아이들에게 어떤 도움을 줄 수 있는지 방법이 절로 나올 것이다.

아이들의 질문을 끊는 지시적인 말투, 조사 학습에 참고할 책이나 답을 해 줄 이가 없는 가족, 질문하면 꾸중할까 봐 겁이 나서 말도 못 하게 하는 분위기는 아닌가도 생각해 보자.

공개수업을 보러 온 것은 아이들이나 교사의 수업을 평가하러 온 것이 아니다. 학부모도 배우러 왔다. 우리 아이를 제대로 아는 공부다. 어떤 방식과 성향으로 공부하는지 살핀다. 도울 부분을 찾자. 그러면 아이들에게 미안함과 고마움이 더 생길 것이다.

수업 공개하고 학부모와 이야기 나누기

학부모 공개수업에 열다섯 분이 오셨다.

우리 아이 관찰표를 골마루에서 나눠 주고 간단하게 어떤 관점으로 볼 것인가를 설명해 드렸다. 수업 지도안을 들고 수업을 보시라고 하면 뭘 봐야 할지 몰라 한다. 그래서 오늘은 아이들을 살펴볼 관점을 알려 주었다. 아이들의 얼굴이 잘 보일 수 있도록 교실 뒤쪽이 아닌 앞과 옆쪽으로 걸상을 갖다 놓았다.

손을 먼저 들어 질문하는 아이, 가만히 앉아 듣기만 하는 아이, 깊이 생각하는 아이와 같이 아이들이 수업에 참여하는 방법을 잘 관찰하시라고 일러 주었다. 이번 학부모 공개수업의 목표는 '내 아이 제대로 알기'다.

수업을 보러 왔지만 결국 자기 아이를 볼 수밖에 없다. 공개수업 하기 며칠 전 반 아이들에게 '내 성격에 맞는 공부 방법'이라는 복사물을 만들어 자기가 공부하는 유형을 찾아보게 했다.

이번에 오신 학부모들에게 똑같은 내용의 복사물을 나눠 주고 부모님이 보신 우리 아이의 공부 방법 유형을 써 보라고 했다. 그런 다음 아이들이 쓴 것을 보여 주었다.

"다 보시고 내 아이와 여러분이 본 것과 같으신 분 손들어 보세요."

열다섯 분 가운데 세 분이다. 이렇게 다르다. 아이 생각과 어른 생각이 차이가 난다.

그다음 관찰 표를 다시 보면서, 이번 수업에서 자기 아이가 보고 듣고 말하는 것을 관찰한 결과를 이야기했다.

막연하게 아이를 보기보다 어떤 목표를 갖고 보면 더 잘 보인다. 제대로 봐야 고칠 점과 힘쓸 점이 보인다. 보는 눈을 익히고 제대로 진단해야 진지하게 다가갈 수 있다.

우리 아이 관찰표

1. 들을 때 몸동작은?(손 위치, 다리 위치, 자세, 모양)
2. 말할 때 무슨 말이 먼저 나옵니까?(아, 저, 음, 저는…, 내 생각은…)
3. 눈은 주로 어디로 많이 갑니까?
4. 공부할 때 주로 짓는 얼굴 표정은 무엇입니까?
5. 주로 무엇을 할 때 적습니까?
6. 발표를 할 때 어떻게 행동합니까?
7. 들은 내용을 모르거나, 이해 안 될 때 반응은?

여기까지 이야기하고 자기 아이의 책상 위에 있는 책과 공책을 보도록 했다. 아이들에게는 수업을 마치고 집에 가면서 각자 자신의 서랍에 있는 책과 공책을 다 책상 위에 올려놓고 가도록 했다. 학부모들은 각자 자기 아이가 공책에 필기하는 방식이나 책을 다루는 모습, 혹은 공부한 것들을 기록한 그대로 본다.

아이들한테는 미리 말을 하지 않았다. 부모님께 보여 드리기 위해서라고 하면 행동이 달라지기 때문에 있는 그대로 보여 드릴 수가 없다. 이것은 검사가 아니다. 그동안 어떤 식으로 공부하고 기록하는지 살펴보는 것이다. 책에 낙서한 친구도 있고, 여러 색을 써서 공책에 기록한 것도 보인다. 아이들은 한꺼번에 빨리 바뀌지 않는다. 지금 상태가 앞으로 어떻게 바뀔지도 모른다. 잘한 모습, 잘된 모습, 다 잘하는 것처럼 보이게 만들 수는 있다. 하지만 그것은 '하는 것'처럼 보이는 껍데기일 뿐이다. 손님 맞이식 수업은 발전이 없다. 그것은 누구나 할 수 있다.

발전하기 위해서는 정확한 '진단'이 먼저다. 그 진단을 평가의 잣대와 잘잘못을 가리는 기준으로 삼으면 안 된다. 정확한 진단 뒤에 바뀌는 생활과 발전에 힘써야 할 것이다. 잘못된 점을 꼽을 게 아니라 보충하고 더 힘쓸 점을 찾는 기회가 되어야 한다.

끝으로 아이들에 대해 궁금한 점이나 묻고 싶은 것이 없느냐고 묻고 마쳤다.

아이가 잘 씻지 않는데 씻게 해 주라, 책가방이 무거운데 책을 학교에 놔두고 다녔으면 좋겠다는 말도 나왔다. 아이가 쉬는 시간이 없는 것 같다는 말도 나왔다. 하나하나 설명하면서 오해했거나 아이가 부모님께 뜻을 잘못 전달한 부분도 확인했다. 그래서 교사와 학부모의 소통이 필요하다. 이메일도 보내고, 통신문도 보내면서 앞으로 서로 의견을 나누었으면 한다는 뜻에 모두 공감했다.

학부모 한 분이 오늘같이 전 학년이 한꺼번에 수업 공개를 하니까 두 아이를 둔 사람은 둘 다 제대로 볼 겨를이 없다고 하셨다. 맞다. 그래서 이번에는 이렇게 하고 다음에는 우리 반만이라도 따로 해 보겠다고 말씀을 드렸다. 부모님들의 눈빛에서 드러나는 진지함이 좋았다.

평생교육과 공개수업

이번 주 학부모 대상 평생교육 시간에는 '공개수업'에 대해서도 이야기했다. 마침 토요일에 학부모 초청 공개수업이라서 주제를 잡아 보았다. 학부모들에게 지금까지 겪어 본 공개수업에 관해 물었다. 솔직하게 말씀해 보시라고 했다.

"보여 주기식입니다."

"꾸미려고 합니다."

"주로 발표만 시킵니다."

솔직한 말씀들이다.

"그럼, 있는 그대로 하면 아이들은 어떨까요?"

"…."

"아이들도 질문할 때 '제가 발표해 보겠습니다!' 반듯하게 말하고, 조용하고 잘 하는 척하죠. 그렇게 해야 잘하는 것으로 압니다. 잘해 보이려고 합니다."

"어떤 아이가 공부를 잘 하는 걸까요?"

먼저 손을 들고 답을 말하는 아이를 발표 잘하고 적극적이라고 한다. 반대로 손을 잘 들지 않고, 틀리고 잘 몰라서 가만있는 아이를 소극적이라고 한다. 그래서

"자, 그럼 이 두 아이 가운데 어떤 아이가 이 시간에 더 공부를 하는 것 같습니까?"

하고 물었다. 학부모들이 내 질문에 곰곰 생각해 보는 눈치다.

공부를 한다는 것은 무엇인가? 아는 것을 말하는 것, 모르는 것을 아는

것, 틀린 것, 애매한 것을 정확하게 확인하는 것 모두가 공부다.

아이들은 적극적이거나 소극적이고, 듣기만 하거나 말이 앞서거나 행동이 앞서는 것과 같은 다양한 태도를 보인다. 형식은 다르지만 자기만의 적응 모습이다. 지금까지 살아오면서 다져온 몸가짐이다. 그 몸가짐을 눈여겨보고 찾는 게 공개수업을 보는 한 가지 관점이기도 하다.

다른 아이보다 적극적이거나 소극적이거나 발표력이 있고 없다는 식의 상대적 평가 태도로 아이들을 보지 말자. 각자 호흡이 있고 적응 방법이 있다. 아이들은 지금 커 가고 있다. 공부 방법과 적응 정도가 다를 뿐이다. 그것을 이해하고 살폈으면 한다.

수업을 하다 보면 수업 내용에 따라 잘하는 아이, 못하는 아이가 차이가 난다. '수업 공개'는 공부를 잘 하는 아이만 보거나 잘 하는 것처럼 보이게 하는 것이 아니다.

우리 애가 다른 아이보다 빨리 안다거나 더 많이 안다고 좋아만 할 수 없다. 수업 시간에 배운 것이 아니라 이미 알고 있는 것을 확인만 하고 '생각' 하지 않은 발표가 될 수도 있다. 발표한 내용이 맞든 틀리든 드러나게 해서 틀린 것은 함께 답을 찾는 과정을 다시 겪게 한다. 그래야 격차가 줄어든다. 빨리 안 아이들은 모르는 아이들을 가르치면서 복습이 된다. 또 그 원리를 명확하게 알 수 있다.

이번 수업 공개 때는 우리 아이가 어떤 몸가짐으로 공부하는지 찾자고 했다. 지금까지 대부분의 공개수업은 두세 가지 활동에 아이들의 발표하는 모습이 중심이었다. 앵무새같이 말하는 아이들의 정답에 뻔한 칭찬, 그리고 학부모 격려가 각본처럼 이어져 왔다. 나쁘다는 것이 아니다. 이게 고정 관념처럼 굳어지고 공개수업 '행사'로 굳어진다는 것이 문제다. 공개수업의 의미가 무엇인가, 어떤 도움이 되었는지 되짚어 보자는 뜻이다. 서로에게 부담이 되는 행사가 아닌 무엇을 하나 찾아가는, 도움이 되는 시간이었으면 한다.

3. 학부모 모임에서

아이들을 만나고 나서 보름쯤 지나면 학부모들과 만난다. 학교 교육과정 설명회에 참석하고 다시 학급을 찾는다.

첫 만남이라서 개인별 상담은 힘들다. 할 수가 없다. 전체 아이들의 성향과 학급살이의 방향을 말하는 정도다. 미리 내준 학부모 통신문을 읽고 담임교사와 학급 운영 방향에 대해 미리 알고 오는 분들도 있지만, 모든 게 처음인 학부모가 대부분이다.

비교적 저학년 쪽 학부모가 많이 참여하고 고학년 학부모는 적은 편이다.

요즘은 교사들이 학급운영 목표와 방향을 프레젠테이션할 수 있게 준비해 둔다. 학급 특색도 소개하고, 교실 뒤 게시판에 며칠 동안이지만 아이들 작품도 볼 수 있게 해 둔다.

학기 초 첫 만남과 졸업식 때 한 번 학교를 찾는 분이 대다수일 수 있다. 그래서 이번 자리에는 한 해 학급운영 방향과 목표에 대해 뚜렷하게 이야기할 기회다. 2학기에도 한 번 더 교육과정 설명회가 있기는 하다. 그사이 학부모 상담 주간에도 한 번 더 만날 기회가 있을 것이다. 그래서 우리 아이들의 전체적인 성향을 알려 주고 가정에서 준비해야 할 것들도 함께 말씀드린다.

공개적으로 말하는 것을 꺼리는 부모님도 계신다. 이런 분들과는 학급 모임을 마치고 따로 개인적으로 이야기를 나눈다. 요즘은 개인정보 보호 정책 때문에 아이들이나 학부모의 인적 사항을 알 수 없다. 말하지 않으면 모른다. 어렵게 찾아 준 걸음을 고맙게 여기고 열심히 듣고 참고한다. 담임과 개별 상담이 필요하다고 하면 끝까지 들어 준다.

학부모 총회

내가 새내기 때는 가정방문 기간이 있었다. 촌지 문제가 몇 년 언론을 장악하면서 '가정방문'이 없어졌다. '교육 수요자'라는 말이 나오면서 학부모 총회, 교육과정 설명회라는 이름이 생겼다.

학부모를 맞는 일이 이제는 어느 정도 익숙해졌지만, 새내기 때는 어떻게 준비해야 할지 막연했다. 가장 힘든 일은 학급 대표를 뽑는 일이었다. 지금도 그렇다. 한때 학급별 어머니 모임이 없어지기도 했다. 역시 촌지, 회식 문제로 언론에서 문제를 삼기 시작하면서다. 그러다가 다시 최소한 학부모들과 연락 체계는 있어야 하지 않겠느냐는 의미로 다시 구성되었다. 그래도 여전히 교사도 학부모들끼리도 처음 만나자마자 선뜻 학부모 대표를 정하기가 쉽지 않다.

학부모들은 강당에서 열리는 학부모 총회에 참석해 전교 학부모 회장을 뽑고 다시 각각 자기 자녀가 몸담고 있는 교실로 들어온다.

우리 반은 열 명가량의 학부모가 참석했다. 교실에 들어서면 먼저 자기 아이의 사진을 칠판에 붙이도록 했다. 그래야 누가 오셨는지 알 수 있다. 칠

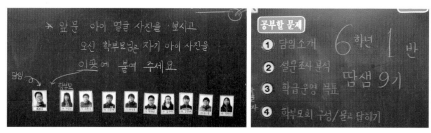

〈그림1〉 학부모 총회에 참석하려고 학교에 오신 학부모들을 위해 칠판에 아이들 이름표도 준비하고 말할 차례를 미리 써 놓았다.

판에는 오늘 이야기할 차례를 미리 적어 두었다.

전체 흐름은 우리 반과 담임 소개, 학급운영 목표와 묻고 답하기로 이어진다.

왜 우리 반 이름이 땀샘인지, 9기란 무슨 뜻인지 아이들한테 소개한 것과 똑같이 알렸다.

"선생님, 누리집을 보니까 제자 가운데 교대를 졸업한 학생도 있던데 나중에 교사로 나오면 마음이 어떠세요?"

내 누리집을 미리 보신 분이 계셨다. 나도 벌써 제자 한둘이 교사가 되었다. 난 그대로인 것 같은데 그애들을 만나면 반갑기도 하지만 조심스럽고, 한편으로 더 열심히 살아야겠다는 마음이 든다.

학급과 담임 소개가 끝나면 딱히 할 말이 없어진다. 질문을 받거나 각자 아이들 상태를 이야기하기도 하지만, 우리 반은 학기 초 설문 내용을 먼저 알려 드렸다. 아이들과 학부모 따로따로 설문지를 돌렸다. 오늘은 아이들 설문 가운데 함께 볼만한 것들을 뽑았다.

올해 어떤 아이가 되었으면 하느냐는 첫 설문. 결과를 보기 전에 먼저 아이들의 대답을 맞혀 보는 것도 재밌다. 몇 년째 해 보지만 도시 지역은 씩씩

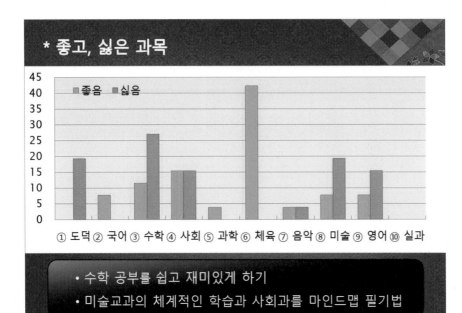

* 좋고, 싫은 과목

- 수학 공부를 쉽고 재미있게 하기
- 미술교과의 체계적인 학습과 사회과를 마인드맵 필기법

〈그림2〉 학부모에게 미리 설문지를 돌려서 그 결과를 공유한다.

하고 건강했으면 한다는 의견이 많고, 농촌 지역은 공부를 잘 했으면 한다
는 의견이 많다. 하지만 최근에는 대부분 공부를 잘 했으면 하는 쪽이다.

다음으로 좋아하는 과목이다. 지난해까지는 수학을 좋아하는 아이들도
많고 싫어하는 아이들도 많았는데 올해는 체육이 월등히 많다. 눈여겨볼
점은 도덕과 미술을 싫어한다는 것이다. 좀 특이하다.

이어서 공부하는 방법, 모르는 것이 있으면 어떻게 해야 하나, 공부 시간
에 발표는 어떻게 하느냐는 답을 보면서 아이들의 마음을 살펴보았다.

학부모님의 어린 시절과 견주어 보기도 했다. 주로 책을 보고 공부하거나
외우는 방식이 여전히 많았다. 모르는 것은 부모님께 묻는 경우가 많아서

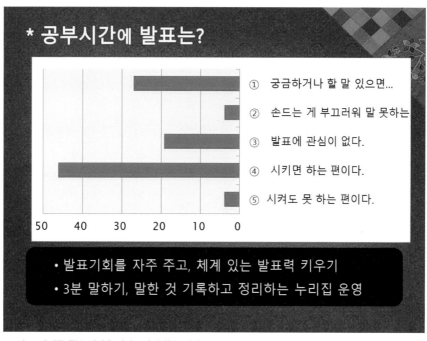

〈그림3〉 아이들 공부 방법을 알아보면서 학습 상태를 진단한다.

소통 문제도 생각해 보았다.

부모님들은 대부분 아이들을 꼼꼼하게 챙기셨다. 아이들은 주로 텔레비전을 보거나 게임·인터넷을 하면서 쉬는 시간을 즐겼다. 소통하는 여가가 아니다. 공부를 방해하는 물건도 텔레비전이 단연 첫 번째다. 컴퓨터를 가장 많이 하는 건 아닐까 하지만, 해마다 설문해 보면 텔레비전 보기가 가장 많았다.

아이들은 책을 빌리거나 사서 읽기도 하지만 질적인 독서 습관은 잘 형성되지 않는다. 흥미 위주 만화책을 자주 보는 편이다. 이런 점을 어떻게 고쳐 나갈 것인가 학급운영 차원의 고민과 연구가 필요하다.

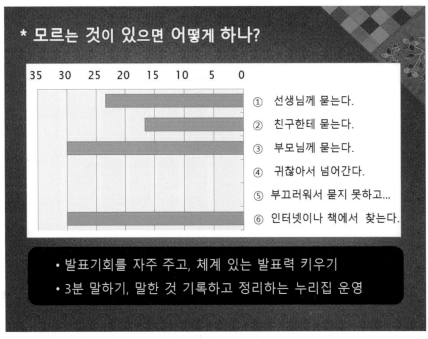

* 모르는 것이 있으면 어떻게 하나?

| 35 | 30 | 25 | 20 | 15 | 10 | 5 | 0 |

① 선생님께 묻는다.
② 친구한테 묻는다.
③ 부모님께 묻는다.
④ 귀찮아서 넘어간다.
⑤ 부끄러워서 묻지 못하고...
⑥ 인터넷이나 책에서 찾는다.

• 발표기회를 자주 주고, 체계 있는 발표력 키우기
• 3분 말하기, 말한 것 기록하고 정리하는 누리집 운영

〈그림4〉 설문 결과를 함께 공유하면서 그 해결책을 함께 이야기한다.

나는 아이들의 사물함에 독서 기록표를 붙여 둔다. 모두 열 가지 종류별로 목록을 만드는데, 총류/백과사전, 시집/글 모음/문집, 자연/환경/과학, 예술/미술/음악, 위인전 따위로 만들고 한 권씩 읽을 때마다 스티커를 붙이도록 한다.

설문 결과로 올해 우리 반에서 힘써야 할 부분이 나왔다.

재미있게 생각하는 공부가 바탕이 되게 하고, 솔직하고 자세히 말하기를 하여 부담 없이 질문과 답을 할 수 있는 분위기를 만들어야 했다.

누리집도 운영하고 학급문집도 만들 것이다. 여러 가지 매체를 제대로 활용하는 법도 익힌다. 방법보다는 활용도에 더 힘써야겠다. 책을 읽는 힘은

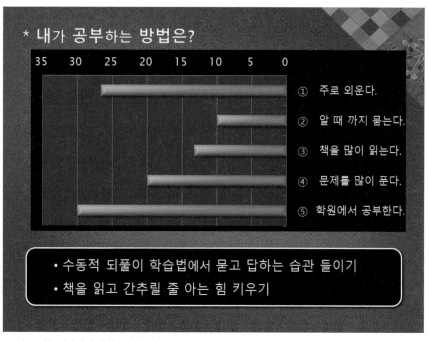

<그림5> 설문 결과에 따라 학급에서 힘써야 할 부분을 결론지어 말한다.

학급 문고를 활용한다. 내가 그동안 사 모은 책을 아이들이 체계적으로 읽을 수 있도록 힘쓸 것이다.

다음으로 학급운영에 따른 질문을 받았다.

공부가 될까 하고 학습 만화책을 읽혔는데 만화책을 읽고 나서는 다른 책을 보지 않는데 어떻게 해야 하느냐는 질문을 받았다. 스스로 읽을 수 있도록 만화책이 징검다리 역할을 했으면 하는 마음이지만 현실은 그렇지 않다. 그러나 다음 책은 글이 중심이 아닌 그림이나 사진이 많은 책으로 준비해서 읽어 주거나 함께 읽으면 좋겠다. 그리고 학부모도 공부하는 분위기를 만드는 것이 중요하다. 그런 의미에서 학부모와 교사가 함께 소통할 수

〈그림6〉 독서 기록표를 사물함에 붙여서 아이들 상태를 알아보게 했다.

있는 만남이 꾸준히 이루어져야 한다.

"언제든지 개별 상담하러 오세요. 우리 학급은 항상 열려 있습니다. 수업도 보러 오세요."

학부모 대표를 뽑을 시간이다. 왜 뽑아야 하는지 까닭을 이야기하고 절대 학부모 대표라 해서 각종 행사에 밥을 사거나 무엇인가 기부를 해야 한다는 생각을 하지 마시라고 했다. 그런 걱정이 더욱더 학부모 대표를 꺼리게 한다. 내가 절대 그런 것은 막을 테니 걱정하지 마시고, 예전에 문제가 되었던 촌지나 학부모 회비 같은 것도 없다고 했다. 해서도 안 된다고 잘라 말했다.

교육과정 설명회 학부모 모임

학교 교육과정 설명회와 함께 학부모 총회가 열렸는데, 이번에는 전체 모임 자리에서 내가 학부모 연수 강의를 하게 됐다. 주제는 '학습 동기와 칭찬'이었다. 학부모가 많이 모이는 이런 기회를 이용해 학교 교육과정 안내에 덧붙여 학교 폭력 예방 교육이나 각종 안내가 함께 이루어진다. 그래서 자칫 지루해지거나 학급 모임 시간이 늦어질 수 있어 시간 운영을 잘 해야 한다.

40분이다. 이야기를 풀어 내려면 부족한 시간이다. 그렇다고 연수를 들으려고 오래 앉아 있기에는 좀 그렇다. 애매한 시간이지만 제대로 무엇인가 알고 갔으면 하는 바람이라 며칠 고민을 했다. 길게 이야기할 상황이 아니라 영상 몇 개를 준비해서 이야기를 엮어 만들었다.

아이들 일기장에 나타난 무기력증, 몸 성장과 정신 성장 곡선의 의미, 착시 현상으로 본 마음의 중요성과 동기 알기, 외적 동기와 내적 동기 실험 영상, 칭찬이 역효과로 이어지는 사례로 구성해 보았다.

영상 서너 편은 집중력을 높인다. 교육과정 설명회 강의는 처음이다. 두세 시간 넘게 하는 강의보다 40분밖에 안 되는 강의에 더 준비를 많이 한 것 같다. 강의를 마치고 교실에 들어와 우리 학급 부모님들을 맞았다.

올해는 아홉 분이 오셨다. 정겹게 둘러앉아 올해 우리 학급 아이들과 함께할 삶 이야기를 풀었다.

〈그림7〉 학급 모임에 참여한 학부모는 자기 아이 이름표를 칠판에 붙이게 한다.

내 소개부터 했다. 지금까지 다녔던 학교, 땀샘이란 이름의 뜻, 우리 반에서 배우고 익힐 중요한 활동 내용을 설명하고 특색 있는 학급 활동도 알렸다. 학부모들의 질문 시간이 되자 모두들 공통적으로 '아이에 대한 걱정거리'들을 풀어놓는다. '문제점'에 초점을 맞추신 것 같다. 모두 한마디로 정리해 드렸다.

모두가 정상적인 아이들이다. 성향과 성격 차이만 있을 뿐이다. 덜렁대는 것도, 게으른 것도, 귀찮아하는 것도, 멍 때리는 것도 다 그 나이 때 아이들이 지니는 자연스러운 과정이다. 그런 부분을 고쳐 주는 게 아니라 스스로 노력해서 줄여 나가는 노력이 '커 가는 즐거움'이다. 사는 재미다. 크고 깊은 믿음으로 기다리고 품어 보자고 했다.

다들 아이들한테 '선생님이 좋다'는 말을 들었다고 고맙다고 하신다. 내가 더 고맙다. 아이들에게 고맙고, 찾아오셔서 다시 고맙고, 그 말을 듣고 이야기해 주셔서 또 고맙다.

교사에게 가장 큰 선물은 아이들한테, 학부모에게, 가까운 선생님들에게 인정받는 느낌일 것이다. 누구에게나 인정받는 느낌이 큰 보람이다.

4. 학부모 상담

상담에는 예고가 없다

새내기 때는 학부모와의 만남이 어색하고 어려웠다. 무슨 말로 대화를 이어 갈지 머뭇거렸다. 서로 눈치를 보면서 어색해했다.

30대까지 내가 겪어 본 학부모들은 세 가지 유형으로 나눌 수 있다. 지금은 많이 바뀌었다. 학부모들 성향이 더 다양해졌다. 상담 기간에 오시면 미리 아이에 대한 정보를 준비하기 때문에 할 이야기를 어느 정도 갖춘다. 그런데 예고 없이 상담 신청이 들어올 때가 있다. 때로는 학교 폭력이나 싸움, 다툼으로 문제가 생겨서 만나기도 한다. 아이들끼리 싸움도 있지만 아이와 교사의 신경전, 다툼으로 전화 상담이 이루어지기도 한다.

상담 분위기는 학기 초 학부모 총회 때 만났을 때나 상담 기간과 별반 다르지 않다. 학기 초는 학급 전체에 대한 방향, 목표를 이야기하고, 학부모 상담 기간에 비로소 개별적으로 이야기를 한다. 상담 주간에 찾아오는 학부모는 나름대로 아이들에 대한 관심이 높다. 직장을 다니는 경우 일부러 시간을 내 오시기도 한다.

나는 매년 새학기가 되면 아이들 개인별로 카드를 만들어 둔다. 평소 아이들을 관찰한 내용을 적어 둔다. 요즘은 스마트폰 앱 문서나 기록 프로그램을 활용하기도 한다.

아이들의 학습 유형, 학습 습관, 집중력, 좋아하는 과목, 좋아하는 학습 형태, 모둠 참여 현황, 과제 해결 능력, 독서 몰입도, 친구 관계 등을 기록해 두었다가 학부모 상담 때 참고 자료로 활용한다. 특히 아이가 좋아하는 것에 대한 정보를 학부모에게 알려 주면 깊은 신뢰감을 보인다.

우리 애는 내가 더 잘 알아요

"너희 선생님, 뭐 교대 나왔다고?"

"그런 대학 나와서 뭘 배웠겠냐?"

요즘은 워낙 교대 경쟁률이 높아 다르겠지만, 예전에는 교사들 실력이 고만고만할 텐데 뭐 별것 있느냐 여기는 학부모도 있었다. 그래서 자기 아이들에게 한 번씩 툭 건너가는 말로 선생님을 얕잡아 보고 무시하는 말을 하기도 했다. 그런 모습에 익숙한 아이들은 다짜고짜 선생님 비판을 먼저 하거나, 선생님 말을 믿으려 하지 않는다. 물론 집에서도 늘 불만이고 의심이 가득했다.

이런 학부모들은 담임교사를 만나면, 교사라기보다는 자기보다 '어린' 사람으로 여기고 반말 가까운 말로 슬그머니 무시하기도 한다. 지금은 그런 사람이 거의 없지만, 그런 분을 만났을 때는 화를 내지 말고 차근차근 이야기 주제를 아이 쪽으로 파고들어야 한다. 상담 목적이 아이 문제일 경우가 많기 때문에 사실 하나하나를 확인해 가면서 이야기를 푼다.

그런 건 안 해도 돼

"그런 건 안 해도 된다. 학원 공부나 해라."

"선생님이 내준 건 나중에 하고 학원 공부나 열심히 해!"

아이들 일기장에 비춰진 일부 학부모 모습이다. 학급에서 내준 과제보다 학원 공부를 우선시하는 말 한마디가 아이들의 생활을 바꾸어 놓는다. 이런 환경에서 자란 아이들은 늘 학원을 우선시하고, 방과 후 학원 시간이 조금이라고 늦으면 부모님한테 전화를 해서 다음 행동의 지시 사항을 전달받는다.

때로는 청소를 하고 있는데 학원에 가야 한다며 빼 달라고 요청하기도 한다. 이럴 때 요청사항을 허락하면 다른 아이들에게도 영향이 있고, 방과 후까지 해야 할 과제는 손도 못 되게 된다. 냉철하게 자기 역할을 다해야 한다는 원칙을 말해야 한다.

이런 요구는 전화로 많이 한다. 아이가 조금이라도 불이익이나 손해를 볼 상황이다 싶으면 아이 말만 믿고 전화부터 하기도 한다.

아이들만 맡겨 놔서 죄송해요, 선생님만 믿겠습니다

"선생님, 우리 아이 많이 때려 주이소."

"아이만 맡겨 놓고 제대로 찾아뵙지 못해 죄송합니다."

맞벌이를 하거나 먹고사는 데 정신이 없으신 학부모 대부분이 건네는 말이다.

미안해하고 인사치레 같아도 정감이 있다. 대부분 그렇다.

이런 분들은 늘 생활하기에 바빠 아이들에게 신경을 제대로 써 줄 겨를이 없다. 그래서 아이들이 너무 까불거나 많이 소심하다.

생활에 쫓기다 보니 엇나가는 아이들 행동에 마음의 상처를 크게 받기도 한다. 학교에서 한 번 만나기가 쉽지 않다. 그래서 그런 분이 오시면 막연한 이야기보다는 아이에 대해 자세히 이야기해 주고 어떤 것이 모자라고 잘 하는지 자세히 알려 주면 믿음을 쌓을 수 있다.

아이들이 살아가는 모습을 통신문으로 잘 알렸으면 한다. 학기 초 한 번 학교에 찾아오시는 분도 있지만, 그것이 마지막이 되기도 한다. 교사가 가 정 방문을 하거나 통신문과 같은 소통의 방법을 다양하게 펼치며 노력하는 모습을 보이면 좋겠다.

7장

부대끼며 배우고
알아 가는 삶

아침 시간, 쉬는 시간, 점심 시간, 마칠 시간에도 끊임없이 배움이 일어난다. 의도적인 가르침뿐 아니라 다툼과 갈등, 고민의 시간도 학급 삶의 한 부분이다. 문제 상황이 일어나면 빨리 어떤 판결이나 결말을 내야 한다는 생각도 있고, 마땅한 결론 없이 꾸중으로 비켜 가기도 한다. 이런 생각지도 않은 일이 학급에서 자주 일어난다. 가르치지 않은 일과 사건을 조정하고 고민하며 깨친다. 스스로 얻는 배움이다.

앎은 삶을 위해 존재한다. 삶의 문제를 해결하려고 배운다. 배움이 쓰이는 곳이 삶이다. 그래서 우리는 끊임없이 고민과 성찰하는 공부를 한다. 아이들과 삶(학급살이)이 해마다 다르고 새로운 까닭은 저마다 사는 방식과 푸는 방법이 다르기 때문이다. 혼자보다 둘, 셋, 모둠끼리 소통과 관계에서 다양하고 많은 배움이 일어난다. 물론 배움은 혼자서도 가능할 수 있다. 그러나 아이들과 함께 겪으며 교사도 날마다 성장한다. 귀찮고 짜증 나는 문제 상황인지, 함께 풀 성장의 기회인지, 배움이 필요한 소통의 자리인지 교사(어른)의 교육철학과 신념, 성찰에 따라 거부와 수용, 회피와 기회, 무시와 활용으로 받아들이고 적용하면서 삶의 빛깔이 만들어진다. 자기 빛깔을 찾아간다.

배려, 양보, 무관심, 귀찮음, 의지, 복종, 비판, 도움, 기다림과 같은 상태가 감정을 변화시킨다. 혼자 또는 상대와 부딪히면서 갖가지 감정도 배운다. 삶에서 보고 듣고 말하고 생각하면서 앎을 찾는다. 앎과 삶에 대한 의미, 삶을 가꿀 좋은 기회가 아닐까. 학교는 삶과 앎이 함께 어우러져 삶 앎, 즉 사람이 올바른 삶에서 건강한 앎을 가꾸어 가는 곳이다.

1. 생활지도 시간은 따로 없다

예고 없는 갈등 상황을 성장의 기회로

자료를 풍부하게 준비해도 수업이 뜻대로 흐르지 않을 경우가 있다. 그래서 어느 날, 가르치고 배우는 흐름을 다양하게 바꿔 보기도 했다. 아이들 스스로 가르쳐 보기다. 가르치면서 느끼는 감정과 과정이 아이들과 교사에게 공부를 어떻게 해야 하는지 되돌아보게 한다. 아이들이 시키고 대응하며 말하는 모습에서 평소 교사의 교수법을 확인할 수도 있다. 또한 가르치면서 뚜렷하지 못한 개념, 어떤 순간에 헤매는지도 살필 기회가 된다.

아이들의 행동과 문제 상황, 미처 못 갖춘 과제물과 준비물 때문에 수업이 자주 멈추기도 한다. 이럴 때는 왜 준비물과 과제를 못 챙겼는지, 꼭 챙겨 오도록 다짐을 받거나 생활지도 시간으로 중심이 옮겨진다.

생활지도 시간은 따로 없다. 수시로 예고 없이 생활을 봐 주고 잡아 줘야 할 상황이 일어난다. 아이들에 대한 문제 인식과 해결 방법에 대한 고민을 공유하는 것도 중요하다. 이런 상황에서 어떻게 대처하느냐에 따라 학급 빛깔이 드러난다. 계획된 교과 시간보다 예고 없이 찾아든 갈등 상황이 오히려 교사에게 큰 성장의 기회가 된다. 무시하며 넘길 것인가, 늦더라도 함께 풀어 갈 것인가에 따라 아이들이 교사를 보는 눈과 학급살이 방향이 달라진다.

아이들끼리, 아이들과 교사의 서로 주고받는 말에 잘못된 인식이나 편견이 보이기도 한다. 어떻게 자라는지 느껴지는 듯하다. 그냥 넘길 일도 있지만 제대로 짚어 줄 말도 있다. 말은 말로 푼다. 차분히 설명하며 오해와 편견을 고치기 위해 다양한 삶의 이야기를 본보기로 든다. 그러면서 어제보다 나은 내일의 삶을 준비한다.

또래 선생님 수업

또래 선생님 수업은 아이들이 직접 수업을 하는 것이다. 수학 시간에 둘씩 나와서 20분 정도 수업을 해 보라고 아침에 미리 두 아이에게 시켰다. 원의 넓이 어림까지는 했는데 그 뒷부분을 해보라고 했다. 쉬는 시간 둘이서 열심히 계획을 짠다. 셋째 시간이 수학 시간이다. 미리 칠판에 오늘 배울 내용을 써 놓았다. 책을 펴서 직접 보일 부분을 만들어 실물 화상기 위에 올리고 이야기한다. 내가 하는 방식이 그대로 뚜렷하게 보인다.

"선생님! 딴짓하는 아이도 있는데 뭐라도 해야겠지요?"

"자, 그럼 여러분도 부록 뒤에 스티커를 떼서 붙여 보세요."

원의 넓이 공식이 나오는 과정을 풀 수 있도록 칠판에 이름표 하나 붙여서 풀 사람을 정했다. 나와서 풀 기회를 주었는데 첫 사람은 모르겠다고 하니 두 번째 아이를 시켰다. 또 머뭇거리니까 세 번째 아이까지 시켰다. 시켜서 풀 때는 앉아 있는 아이들이 봐야 한다. 몇몇은 부록에 나온 자료를 만지작거리느라 정신없다. 빈칸에 답 쓸 사람 하나를 꼽았다.

원을 쪼개서 직사각형으로 바꾼 것에 가로세로 길이를 곱하면 원의 넓이 공식이 된다. 그 과정을 식으로 써 놓은 곳에 답을 쓰면 된다.

불려 나온 아이는 마지막 부분인 '반지름×반지름×3.14'만 썼다. 과정을 쓰지 못했다. 그래서 또 한 사람을 시켰다. 여기까지 20분이 지났다.

쭉 지켜보니 웃음이 나왔다. 이게 내 모습이구나.

쉬는 시간 미리 칠판에 공부할 내용을 써 놓는 것, 번호를 붙이며 중요한 부분은 비워 둔 것, 실물 화상기로 보인 것, 얼굴 사진을 붙여 미리 풀 사람을 정한 것, 과정과 확인도 모두 아이들에게 시키는 것, 집중 안 하는 사람을 골라 시키는 것. 그대로 나왔다.

남은 20분은 이 과정에서 잘못 쓴 부분을 고쳤다. 그리고 무엇보다 중요한 질문이 하나 있었다. 원의 넓이 공식이 나오는 과정에 답을 못 하고 결론만 쓴 아이가 왜 공식은 아는데 과정은 모르느냐는 질문이다.

"왜 답만 맞고 그 과정을 몰랐을까?"

"…."

"반지름 곱하기 반지름 곱하기 3.14란 공식은 알고 있었니?"

"네."

"학교에서 배웠냐?"

"아뇨. 학원에서 알았어요."

"그럼 조금 전에 나와서 한 것은 네가 아는 것을 그대로 쓴 거네."

"네."

"그럼 이 시간에 네가 안 건 뭐지?"

"…"

"여러분 가운데 미리 공식을 알고 있는 사람?"

3분의 1 정도가 손을 든다.

"결론만 알고 이 과정을 몰랐다면? 이 사람은 이번 시간에 공부한 거예요? 배운 게 있어요?"

"…"

"여러분! 공식이 나오는 과정이 오늘 배울 내용입니다. 이 과정을 알지 못하면 배운 게 없죠. 공식만 안다고 다 안 게 아닙니다. 공식을 넣어 계산하는 것을 연산이라고 합니다. 단순 연산, 계산만 한 것이죠. 수학은 논리적인 생각이 중요합니다. 그 과정을 이해하지 못하면 응용 문제나 문장식을 어떻게 세워야 하는지도 잘 모릅니다. 식 자체를 세우기가 힘들어집니다. 우리는 그 식을 세우는 공부를 하고 있습니다."

안다는 것, 공부, 학습이 뭘까?

모르는 것을 아는 것, 왜 그렇게 나왔는지 원리를 깨치는 것이다. 머리에 담기만 한다고 아는 게 아니다. 내 입으로 남에게 말할 줄도 알아야 한다. 설명할 줄 알아야 한다.

또래 선생님 수업을 자주는 못 하지만 한 달에 몇 번씩은 할 것이다. 남을 가르쳐 보면 자연스럽게 아는 게 많아진다. 정확하게 알아야 설명을 할 수 있다. 뚜렷이 아는 것과 대충 아는 것이 드러난다. 안다고 했지만, 설명 못 하는 것도 드러난다.

공부한 것을 다른 사람에게 설명해 보면 무엇이 막히고, 뚜렷하지 않고, 대충 아는지 드러난다. 드러나야 고쳐서 제대로 알 수 있다. 드러나는 것을 두려워하거나 부끄러워하거나 숨기려 하면 안 된다. 제대로 고치며 아는 것이 진짜 공부다.

부끄럽거나 쪽팔려서 감추는 마음부터 없애야 한다.

공부 감정, 공부를 할 수 있는 감정, 공부에 도전하는 감정, 공부를 알아 가는 감정을 말하고 느끼고 공유하면서 부담감을 없애는 노력을 학급에서 공개적으로 이야기하며 서로 격려하고 공감을 나누는 분위기가 되어야 한다. 수업 시간에 실패하라, 실수하라, 모르는 것을 말하라. 모르는 것을 모른다고 하라, 안다는 것도 의심하라. 그래야 생각하고 집중하고 고민하면서 깨칠 수 있다. 스스로 깨친 것은 머리에 오랫동안 남는다. 알아 가는 기쁨은 내가 모른다는 것을 말하는 것에서부터 출발한다.

체육 시간

체육 전담 교사였던 한때 점심시간에 한 아이가 다가왔다.

"선생님, 체육 해요?"

"그럼, 체육 하지."

"뭐 하는데요?"

"책에 있는 그대로 하지. 왜?"

늘 체육 시간이 되면 학급마다 이렇게 체육을 하느냐고 묻는 아이가 꼭 한둘 있었다. 대수롭지 않게 여기고 급식소로 가는데 또 서넛 아이가 묻는다.

"선생님, 체육 해요?"

"그럼, 체육 하지."

"진짜 해요? 매주 할 거예요?"

자꾸 같은 질문을 하기에 아이들한테 무슨 일이 있었는지 궁금했다.

"그럼 당연히 하지. 수학 시간에 '수학 해요?' 하고 묻는 것과 같네. 작년에는 체육 안 했냐?"

"네, 안 했어요. 일 년에 한두 번밖에 안 했어요."

"그래? 왜 안 했지?"

"몰라요. 4학년 때부터 그랬어요."

"그럼, 그 시간에 뭐 했는데?"

"수학이요!"

언뜻 이해가 되지 않았지만, 아이들 앞에 '그런 게 어딨어! 그렇게 하면 안 되는데'라는 눈치는 보이지 않으려고 했다. 짐작이 간다. 작은 학교에서 각종 행사에 동원(!)되느라 많은 시간을 빼앗기자 체육 시간을 잡아 두었을 것이다. 다른 교과보다 기초부터 단계를 차근차근 밟아야 할 수업이 수학이다. 한꺼번에 공부가 되지 않으니 틈틈이 수학 진도를 나가야 한다는 생각에 체육 수업 대신 수학을 공부했을 것이다. 이런 상황을 어느 정도 이해하니까 아이들 마음을 알아도 듣고만 있을 수밖에 없었다.

행사에 쫓기다 보면 교육과정을 맞추기가 힘들다. 이런 어쩔 수 없는 교사 중심의 자기 주도적 수업(?) 때문에 아이들의 교과 학습과 교사의 학급 운영이 불균형에 빠진다.

"시간표대로 다해야지, 선생님은 다할 거야."

다섯째 시간인 체육! 저번 시간의 줄 서는 법에 이어, 운동장을 뛰고 준비운동하는 것을 했다. 교과 내용을 중심으로 펼쳐진다. 1학년 아이들처럼 선생님이 나오기를 기다린다. 나오니까 우르르 모여든다. 미리 모여서 준비하는 것도 서툴다. 아이들답다. 한 시간으로 어찌 다 완벽하게 되겠는가.

매트를 깔아 두고 균형 잡기를 했다. 평소 공차기를 열심히 하던 아이들이라 유연하고 잘 할 것이라 기대했는데 무뎠다. 그래도 매트를 깔아 놓고 보니 유치원 아이들처럼 신기하고 좋아서 싱글벙글이다. 빨리 자기 차례에 또 했으면 하는 얼굴들이다. 아침에 흐렸던 날씨가 해가 나와서 쨍쨍했다. 가만히 서 있는데 따뜻했다.

선생님, 체육 못 하겠어요

"선생님, 저 체육 못 하겠어요. 엄마가 체육 하지 말래요."

날씨가 따뜻해지자 하나둘씩 체육을 못 하겠다는 말이 나온다.

"그래, 어디가 아프니?"

"다리가 아파요."

"다리가 왜?"

"어젯밤부터 조금씩 찌릿찌릿하고 당겨요."

"어제부터 아팠어? 못 걸을 만큼 아파?"

"아니요. 걸을 수는 있어요!"

"무엇 때문에 그런 것 같아?"

"엊그제 축구를 많이 해서 그런 것 같아요."

"그럼 근육이 뭉친 거네. 근육이 뭉쳤으면 운동을 하면서 풀어야지. 자! 힘들어도 자꾸 움직이자!"

손가락에 가시가 박혔거나, 다리가 삐었거나, 배앓이를 해서 아파서 체육을 못 하겠다는 말을 쉽게 한다. 못 하겠다고 결정해 놓고 통보한다. 그러면 언제 어떻게 아픈지 들어 보고 참을 만하면 운동을 하라고 일러 준다.

"그래, 어디가 아픈데?"

"새끼발가락이 아파요."

"새끼발가락이 왜?"

"발가락이 붓고, 걸으면 따끔해요."

"그래, 한번 보자. 그런데 보건실에는 갔다 왔니?"

"아니요. 그냥…."

"보건실에 가서 보여드리고 체육을 해도 되는지 알아보고 오너라."

아프다는 애들을 살펴보면 정말 아픈 애들도 있지만, 체육이 하기 싫거나 빠지고 싶은 눈치가 보이는 애들도 있다. 그래도 아픈 아이처럼 대하고 보건실에 다녀오도록 한다. 보건 선생님께 보이고 물어 보고 오게 한다.

교사에게 어떻게 얼마나 아픈지 자세히 이야기해야 보건실로 보낼 것인지, 쉬게 할 것인지, 조퇴시킬 것인지, 계속 참여시킬 것인지 판단할 게 아닌가. 결론부터 지어 놓고 말해 버리니 승낙 여부만 물어서는 안 될 일이다.

감기에 걸렸으니 수업을 못 하겠다는 말은 스스로 진단하고 결론까지 내린 다음 선생님께 통보만 하는 셈이다. 물론 정말 아픈 아이도 있다.

말의 문제다. 자세히 이야기하지 않으니 자꾸 캐묻는다.

각 반 선생님께, 아이들이 아프다고 하면 "아프니까 수업 못 하겠어요."라고 말하지 말고, 어디가 어떻게 얼마나 아픈지 말하게 하라고 부탁했다. 물론 체육 시간에 아이들한테도 말했다. 그렇게 말하면 속여도 그대로 믿겠다고 했다.

자세히 어떤 상태인지 들어야 도와줄 수 있다. 조그마한 통증은 학교 보건실을 이용하면 해결할 수 있다. 많이 아프면 부모님께 알려서 병원에 빨리 가도록 해야 한다.

과제 안 한 아이들

교실 칠판 왼쪽 위에 도덕, 미술, 과학이라 써 놓고 그 밑에 과제 안 한 사람들의 이름을 써 놓았다. 이 네 가지 가운데 한 가지라도 하지 않는 사람을 세웠다. 반 가까이 일어섰다. 왜 그렇게 미루고 안 하는지 차례대로 이야기해 보라고 했다.

까닭은 많았다. 부모님이 늦게 들어와서 하지 않았단다. 언제쯤 오시냐고 하니까 다섯 시쯤 오신단다. 그럼 다섯 시쯤 집에 부모님이 오는 사람은 손을 들어 보라니까 대부분이다. "그럼 8시, 9시쯤 오시는 분은?" 하니까 그것도 열 명 가까이 손을 든다. 부모님이 숙제를 하는 것도 아닌데 꼭 부모님이 있어야 하냐고 묻자 할 말이 없는지 머뭇거렸다. 말을 못 할 다른 까닭이 있는 것 같아 넘어갔다. 그다음으로 책이 없어서, 할 시간이 없어서, 바빠서, 잊어버려서, 노느라고 못 했다는 아이들도 많았다. 할 시간이 없는 까닭을 물어 보니 5시까지 학원 갔다 오면 시간이 없단다. 그래서 과제를 낼 때는 일주일 전에 이야기하고, 공부하고 난 뒤 또 일주일을 주고, 또 일주일을 기다렸는데 그건 말이 안 되는 것 같다. 챙겨 보면 틀림없이 한두 시간이 나올 만하다. 그럼 컴퓨터 게임은 하냐고 물으니까 한단다.

"하루에 몇 시간 하는데?"

"두 시간요!"

하루 두 시간이면 나흘이면 여덟 시간이다. 앉아 있던 아이들이 "아이~" 하고 탄성을 지른다. 한 아이는 노느라고 못 했다고 했다.

"그래, 놀고 난 뒤 몇 시에 집에 가는데?"

"3시 반이요."

"야이~"

또 앉아 있는 아이들이 자기들도 한심하다는 듯 한숨을 쉰다. 또 한 아이는

"은영이가 친구 것 빌린 것은 안 친다고 나가라 해서 나왔어요."

한다.

"그럼 선생님께 물어 봤니?"

"아니요!"

"좋아, 그럼 그렇게라도 한 것은 선생님께 보였니?"

"아니요!"

"휴-"

또 앉아 있는 아이들의 한숨 소리가 들린다. 마지막 한 아이는

"엄마, 아빠, 누나가 안 도와줘요!"

한다.

"알림장을 한 번도 안 보여 줬어요."

하는 아이도 있다. 숙제를 안 했거나 못 한 여러 가지 까닭을 다 듣고 보니

힘이 빠진다.

요즘 아이들은 다 그런가?

한 사람 한 사람 까닭을 듣는데 나보다 더 반 아이들이 한숨을 쉬고 있다.
화내고 싶고 꾸짖고 싶은 마음이 턱 아래까지 치고 올랐지만, 다른 말은 하
지 않았다. 그냥 다 들어 줬다.

또 일주일 시간을 줄 테니 하라고만 했다. 그때도 안 해 오면 또 세워 놓
고 물어 볼 것이다. 할 때까지 화내지 않고 들어 주고 기회를 주고 기다리기
로 했다.

2. 말로 상처받고, 말로 푸는 싸움

드러나는 싸움, 드러나지 않는 싸움

학급에서는 주먹이나 발로 치고받는 싸움 말고도 말싸움, 감정싸움, 눈싸
움도 있다. 교사 눈에 보이지 않는 싸움도 여럿 된다. 싸움을 완전히 없앨
수는 없다. 겉으로 드러난 싸움은 막으려고 노력하지만, 드러나지 않는 싸
움은 조금씩 쌓여 일순간 튀어나오기도 한다.

싸움의 원인은 대부분 말과 감정에서 시작된다. 누구에게는 장난인데 상
대는 장난이 아니다. 그래서 감정이 상해서 상처 주는 말, 주먹, 발이 먼저
나온다. 그러면서 이어지는 말과 행동이 좋을 리 없다.

싸움의 출발점이 한 박자씩 차이 나면서 서로가 피해자라며 싸우기 시작

한다. 짧은 순간 문제 상황에 대한 인식의 차이와 공유가 이루어지지 않아서 그 이후 행동이 과격해진다.

그럴 때마다 싸움의 출발점을 찾아 하나씩 풀어내야 한다.

싸운 아이들만 따로 불러 이야기도 하지만, 모두가 보는 앞에서 함께 풀었으면 하는 상황도 있다. 자주 일어나는 다툼 상황은 오히려 공개해서 반 아이들과 공유해서 풀기도 한다. 공개해서 풀어 가는 과정이 다음번 일어날 사건을 방지하는 예방 효과도 있지만, 여전히 신중해야 한다.

싸움이 일어날 때 나오는 말과 감정은 생각해 볼 기회를 준다. 화를 부르기도 하지만, 다음에 일어날 싸움을 미리 막기도 한다. 싸움을 풀 방법과 고민, 협의 과정도 소중한 수업의 하나다. 문제 해결 능력을 키울 현장의 생생한 장면이 된다.

싸움은 아이와 교사 사이에서도 일어난다. 교사도 실수한다. 좋은 의도로 시작하고 계획한 일이 아이들에게는 생각지도 못한 상황이 되기도 한다.

아이들의 반항이나 비판, 무관심, 부적응으로 받아들여 교사가 오해하는 상황도 벌어진다. 그에 따라 아이들을 꾸지람하기도 하고, 잘못을 알아채고 반성하기도 한다.

날마다 아이들과의 싸움은 피할 수 없다. 아이들의 말과 의견을 존중하고 끝까지 듣다 보면 원인이 어디에 있는지 살필 수 있다. 업무나 교과 진도에 쫓겨 다 들어 주지 못하거나 덮거나 피해 가면 갈등의 씨앗을 키우는 꼴이 된다.

잘 싸워야 한다. 싸움하는 방법을 알아야 한다. 싸움의 시작점도 잘 찾아내 그때 가졌던 감정, 했던 말, 행동을 찾아내 풀어 보자. 화를 낸 시점을 찾아 화의 원인을 알면 사실 별일도 아닐 수 있다. 짧은 순간 아주 조금의 오해와 공감 능력의 부족이 화를 부르고, 악순환의 고리에서 화가 증가해 행동으로 이어지면 싸움이 된다.

싸움은 학급에서 감기와 같다. 예방은 하지만 완전히 없앨 수는 없다. 방심하면 언제든지 걸릴 수 있다. 급격한 온도 변화에 몸의 균형이 무너지면 감기에 걸리는 것과 같다. 몸의 기운, 기가 줄어드는 현상이기도 하다.

학급에서도 감기와 같은 현상을 겪는다. 그러면서 면역 체계가 만들어진다.

크고 작은 병에 걸리고 물리치면서 건강한 몸과 마음을 만들어 간다.

정신 건강, 마음 건강을 살피는 기회로 삼는다.

장난인데~

점심 식사를 하는데 4반 선생님이 내려오지 않는다. 3반 선생님이 오시면서 지금 한바탕 일이 벌어졌다고 한다. 한 남자아이가 선생님께,

"아이씨, 지랄하네."

라고 했다 한다. 밥을 먹고 연구실에 올라가 욕을 한 아이를 불러서 선생님께 "아이씨"라고 말한 것에 대해 사과를 하라고 했다.

"그래, 네가 뭘 잘못했는지 아니?"

4반 선생님이 묻자 아이는

"욕인 줄 몰랐습니다. 아이씨는 욕이 아닌 줄 알았습니다."

한다.

"그럼 왜 사과하는데?"

"선생님이 사과하라고 해서 합니다."

"…"

4반 선생님은 아이를 교실로 돌려보내고 아까 있었던 일을 이야기했다.

넷째 시간 공부하고 있는데 아이가 자기 자리에 앉아 있지 않고 다른 아이 자리에 앉아 있었다. 자기 자리에 앉으라고 서너 번을 말해도 듣지 않기에 큰소리로 똑바로 앉으라고 했더니 나오는 말이 "아이씨, 지랄이다"고 했다는 것이다. 그게 무슨 말이냐고 하니까 보통 아이들한테도 다 그렇게 말하는데 선생님께 말하면 안 되냐고 따졌단다. 화가 나 밥도 거르고 한바탕 일을 벌인 것이다. 그애 얼굴을 보니 그런 말 한마디 때문에 왜 이렇게 꾸중까지 듣느냐는 표정이었다. 늘 하던 말이라 선생님이 화를 낼 줄 몰랐던 모양이다. 평소에도 그런 말을 부끄럼 없이 하다 보니 별생각 없이 선생님한테도 던진 모양이다. 그런데 남자 선생님 앞에서는 그렇게 이야기를 하지 않았을 것이다.

말하고 나서도 미안하다는 말보다 '왜 나한테만 뭐라는 거냐. 다른 친구들도 다 그렇게 말하는데. 선생님께 그렇게 말하는 게 어때서 그러냐'는 투로 나오니까 선생님이 화난 것이다. 예의나 버릇이 없는 것은 둘째 문제라 치고 다른 아이들이 보고 들었으니 그냥 넘길 일이 아니었다. 모르고 그랬어도 그렇게 해서는 안 된다는 것을 가르쳐 줘야 한다. 요즘 이런 일이 부쩍 늘었다. 욕뿐 아니다.

어제는 어느 반에서 책꽂이 만들기를 하는데 남자애가 골마루 계단 쪽에 못을 네 개나 박았다고 한다. 그것도 손가락 한 마디쯤 튀어나오게 말이다.

"선생님, 누가 못을 계단에 박아서 어떤 애가 찔렸어요. 지금 보건실에 갔어요!"

얼른 가 보니 몇몇 아이가 못을 빼고 있었다.

"누가 골마루에 못을 박았어! 나와!"

하니까 한 아이가 물끄러미 쳐다보며 일어섰다.

"왜 못을 박았어?"

"장난이요."

기가 찼다.

또 하나 더 있다. 이틀 전 일이다.

화장실에서 6학년 남자 셋이 선생님께 꾸중을 듣고 있었다. 아이들을 불러서 무슨 일이냐고 물어 보니, 2학년 화장실에서 그 셋 중 한 아이가 장난으로 물뿌리개에 물을 가득 채워서 문 위쪽에 올려놓았다고 한다. 그 물통을 올리고 있는데 옆에서 그걸 보던 다른 아이가 옆으로 살짝 친 모양이다. 물통이 툭 안쪽으로 떨어지는 바람에 똥을 누던 2학년 아이가 흠뻑 젖었다. 그 추운 날씨에 말이다.

"아니, 이 추운 날씨에 그렇게 물에 젖으면 그 애가 얼마나 춥겠냐?"

고 물으니까 먼저 튀어나오는 말이

"장난으로….."

이다. 그다음 말은

"저 애가 치는 바람에 떨….."

"그럼, 저 애가 치지 않았으면 괜찮은 거야? 잘못이 없어? 네가 장난으로 한 것이 성공했어도 2학년 애가 물에 젖을 텐데? 실패했다면 아무 문제 없는 거야?"

옆에서 물통을 친 애도 장난으로 한 모양새다.

"너는 길동이가 물통을 문 위에 올리는 거 봤냐?"

"네, 봤는데. 저는 모르게 미끄러지면서… 장난으로….."

"그럼 옆에서 알고 있으면서 그랬네. 그걸 말리려고도 않고?"

"네….."

또 다른 아이는 둘이 하는 것을 보고만 있었다고 한다.

아이들이 이렇다. 자기가 꾸미는 일이 성공하느냐 못 하느냐에만 관심이 있다. 성공하면 재미있고, 안 되면 재수 없고 남 탓으로 돌린다. 당하는 사람 생각은 못 하니까 늘 다툼이 일어난다. 말도 험악해져서 남들도 다하는데 왜 선생님은 이해를 못 하느냐는 식으로 나온다.

학교가 갈수록 아이들의 말과 행동을 봐주고 고쳐 줄 여유가 없어진다. 지식 위주 공부에 밀려서 할 시간을 잃고 있다. 도시 학교는 더 그런 것 같다. 이런 일은 신문에도 잘 나오지 않는다. 영어 공부니 논술 공부니 하면서, 학력이 어쩌고저쩌고 하면서 해야 할 것들만 잔뜩 간접 광고하듯 부추긴다. 아이들이 교사들의 말을 제대로 듣지 못하는 현실이 만들어지는 듯하다. 문제 교사만 뉴스거리가 되면서 모든 교사를 문제 교사로 일반화하는 듯한 현실이 안타깝다. 그 속에서 우리 아이들의 몸과 마음이 병들고 있다.

몇몇 애들만의 문제가 아니다. 해마다 되풀이되며 보통의 아이들한테도 일어나고 있다. 그런 것을 알려야 한다. 좋은 일, 착한 일, 본받을 일도 좋지만 이런 일이 더 중요하다. 제대로 알아야 제대로 가르칠 수 있지 않겠나.

그래서 더욱 공교육, 학교 교육이 필요하다. 더 넓힐 일이다.

교과 공부뿐 아니라 올바른 사람 됨됨이를 익히게 하고, 함께 부대끼며 어울려 사는 법을 배우는 곳이 '학교'다. 지식 교과 위주로 학원과 견줄 일이 아니다.

교사만 가르칠 일도 아니다. 우리 사회 모두가 책임질 일이다.

싸움으로 해결하려는 아이들

점심을 먹고 나오다 보니, 운동장에서 축구를 하던 아이들이 모여 웅성웅성하고 있다. 두 아이가 싸우는 듯, 아이들이 모여 둘을 말리고 있다.

두 아이가 씩씩대며 다시 붙으려고 한다.

"이리 오너라. 가자."

나는 두 아이의 어깨를 짚고 전담실로 데리고 갔다.

"그래, 너부터 말해 봐라. 무슨 일이냐?"

"우리가 축구를 하는데요, 공격수를 뽑는데 내 공을 뺏으면 공격수를 하라고 했어요. 그래서 했는데, 못 빼게 하니까 시비를 걸잖아요. 그래서 한판 뜨자고 했어요."

"그래, 누가 먼저 한판 뜨자고 했냐?"

"내가 먼저 했어요."

"그럼 누가 때렸는데?"

"그때부터는 모르겠어요. 서로 붙었으니까요."

"그럼 이번에는 너 차례다. 네가 얘기해 봐라."

옆에 있던 아이에게 물었다.

"저게 먼저 뭐라뭐라 신경을 건드리잖아요. 그래서 평소에도 별로 마음에 안 드는데, 한판 뜨자고 해서 붙었어요."

"그래, 앞에 이야기한 친구 말이 틀린 건 아니고?"

"말은 맞아요."

"음, 너희도 요즘 싸울 때 이렇게 한판 뜨자고 싸우니?"

"예."

"언제부터 이렇게 싸웠는데?"

"모르겠어요. 남자애들은 다 그렇게 해요."

"그럼 옆에 아이들은 말리거나 구경도 하겠네. 선생님이 안 보면…."

"네."

"그럼, 한판 뜨자 했는데 안 하겠다고 하면 어떻게 되는데?"

"그럼 한판 뜨자고 한 애가 머리 한 번 때리고 도망가요."

속으로 한숨을 한 번 쉬고 두 애를 잠시 보고 있다 말했다.

"지금 이게 싸울 거리가 된다고 생각하니?"

"…."

"아니요…."

"그럼, 왜 싸운 거야?"

"참지 못했어요."

"싸울 때 어떻게 싸웠어? 주먹이나 다리 같은 것으로 안 때렸어?"

"뭐 닥치는 대로 배도 차고 얼굴도 때리고…."

"음, 너희한테 당장 화해해라, 싸우지 말라고 하고 싶지는 않다. 다음부터 하지 말라고 해서 말만 '예' 하고 마음에도 없는 억지 화해는 시키고 싶지 않다. 지금은 서로 기분 나빠 있으니까 시간이 좀 필요하겠다. 그리고 싸우지 말라고 해도 다음에 또 싸울지 모르잖아. 안 그래?"

그러자 조금 생각하는 눈치더니 대답을 한다.

"예, 그래요."

"그래, 솔직해서 좋다. 내가 싸우지 말라고 해서 앞으로 정말 싸움이 멈추지는 않을 거야. 그래서 선생님은 잘 싸우라고 하고 싶다. 잘 싸워! 음, 잘 싸워 하니까 진짜 주먹으로 치고 발로 차고 싸우라는 게 아니야. 말로 따져 묻고, 오해가 있으면 왜 그랬는지 찬찬히 풀어서 이야기하라는 거야. 무슨 폭력배같이 손발로 상처를 주면서 싸우는 것은 무식하고 못 배운 사람들이 하는 거야. 사람이라면 동물과 다르게 생각이란 게 있잖아. 배가 고파도 참고, 오줌을 누고 싶어도 화장실을 찾을 동안 기다릴 수 있잖아. 기분 나쁘다고 바로 주먹이 나오는 싸움은 동물이나 하는 일이잖아. 잘 싸워라, 입으로 싸워라, 말로 싸워. 음!"

"…."

"잘해 보자, 음?"

"네."

그렇게 하고 교실로 보냈다.

아이들의 싸움이 이렇게 바뀌었다. 조폭 영화의 한 장면 같다. 학교 구석진 곳으로 가서 친구들이 보는 앞에서 싸우기도 한다. 그러면 옆에 있는 친구들은 구경하거나 망을 봐주기도 한다. 그게 무슨 당당한 싸움인 양 때로는 싸움으로 서열을 세운다고도 한다.

힘으로 우열을 가려 이긴 사람이 심부름을 시키는 부당한 요구를 하기도 한다. 이런 현상이 어떻게 아이들 삶 속에 파고들었는지 짐작이 간다.

싸우면 나오는 행동들

아침 운동장 조회가 있는 날, 교무실 조회를 마치고 운동장에 나왔다. 여자아이가 배를 움켜 쥐고 울고 있다. 그사이 누구와 싸운 모양이다. 무슨 일이냐고 몇 마디 물어 보면 누구와 싸웠는지 안다.

남자애 하나가 여자애의 배를 발로 찼다. 장난으로 말싸움을 하다가 발이 올라갔다고 한다.

며칠 전에는 자기 옷에 실수로 물 몇 방울을 떨어뜨렸다고, 기분 나쁘다고 빨간 물감을 친구 옷에 짜 버린 아이가 있었다. 이야기하다가 별명을 불렀다고 얼굴에 침을 뱉은 아이도 있었다.

화가 나거나 기분이 나쁘면 선생님이 앞에 있어도 흥분을 가라앉히지 못하고 곧바로 손과 발이 먼저 나가는 일이 자꾸 생긴다. 벌써 세 번째다. 이번에는 가만히 있을 수 없었다. 마침 도덕 시간이었다.

"모두 책 덮고, 선생님 한 번 보자! 그리고 ○○이 오늘 네가 무슨 일을 한 건지 알지?"

"얼마 전에 친구에게 빨간 물감을 쏜 사람도 있었고, 침을 뱉은 사람도 있었지? 너희들 싸울 때나 화날 때 친구들에게 어떤 행동을 해?"

그렇게 말해 놓고 아이들이 돌아가면서 하는 말을 칠판에 적었다.

"친구 밀기, 물감 짜서 옷에 묻히기, 침 뱉기, 주먹으로 얼굴 때리기, 우유를 친구 옷에 뿌리기, 지나가는 사람 발 걸기, 이쑤시개로 긁기…."

몇몇 아이가 자신 있게 말을 하니까 여기저기서 부끄럼 없이 자기가 겪은 것, 당한 것이나 한 행동을 말했다.

"컴퍼스(칼)로 장난치기, 모래 뿌리기, 돌 던지기, 손톱으로 꼬집거나 집기, 머리카락 잡아당기기, 머리 때리기….”

여러 가지가 나왔다.

“바지 벗기기!”

장난 같은 말이지만 이런 것도 나왔다. 장난을 심하게 한 모양이다.

“그밖에 또 없어?”

“…”

“그렇다면 이번에는 내가 해 본 것에 손을 들어 보자.”

1. 친구 밀기(22)

2. 물감 짜서 옷에 묻히기(2)

3. 침 뱉기(3)

4. 주먹으로 얼굴 때리기(4)

5. 지나가는 사람 발 걸기(9)

6. 이쑤시개로 긁기(1)

7. 컴퍼스(칼)로 장난치기(3)

8. 모래 뿌리기(8)

9. 돌 던지기(2)

10. 손톱으로 꼬집거나 집기(16)

11. 머리카락 잡아 당기기(7)

12. 머리 때리기(14)

13. 바지 벗기기(1)

“자, 이렇게 알아보니까 어떤 것을 많이 하는지 알 수 있네. 말싸움이 이런 식으로 바뀌었구나! 어떻게 바뀐 거야?"

"…"

"어떻게 바뀐 거니?"

"폭력으로요, 싸움으로요!"

"그래, 폭력으로 바뀌었네. 우리가 폭력을 쓰지 말자고 말을 많이 하는데, 현실 속에 우리 행동은 이렇게 나타나네. 흥분했을 때, 화가 났을 때 가라앉히지 못하고 바로 폭력이 나오니 말이다."

"…"

"선생님이 왜 이렇게 썼을까?"

"하지 마라고요."

"그래, 지금 이런 행동은 어쩌면 큰 상처가 되지 않지만, (칠판에 쓴) 이런 행동을 어른들이 한다면 아마 무슨 일이 일어날까?"

"잡혀 가요, 교도소 가요."

"그래, 맞아. 만일 이런 버릇을 버리지 못하고 자꾸 하게 되면 나중에는 큰일이 벌어지고 큰 문제가 될 거야!"

"…"

"왜 이렇게 말로 하지 못하고 여러 가지 폭력을 쓰게 되지?"

"게임, 오락 때문이에요."

"게임이 왜?"

"때리고 부수고 죽이는 게 많으니까요."

예전에 게임에 중독되면 좋지 못한 점을 이야기한 적이 있어 이런 대답이 나온 것 같다.

"그런데 얘들아, 이런 행동을 못 하게 하는 방법이 두 가지가 있을 것 같다. 한 가지는 어른이 못 하게 막거나 말리는 것, 다른 하나는 스스로 하지 않는 거야! 어떤 게 좋은 거야?"

"스스로 하지 않는 거요."

"그래, 제대로 알고 있기는 한데. 그래 그렇게 쉽게 되니?"

"아니요."

"그런데 어른이 막아서 안 하든 스스로 알아서 안 하든 결론은 다 똑같지? 다른 점이 뭐야?"

"남이 하는 것과 내가 하는 것이요."

"또 다른 차이는?"

"시키거나 막아서 안 하는 것은 잠시 안 하는 것이라서 다음에 또 할 거예요. 버릇은 그대로 있으니까요. 스스로 안 하는 것은 다음에 어른이 말리지 않아도 돼요!"

"그래, 남이 시켜서 멈추는 것은 그 순간은 넘기지만 나중에 또 나타날 수 있지. 그래서 스스로 하지 않는 것이 더 똑똑한 행동이야. 그게 자주적인 생활, 자기가 주인인 생활이야. 흥분될 때는 화가 가득 차서 아무 생각 없이 나도 모르게 불쑥 주먹이나 발이 먼저 나올 수 있어. 그래서 어른들이 말리거나 하지 말라고 하지. 그럴 때는 일단 참고, 내가 왜 그런가를 먼저 생각해 봐야 한다. 또 그런 일이 친구들 사이에서 일어나면 당연히 말려야 해. 그런 다음에 흥분을 가라앉히고 차분히 생각하면서 해결 방법을 찾아야지!"

이렇게 자주적인 사람으로 빗대어 설명했는데 알아들었는지 모르겠다.

배운 것을 실천하지 못하면 안 배운 것보다 못 하다.

1센티미터 컸다

어제 6교시는 상담 시간이었다. 5교시 수업인데 아이들 모두 한 시간 더 하고 갔다. 1학기에 학급 상담을 해 준다는 공문을 보고 신청했는데 당첨이 된 것이다.

그런데 상담 시간이 끝나고 청소를 하고 돌아가던 아이들이 나를 보더니

"길동이는 버릇이 없어요."

한다.

"왜?"

"상담 시간에 자기소개를 하는데, 길동이가 '나는 이런 것 싫어요. 안 했으면 좋겠어요.' 해서 아이들과 선생님이 황당해했어요."

무슨 말인지 자세히 알고 보니 상담 시간 자기소개 차례 때

"전 길동입니다. 이곳에는 선생님 권유로 오게 되었고, 이곳에서 하고 싶은 일은 상담 선생님이 다시는 이 학교에 오지 않는 것입니다."

라고 말했다고 한다.

"그래, 무슨 까닭이 있겠구나. 다른 약속이라도 있는데 남으라고 해서 화가 난 게 아닐까?"

"그래도 그렇게 말하는 건 좀⋯."

"그래, 상담 선생님은 뭐라시든?"

"역시 상담 선생님이라서 무슨 화가 난 일이 있네, 몇 번 같이하면 재미있을 거라고 이야기했어요."

"그래, 그런 일이 있었구나. 한 번 알아봐야겠네."

평소에는 그런 행동을 하지 않는 아이인데 단단히 화가 난 모양이다.

이 일이 있고 나서 문자가 왔다.

'쌤, 저는 다시는 상담 프로그램 안 할 거예요. 그런 것 다시는 신청하지 마세요. 우리에게 묻지도 않고.'

진짜 단단히 화가 난 모양이었다. 손전화를 걸었다. 따르릉 하고 신호가 가는데, 탁, 한 번에 끊어져 버린다. 예전 같았으면 이런 행동에 화부터 치밀어 올랐을 것이다. 이 아이가 어떤 마음인지 살피기 전에 이런 행동에 화가 나서 다그치는 말이 먼저 튀어나왔을 것이다. 좋지 않은 얼굴빛을 먼저 드러내기도 했다. 지금은 미안하기도 하고, 무슨 오해가 있었을까 하는 궁금증이 먼저 앞선다. 문자를 보냈다.

'무슨 일이야? 왜 특별히 어려운 점이 있니? 선생님이 놀랐다. 말하기 어려우면 이메일로 보내줘.'

잠시 뒤 문자가 왔다.

'선생님 마음대로 상담 신청하신 것과 아까운 시간은 어떻게 하실 거죠? 하고 싶은 사람만 시키세요.'

'다른 계획이 있었던 모양인데 선생님이 그 시간을 막은 모양이구나. 그럼 미리 얘기를 하지 그랬냐? 얘기했으면 들어 줄 건데. 신청은 시간이 급하고 기회를 놓치기 아까워서 그랬다. 미안^^'

그 일은 당번이 학급 누리집에 일지로 남겼다.

오늘은 금요일이라서 5교시 공부만 하고 마치지만, 상담 수업 때문에 6교시까지 하고 집으로 갔다. 오늘이 첫 상담 시간인데도 애들이 1교시를 더하고 가니 약간 짜증 나 있는 것 같았다. 하지만 상담 선생님이 오셔서 분위기 메이커를 해 주서서 분위기가 갑자기 좋아지는 듯했다. 그렇게 상담 선생님이 내주신 복사물을 다 완료하고, 선생님이 자기소개를 시켜서 애들의 소개를 들어 본 뒤, 수업은 금세 끝나 버렸다.

첫날이라서 그런지 애들은 아직까진 재밌어 하진 않았지만, 상담 선생님은 언젠간 재밌어 할 거라고 굳게 믿으시는 것 같았다

일지 밑으로 댓글이 붙었다.

난 진짜 재미없었다. 선생님이 우리를 위해 신청한 의도는 좋은데 시간 낭비인 것 같다. 왠지 그 상담 선생님에게 신뢰가 안 간다. 안 그래도 바쁜데 왜 그런 것까지 해서 시간을 더 낭비하는지 모르겠다. 난 그 상담 프로그램이 마음에 안 드니까 마음에 드는 아이들만 6교시에 하는 상담 수업에 남았으면 좋겠다. 별로 하고 싶지도 않고, 고민도 없는 아이 괜히 남겨서 시간을 낭비하는 바보 같은 짓을 다시는 하지 않도록 해야 한다고 생각한다. 왜 억지로 하기 싫은 사람까지 시키는지 이해가 가지 않는다. 정말 고민이 있고, 묻고 싶은 게 있다면 직접 임시로 머무는 곳에 가는 게 좋다고 생각한다. 괜히 우리 학교까지 찾아와서 우리 기분을 나쁘게 해서 결국 돌아오는 건 상담 선생님들도 기분이 나빠질 것이다. 우리가 별로 대응하지 않으니 선생님들도 별로 안 좋아하실 것이다. 왜 하필 우리 반이 되었는지 모르겠다. □□반이 반응이 좋아서 한 번 더 왔다면? 그런 반에나 가지 왜 우리 반에 올까? 난 아무튼 상담 수업이고 상담 선생님이 안 오셨으면 좋겠다.

나름대로 논리가 서 있다. 물어 보지 않고 어른 마음대로 시킨 것에 대한 불만이 가득하다. 또한 상담에 대한 인상이 썩 좋지 않은 듯하다. 상담은 고민이 있는 사람이 그 고민을 푸는 데 도움을 주기도 있지만 자기 자신을 찾는 과정일 수도 있다. 문제가 있어서 이야기하기보다 내 속에 숨은 능력이나 다른 사람과 서로 마음을 나누며 느끼는 과정을 경험할 수도 있다. 그러면서 자신의 소중함을 더 느끼게 한다. '상담'을 보는 관점이 여러 가지였으면 해서 그 밑으로 나도 댓글을 남겼다.

상담은 자기 고민을 푸는 것도 있지만, 숨겨진 자기 자신의 장점이나 능력을 찾는 과정이기도 하다. 또한, 또래끼리 생각을 나누어서 자기의 소중함을 느끼는 일이기도 하지. 그런 경험을 자주 많이 하면서 우리가 공부를 왜 하는지, 어떻게 해야 하는지 스스로 찾기도 해. 뻔히 아는 이야기고, 늘 하는 이야기지만 소개하는 것도 해마다 다를 수가 있다. 해마다 나이가 들수록 생각하고 고민하고 느끼는 것들이 함께 커지잖아. 그런 성장만큼 내 마음도 커 가고 있지. 그런 마음을 서로 따뜻하게 이해하고 나누면 공부하는 데 흔들리지 않고 꿋꿋하게 잘 할 수 있으리라고 선생님은 믿는다. 그런 힘이 커야 제대로 공부하고 공부보다 아깝지 않은 시간이 될 것으로 생각해.

너희에게 물어 보지 않고 정한 것을 사과한다. 왜 상담을 신청했는지 자세히 설명하지 않는 것도 사과할게. 따로 남아서 한 시간 더 하는 것도 사과할게. 선생님 나름대로 생각에서 좋은 기회를 놓치고 싶지 않아서 그랬어. 부디 그런 마음 조금이나마 헤아려서 좋은 시간 보냈으면 해.

다음 날 아침, 평소보다 길동이가 늦게 왔다. 머리도 부석부석하다. 평소와 다름없이 인사를 나누었다. 연구실로 나가는 길에 보니 나를 쳐다보고 있다. 손짓으로 나와 보라고 하고, 연구실로 데리고 갔다.

"그래, 어제 화가 많이 났지? 어제 그 시간에 다른 일이 있었니?"

"다음 주 수학여행이라 어제 학원에서 공부한다고 해서…."

"그럼 미리 이야기하지 그랬냐? 선생님이 상담한다고 2주 전부터 이야기했는데…."

"아, 저는 그 상담이 부모님이 오셔서 하는 그런 상담인 줄 알았어요."

"그렇구나! 그래서 화가 나고 그 화를 그 시간에 이야기했네."

"네."

"그럼, 어제 선생님이 문자도 보냈지만, 너희한테 물어 보고 신청하지 않은 것은 사과할게."

"아니, 제가 잘못했어요."

"선생님도 실수는 할 수 있다고 생각해. 하지만 그 실수를 하고 나서 어떻게 푸느냐가 중요할 것 같다. 어제 그런 말을 해 버렸으니 다른 사람(또래 친구와 상담 교사)은 무슨 생각이 들었겠니?"

"황당했겠지요."

"그래, 버릇이 없다거나 건방지다는 말도 나오겠지?"

"네."

"지금 선생님하고는 오해를 푼 것 같은데 다른 사람들과는 아직 풀지 못했잖아. 어떻게 할까?"

"제가 사과할게요."

"선생님도 사과할게. 아침 시간에 친구한테 말해도 되겠지?"

"아니, 제가 잘못했습니다. 제가 사과할게요."

"아니, 선생님도 잘못했으니까 먼저 사과할게. 선생님은 네가 훌륭한 사람이 될 거라고 생각해. 공부도 잘 하고 말이야."

"아니, 공부는 별로⋯."

씩 웃음을 띤다.

"훌륭한 사람도 실수해. 실수는 어쩔 수 없지만, 그 실수를 풀고 다시 되풀이해서는 안 되겠지. 또 다른 사람의 오해를 풀어 주려는 노력도 필요해. 그래야 다른 사람이 나에게 믿음을 갖지. 그런 사람이 더 훌륭한 사람이야. 네가 이렇게 생각하니 좋아. 친구들한테는 말하면 되고 상담 선생님한테는 어떻게 하지?"

"제가 사과하겠습니다."

"그래, 상담 선생님께 무슨 말이라도 하면 좋겠다."

함께 교실에 들어왔다.

조용히 앉히고 어제 있었던 일을 아이들한테 이야기했다. 오해하지 말자고 당부했다. 화가 나면 누구나 실수한다. 인격, 인간성을 의심하거나 오해하지 말자는 것이다.

실수는 누구나 할 수 있다. 하지만 그 실수는 오해하지 않도록 풀어야 한다. 가지고 있거나 묻어 두면 다른 이가 내 인격을 '오해'한다.

앞으로 우리 아이들은 훌륭한 사람이 될 것이다. 훌륭한 사람이라고 실수를 하지 말라는 법은 없다. 그 실수를 어떻게 인정하고 더 큰 오해를 하지 않도록 하는 노력이 필요하다. 그것이 배움이다. 또한 실천이기도 하다. 그것을 가르치고 싶었다. 그런 사람이 되게 하고 싶었다.

학급에서 이런 상황을 푸는 과정이 아이도 나도 성장하는 데 좋은 기회다. 기쁨이다. 해결 과정과 결과가 늦을 수는 있다. 이런 일을 덮거나 묻고 넘길 수 있지만, 함께 머리를 맞대어 풀어 보는 게 '학급살이'가 아닌가 싶다.

학급에는 수많은 일이 벌어진다. 내가 시키기도 하고 아이들이 스스로 만들기도 한다. 그런 일들이 다 좋을 수는 없다. 싫어도 참고 따르기도 하고, 좋지만 귀찮아도 하고, 아이들과 선생님의 눈치를 보기도 한다.

'학급운영'이 아니라 '학급살이'라고 말하는 것은 '운영'은 주체가 교사가 되기 쉽기 때문이다. '살이'는 함께 살아간다는 뜻이 담겨 있다.

어제오늘 진하게 살았다. 뜻있게 살았다. 미안하고, 화나고, 잠시 오해하고, 서운하고, 걱정되고, 진지하고, 안심되고, 시원하고, 고맙고, 기쁘고, 뿌듯하고, 힘이 생겼다.

살다 보면 좋은 감정으로 시작한 일이 좋지 않은 감정으로 끝맺기도 하지만, 좋지 않은 감정에서 시작했지만 좋은 감정으로 해결될 때도 있다. 좋지 않은 감정에서 시작해서 좋지 않은 감정으로 남으면 늘 찝찝하고, 스트레스가 된다. 가장 좋은 것이 좋은 감정에서 좋은 감정으로 끝나는 것이다. 그것은 일이 아닌 '추억' 쪽에 가깝겠다.

학교에서의 가르침이란 무엇인가 생각을 해 본다. 또한 아이들이 익히는 배움이란 것도 무엇인가 되돌아본다.

나에게 이번 일을 풀어 가는 과정은 아깝지 않은 소중한 시간이었다. 나도 아이도 함께 커 가는 좋은 경험이었다. 나도 1센티미터 컸다.

3. 청소 이야기

청소는 벌이 아니다

청소는 벌이 되면 안 된다. 벌로 청소를 하면 평소에 하는 청소를 좋지 않은 활동으로 여길 수 있다.

청소 시간에 갈등을 일으키는 요인이 많다. 주로 청소를 대충 끝내거나, 가만히 서 있다가 누군가 다했다고 하면 하다가 가 버리고, 쓰레기를 모으기만 하고 그대로 둔 채 역시 가 버리거나, 학원에 간다는 핑계로 바쁘다면서 빠지는 행동들이 문제를 일으킨다.

이런 문제를 풀려고 아침에 청소하기, 5분 만에 청소 끝내기, 모둠끼리 청소 검사해 주기를 하기도 했다. 청소 검사는 당번이나 봉사위원이 점검표를 만들어 점검하거나 자율에 맡기기도 한다.

갖가지 방법을 써서 노력해도 여전히 도망가는 아이, 학원 시간과 겹친다며 그냥 가 버리는 아이가 생긴다. 심지어 학원 시간에 맞춰 주라는 학부모 전화까지 와서 학급살이 규칙이나 규범을 무너뜨리기도 한다. 몇몇 아이에게 '예외'의 특권을 주게 되면 청소를 하는 아이들은 억울한 감정과 불평등한 관계에 따른 저항감이 쌓인다. 교사의 권위도 떨어진다.

학원 시간을 맞춰 주라는 학부모의 요구에 어떻게 대응해야 할지 난감할 수 있다. 그래서 학부모 교육도 필요하리라.

청소도 생활지도의 한 부분이다. 규범, 질서, 책임감을 키울 수 있는 학습(생활) 활동 상황이다. 모두 참여해서 누구도 억울하지 않도록 방법과 대안을 찾아야 한다. 협의하는 방법도 알려 주어야 한다. 아이들이 직접 규칙과 벌칙도 정하게 한다. 소중한 시간이다. 민주적인 절차를 따르며 지키면 자율성과 긍정적인 삶의 철학이 자란다.

6학년 아이들과 함께 청소해요?

1.

점심을 먹고 계단을 하나둘 오르다 1학년 교실을 지나치려는데 6학년 아이들이 보였다. 빗자루를 들고 쓰레받기를 손에 쥐고 있는 걸 보니 1학년 교실 청소를 해 주는 아이들인가 보다.

"얘들아, 청소하냐? 1학년 청소네?"

"네, 선생님! 아 힘들어~"

"그래, 선생님은?"

"없어요!"

1학년 선생님이 보이지 않는다. 연구실 문이 꽉 닫힌 걸 보니 연구실에 모여 계시는가 보다.

"그래, 열심히 해라!"

"네."

6학년 아이들이 1학년 교실을 청소해 줄 때는 그 반 선생님도 같이 도우면 얼마나 좋을까 싶다. 닫힌 연구실 문이 크게 보였다.

2.

오늘 오후 글쓰기 교사 모임 때 1학년 담임 선생님께 물었다.

"선생님, 그 학교 6학년 아이들 청소하러 오면 어떻게 해요?"

"그냥 같이해요. 그런데 다른 선생님들이 뭐라 그래요!"

"뭐라고요?"

"도와주면 애들 버릇 나빠진다고 옆 반 선생님들이 그러지 말라고 해요."

"그래요? 그래서 어떻게 했어요?"

"그래도 같이했지요."

3.

텔레비전을 보니 이런 일이 있었다.

시대는 광복 전이고, 잘사는 집에서 하녀쯤 돼 보이는 처녀가 주인이 없으니까 아무 물건이나 만지고, 축음기도 틀고 하다 들켰다. 안주인과 나이 많은 하녀가 같이 불쑥 들어오다 그것을 보았다.

"아니, 그게 얼마나 비싼 물건인데 주인어른 허락도 없이 손을 대는 거야, 응?"

하면서 나이 많은 하녀가 크게 나무라자 주인아주머니가 그만두라고, 괜찮다고 한다.

"마님, 아니지라. 이러면 버릇이 없어져 안 돼요. 혼을 내야 해요."

이 세 가지 일을 되돌아보면서 많은 생각을 했다.

도와주러 간 아이들, 도움 받는 사람. 버릇없다는 말?

도와주러 간 교실에 도움 받는 사람은 없고, 관행처럼 도움을 받는 이가 도움을 주는 이를 길들이려는 행동을 한다. 누가 버릇이 없어진다는 것일까?

학교에서 겪는 여러 가지 상황에 이런저런 생각과 저러면 안 되는데 하는 마음도 많이 솟는다. 답답한데 내 힘으로 풀지 못해 힘들기도 하다.

도움을 주고받는 사이는 공평해야 하는데 왜 선생님께 주는 도움은 심부름이나 당연히 해야 하는 일로 비춰질까. 청소도 아이들 스스로 정하기보다는 어른들이 만들어 준 게 많다. 나도 그런 어른 가운데 하나다. 참 부끄럽다. 그것도 교육이라고 말하는 이가 있지만, 아무리 생각해도 비합리적인 핑계다. 비록 함께하지는 못해도 청소가 힘들고 더럽고 좋지 않은 것, 되도록 하지 않는 게 좋다는 생각이나 삶의 몸가짐이 아니었으면 한다.

아이들 곁에 있으면서 아이들이 겪는 일을 함께 겪으려고 애를 쓴다. 그게 아이들의 곁에 있어 주는 일이고 아이들과 마음을 틀 기회이기도 하다. 아이들의 사랑은 그렇게 시작되는 게 아닌가 싶다. 그게 귀찮고 힘들다면 요즘 아이들은 어떠어떠하다고 논해서는 안 될 일이다. 한쪽은 편하게 받기만 하고, 한쪽은 힘들게 주기만 해서는 안 된다.

같이하는 사람, 같이하는 자리, 같은 움직임에서 믿음과 정이 쌓인다. 몸은 힘들어도 마음은 시원하게 살자. 아이들과 함께 말이다.

아이들이 가꾸는 교실 환경 구성

"얘들아, 그동안 교실 꾸미기를 하면 누가 주로 하더냐?"

교실 환경을 구성하는 일에 아이들이 참여해 보았거나 하는 일은 거의 없

〈그림1〉 아이들 스스로 교실을 마음껏 꾸며 보게 한다.

다. 미술 시간 작품을 만들거나 선생님이 만들어 준 복사물이나 활동지에 색칠이나 참여한 결과물을 뒤 게시판에 붙이는 정도다. 그래서 환경 구성이란 말에 별 신경을 쓰지 않는다. 선생님들만 바빴다.

"오늘은 여러분들이 직접 꾸밀 것입니다. 우리 교실이니까 여러분 같으면 어떻게 꾸미는 게 좋겠습니까?"

색 도화지, 크레파스, 풀, 자, 테이프, 색종이, 가위를 책상에 올려놓았다.

"어제 선생님이 여러 가지 준비물을 샀습니다. 여기 종이와 풀, 가위 등이 있습니다. 마음껏 쓰세요. 이 재료로 어느 곳에 무엇을 어떻게 누구랑 만들 건지 정해 보는 것입니다."

아이들 눈빛이 반짝반짝한 게 재미있겠다는 눈치다. 바로 학급회의에 부쳤다. 주제는 학급 환경 꾸미기다. 먼저 내가 있어야 할 것들을 말해 주었다. 그다음은 아이들이 꾸밀 장소, 꾸밀 것, 함께 꾸릴 사람들을 정했다. 꾸밀 장소로 교실 앞뒤 게시판, 옆 창가, 선생님 교탁 앞도 나왔다.

〈그림2〉 환경을 꾸밀 장소와 역할을 자율적으로 나눈다.

아이들이 학급의 주인임을 알게 하는 방법은 여러 가지다. 교실 꾸미기도 그런 좋은 기회다. 멋있게 정돈된 결과에만 목표를 두면 아이들의 참여 범위가 좁아진다. 그동안은 아이들이 하면 무엇인가 깔끔하지 않고 서툴다는 생각이 앞서서 교사가 기획하고 아이들은 내용만 채우는 형식으로 해 왔다. 처음 하면 서툴고 잘 정돈되어 보이지 않는다. 그래도 이 과정에서 의미, 관심, 노력, 애정, 정성이 담긴다. 내가 했다, 우리가 했다는 게 중요하다. 다듬어 가면서 정돈된다. 학급살이는 일 년 농사다. 씨를 뿌려야 싹을 틔우고 줄기가 자라 꽃을 피운다. 씨 뿌리기나 열매 따기를 잠시 체험한다고 참여가 아니다. 제대로 과정을 느껴야 한다. 이런 성장할 수 있는 과정과 기회를 찾아 주는 일이 교사의 도전이고 전문성이 아닐까.

4. 아이들 말과 행동

말을 배우는 단계

싸움과 다툼은 말에서 시작될 때가 많다. 갈등도 마찬가지다. 어떤 말을 하느냐에 따라 행동도 달라진다. 똑같은 말을 하는데 듣기에 따라 다르게 들린다. 편견과 오해가 생긴다. 그래서 듣기, 경청이 중요하다. 신경 써서 듣는 것과 신경 쓰지 않아도 들리는 것에는 많은 차이가 있다.

아이들은 말을 배우는 단계에 있다. 말끼리 부딪치며 말법과 말 분위기, 말의 깊이와 폭, 말의 의미를 온몸으로 느끼며 배운다.

서로의 말이 잘 부딪치는 교과 시간에 교사의 역할이 크다. 교사는 말의 의미, 깊이, 폭이 넓혀지거나 좁혀지려는 순간을 잡아 이야기를 해야 한다. 그 순간이 아이들 생각을 넓히고, 가치관과 삶의 방향을 잡아 갈 수 있는 시간이 되기도 한다.

말이 삶을, 삶이 말을 바꾸기도 한다. 하는 말보다 듣는 말이 많다. 부모나 교사에게 듣는다. 스치는 말 한마디에도 아이들의 성격과 가치관을 형성하는 데 큰 영향을 준다.

학급에서 교사는 많은 이야기를 해 준다. 일주일에 한 번씩 의도적으로 이야기를 들려주기도 한다. 교과의 내용이 넓혀지면서 이야기로 확장되기도 한다. 예고되지 않는 상황에 꼭 들려주고 싶은 이야기도 있다. 특히 싸움이나 다툼, 갈등이 일어났을 때 해 주어야 할 말이 있어야 하는데 할 말이 없거나 떠오르지 않아 안타까울 때도 있다. 그래서 교사는 깨어 있어야 한

다. 책과 함께 살아야 한다. 다양한 이야기를 곁에 두고 살아야 한다. 인문
학적 소양도 필요하다. 성찰의 시간, 공감의 능력도 꾸준히 키워 나가야 한
다. 언제 어떤 상황이 벌어질지 모르는 일이 오늘도 기다리고 있다. 두렵거
나 겁나기보다 설레지 않는가. 하루도 똑같은 날이 없다. 그래서 교사는 날
마다 공부한다.

8시 30분까지 못 온 아이들

지난 금요일 아침 8시 30분쯤의 일이다.

"앞으로 오는 사람은 늦었네. 문 닫고 밖에 서 있도록 해라."

우리 반 아이들의 등교 시간은 8시 30분까지인데 요즘 네다섯 명이 자주
늦다. 그렇게 말해 놓고 잠시 연구실에 갔다 온 사이 다섯 명이 교실 문 앞
에 서 있다가 교실 안으로 들어가려고 했다. 그때

"문 닫아라."

"들어오지 마라!"

"늦게 오는 사람 들어오지 말랬다."

하는 말이 교실 안에서 오간다. 마치 통쾌하다는 듯이 말을 던지는 아이도
있었다.

나는 일찍 왔으니 늦게 온 아이들이 혼나는 꼴을 보면 기분이 좋은 걸까?
나는 안 걸렸으니 다행일까? 다섯 명의 아이를 밖에 10분 세워 두었다가 다
음 주부터는 일찍 오라 말하고 들어오게 했다.

이런 일이 일어나면 아이들은 여러 반응을 보인다. 남 일같이 나 몰라라

하는 아이들도 있고, 통쾌해하는 아이도 있다. 내가 걸리지 않았으니 다행이라 여기며 아무 말도 하지 않는 아이도 있다. 자신의 일처럼 안타까워하는 아이도 있다. 선생님 탓을 하는 아이도 있다. 여러 반응에서 우리는 서로의 마음과 인격을 알 수 있다. 약속을 지키지 않은 것은 틀림없이 맞다. 여러 가지 까닭이 있을 수도 있다. 평소 잘 하다가 하필 오늘 딱 걸렸을 수도 있고 몸이 아프거나 갑자기 집안일이 생겨서 늦을 수도 있다. 평소 늦잠을 자서 늘 늦은 아이도 있다.

누구나 늦을 수 있다. 습관적으로 늦잠을 자거나 게을러서 그러면 고쳐야 한다. 충고해야 한다. 그래서 상황을 잘 살펴봐야 한다. 친구가 지각해서 혼나는 모습에 통쾌해한다면 남의 어려움을 즐거움으로 느끼는 것이니 그것 역시 좋은 건 아니다. 아끼고 배려하는 마음이 아니다.

나는 안 걸렸으니 다행이라는 마음도 그렇게 썩 좋아 보이지 않는다. 다른 사람의 형편을 생각하는 배려가 있어야 하지 않을까. 약속을 어겨서 혼이 나는데 그런 약속 자체가 불편하다고 불평하는 것도 좋아 보이지 않는다. 규칙을 무시하는 일이니까 말이다. 늦었다고 문 밖에 세워 두는 것은 자신을 되돌아보라는 뜻이다. 그렇게 해서 잘못된 습관을 고치기 위함이다.

우리는 실수가 잦다. 실수하면서 배운다. 실패하면서 익힌다. 놀리고 통쾌하다고 비웃는 것은 속 좁은 사람이나 하는 행동이다. 용서할 줄 알고 함께 걱정해 주는 마음과 몸짓이 중요하다.

누구나 상대 처지가 될 수 있다. 그래서 우리는 한 번의 실수, 한 번의 실패 경험은 격려하고 도움을 주어야 한다. 포기하지 않고 다시 도전할 용기를 꺾어 버리면 안 된다.

충고와 비웃음, 놀림은 다르다. 올바른 충고는 그 사람에게 좋은 거름이 되지만, 비웃음과 놀림은 자신에게 다시 돌아오는 비난의 복수로 이어진다.

농담 반 진담 반으로 스치는 말일 수 있지만, 누구에게는 큰 상처가 되기도 한다. 말도 배운다. 다양한 어휘력도 배우지만, 사람 마음을 차갑게 하거나 따뜻하게 데워 주는 느낌도 함께 배운다.

소리와 말의 차이

초등학교 아이들과는 늘 말하고 듣는 문제가 생긴다. 그게 생활이다. 그러면서 아이들은 하나하나의 개념들을 몸으로 익힌다.

"내 말이 말같이 들리지 않니?"

이 말에는 여러 가지 뜻이 담겼다.

일단 화가 난 감정(짜증)이 들어 있다. 무시당한 느낌에 대한 대응도 있다. 말을 말로 듣지 않는 것 때문에 아이끼리, 아이와 교사 사이에 갈등이 빚어진다. 공부 시간에 질문하거나 설명할 때, 읽은 것을 확인할 때 많이 일어난다. 듣고도 무슨 말인지 몰라서 우두커니, 멍하니 서 있기도 하다. 그러다 몇몇은 답을 하고 따라 말하거나 묻어 넘어가기도 한다.

"알겠니? 알았습니까?"

라고 몇 번 물으면 몰라도 먼저 "예" 하고 넘긴다.

모른다는 것을 숨기고 싶고 불편한 순간이 빨리 넘어갔으면 하는 마음이 깔려 있기도 하다. 그러다 보면 안 했어도 했다고 넘겨 버리는 습관이 든다. 숙제했다는 것을 보이려고 베껴서 쓰는 것도 그렇다. 아무 생각 없이 보이는 대로 그려 넣는다. 스스로 문제를 해결해 보려는 목표가 없으니 숙제를 하면서 짜증과 싫증만 늘어난다. 그래서 공부가 싫다는 말을 덧붙이기도 한다.

들을 때도 목적과 목표 없이 들으니 들리지 않는다. 소리로 들릴 뿐이다.

말하는 이는 '말'이지만 듣는 사람은 다 '말'로 듣지 않으니까 문제가 생긴다. '말'이 아닌 '소리'로 여기니까 뜻과 의미를 알지 못한다.

소리에는 물소리, 바람 소리, 자동차 소리가 있다. 늘 우리 곁에서 쉽게 자주 들린다. 하지만 다 기억하지 못한다. 관심과 목적을 두지 않으니까 들어도 생각나지 않는다. 마음을 두지 않으니까 못 듣고 사는 것이다.

우리가 하는 말도 이런 바람 소리, 자동차 소리처럼 여기면 들어도 들리지 않는다. 예술인들은 소리를 말로 듣기도 한다. 그냥 스쳐 가는 소리를 음악과 그림으로 표현하는 힘도 많다고 한다. 원래 그런 힘이 있었던 게 아니라 소리를 말로 들은 경험과 노력이 꾸준히 있었기 때문이다.

마음과 관심의 문제다. 듣기 싫다는 마음, 귀찮다는 마음 때문에 집중하지 못한다. 어떤 내용일까, 내가 겪은 것과 어떤 차이가 있을까 하면서 진지하게 들으면 말하는 사람도 믿음을 가져서 더욱 깊이 있게 풀어 낼 것이다. 잘 들으니까 말을 더 잘 한다. 사람과 사람 사이도 믿음이 싹튼다.

자연에서 들려오는 소리도 이렇게 '말'로 들으면 기분이 좋아지기도 한다. 그래서 혼자 있어도 혼자 같지 않고 자연을 벗 삼을 수 있고 외롭지 않다. '말'을 '말'로 제대로 듣는 것에서 '소리'를 '말'로 듣는 수준까지 갔으면 좋겠다. 그러면 많은 것을 들을 수 있다.

우리는 눈으로 수많은 것을 본다. '본다'는 내가 스스로 보는 것이고, '보이게 된 것'은 내 뜻과 상관없이 이루어진다. '보이게 된 것'을 '본 것'으로 하려면 나의 관심과 생각을 담아야 한다. 그래야 보인다.

사람이 동물보다 나은 건 '보이는 것', '듣게 되는 것'보다 스스로 생각하며 보고 들을 줄 알기 때문이다. 그리고 그것을 기억해서 다시 이용하는 '문화'를 만들기 때문이다. 두 번 실수를 반복하지 않고 더 나은 행동과 실천으로 이어지기 때문이다. 그런 문화를 만드는 사람이 많아서 인류가 발전하고 우리가 편리하게 산다.

좋지 않은 문화도 있다. 우리 습관을 멍하게 만드는, 생각하지 못하게 만드는 것도 많다. 텔레비전, 비디오, 스마트폰, 게임기 같은 디지털 매체가 그렇다. 물론 잘 이용하면 좋게 쓸 수 있겠지만, 대부분 지나치게 중독성 있게 활용하면 사람 뇌를 혼란스럽게 하거나 쓰지 못하게 만든다고 한다.

많은 것을 배울 시기에 있는 사람은 이런 문화를 멀리해서 생각하는 힘을 기르는 것이 중요하다. 가져야 할 문화와 갖지 말아야 할 문화를 구분해서 몸과 마음을 만들어 가야 하니까 힘든 것이다. 그게 요즘 공부가 옛날 공부보다 힘든 까닭 가운데 하나일 것이다.

옛날 사람들이 공부할 때는 생각을 어지럽히는 물건이나 상황, 문화가 지금처럼 많지 않았다. 요즘은 편리하다고 만들어 놓은 많은 물건이 우리 정신과 마음을 오히려 더 흩뜨려 놓거나 혼란스럽게 만드는 경우가 잦다. 갖추고 지킬 것과 멀리할 것을 제대로 알고 실천하는 것이 무엇보다 중요하겠다.

말을 소리로 들을 것인가 말로 들을 것인가는 내 머리와 마음에 달렸다. 다른 사람의 말뜻을 잘 새겨서 들을 줄 아는 사람은 누구나 될 수 있다.

조금씩 관심을 늘리면서 재미와 노력을 붙이면 또다시 큰 재미와 감동, 보람이 이어질 것이다. 관심이 내 몸과 마음을 더욱 성숙하게 만들어 줄 것이다. 기쁜 마음으로 듣자.

따돌림의 의미

어느 날, 아이들 속에서 이런 소리가 들렸다.

"야, 친구 없으면 왕따지!"

"왜?"

"친구 없이 혼자면 왕따야."

"그래?"

왕따의 정확한 정의와 의미를 밝혀야 했다. 언론에서 자주 '왕따'라는 말에 '자살', '죽음'이란 낱말이 얽혀서 나오니 조그마한 따돌림이나 무관심도 모두 왕따로 여기기까지 한다.

왕따라는 말에는 따돌림, 무관심, 친구와 어울리지 못한다, 친구가 없다, 괴롭힘 같은 의미가 담겨 있다.

"나는 왕따를 당해 본 적이 있다, 손들어 보세요."

없다.

"그럼, 왕따 느낌을 받았다."

두 명이 손들었다.

"왕따라는 말의 뜻을 아는 사람은?"

아무도 손을 안 든다.

"그럼 칠판을 보자. 여기 써 놓은 말 가운데 왕따라는 말에 가장 어울리는 말을 찾아봐."

'괴롭힘. 따돌림, 친구가 없다'가 가장 많이 나왔다. 나는 칠판에 덧붙여 썼다.

'집단적, 지속적, 괴롭힘'

왕따는 여러 아이가 오랫동안 한 아이를 꾸준히 괴롭히는 것을 말한다. 며칠 따돌렸다가 다시 노는 것은 잠시 삐짐, 따돌림이다. 친구와 어울리지 못하는 것은 어울리지 못하는 성격이나 어울리기 위한 과정에 있는 것이다. 친구가 없다는 것은 친구를 찾고 있다는 뜻과 같다. 깊이 또는 가볍게 사귀는 친구도 있다. 같은 반이니까 반 친구도 있다. 늘 붙어 다니는 친구만 친구가 아니다. 그런 친구가 없어도 여러 친구를 쉽게 만나기도 한다. 내 고민을 들어 주는 친구가 있기도 하고 없기도 하다. 친구가 없어도 내 나름대로 잘 지내기도 한다. 지금은 친구가 없어도 나중에 생기기도 한다.

'왕따'라는 말은 겁나고 폭력적인 말이다. 한 사람을 여럿이 꾸준히 괴롭힌다는 말이다. 이렇게 다른 사람을 의도적으로 따돌리는 사람도 정상은 아니다. 집단 병이다. 삐짐, 마음 상함, 친구 말 무시, 친구 없음을 '왕따'라고 해서는 안 된다.

'왕따'라고 말할 수 있다면 뉴스에 나올 만하다. 뉴스에서 나올 정도는 흔한 일이 아니다. 흔한 일이 아니니까 '뉴스'가 되고, 특별한 소식이 된다. 이런 뉴스를 자주 듣다 보니 '특별한' 일이 평범한 일로 여겨져 사람들 마음을 불안하게 만든다. 어른들이나 아이들 모두 다 그렇다. 자라 보고 놀란 가슴 솥뚜껑 보고 놀란다고 했다. 기다리면 스스로 풀리거나 상처가 아물기도 하는데 급히 문제화시켜 해결하려다 보면 더 큰 상처가 되기도 한다.

물론 큰 사건은 작은 일에서부터 시작된다. 큰일로 번지지 않도록 조심해야 한다. 자기 감정과 상황을 정확하게 정의 내리는 일도 중요하다. 조심은 하되 작은 것을 너무 크게, 큰 것을 너무 작게 봐서는 안 된다.

객관적으로 볼 줄 아는 눈과 마음이 필요하다. 이것도 '배움'이 아닐까?

사회적 관계를 정확히 판단하고 올바르게 정의된 말로 쓰는 것도 중요하다. 말이 중요하다. 정확한 말을 써서 올바르게 받아들여야 한다.

왜 갔는지 알겠다

어제 학급 일이 끝나지 않았는데도 일찍 집으로 간 아이를 불렀다.

"그래, 왜 간 거야?"

"…."

"어제 선생님이 남으라고 했잖아! 그건 알고 있었어?"

"네."

"그런데?"

"학원 빨리 가야 해요. 안 그러면 엄마한테 맞아 죽어요!"

"아니, 학교 일 다 마치고 가라고 했잖아!"

"선생님보다 우리 엄마가 더 세요!"

갑자기 답답하기도 하고 화가 나기도 했다.

오늘 학급 어린이회 시간에 이 문제에 관해서 이야기해 보기로 했다.

학원을 핑계로 청소나 학급 일에 빠지거나 대충 끝내고 가 버린 적이 있는 사람은 손들어 보라니까 반 정도다. 그때 기분이 어땠느냐고 물으니 '재미있었어요, 찝찝해요, 밤에 잠이 안 와요, 배가 아파요' 등등 여러 말이 나왔다.

"그럼 학원 이야기 좀 해 볼까? 학원에 다니고 싶어서 다니는 사람?"

열 명 정도 손을 든다.

"억지로 다니는 사람?"

스무 명 정도.

"학원을 억지로 다니기는 하는데 재미있게 다니는 사람?"

네다섯 명.

"내가 다니고 싶어 다니는데 이제 싫은 사람?"

네다섯 명.

"남아서 청소하는데 학원 간다고 도망간 아이들을 보면 어떤 생각이 나?"

"화가 나요."

"짜증 나요."

"불쌍해요."

"벌 청소하는 것 같아요."

"나도 빨리 가고 싶어요."

"억울해요…."

"그럼 이번에는 내가 도망을 갔다면 어떤 마음이 들까? 아까도 비슷하게 물었지?"

"불길해요."

"잠이 제대로 안 와요."

"신나요."

"찜찜해요"

"어쩔 수 없이 모두 남아서 하고 가야 할 때가 있잖아. 그래서 학원을 늦게 가야 할 때 어떻게 해야 하지?"

"선생님, 저는요. 학원 시간을 학교 마치는 시간보다 한두 시간 뒤에 잡아 주면 좋겠어요. 그러면 학교에서 좀 늦어도 충분히 갈 수 있으니까요."

"그냥 하루쯤 땡땡이 치죠, 뭐."

"선생님께 말씀드리고 일찍 가면 되지요."

"우리가 살다 보면 이렇게 어쩔 수 없이 남거나 다른 일을 못 할 때가 있어. 그런데 내 시간 때문에 다른 사람들에게 피해를 주어서는 안 되잖아. 이럴 때 자기 행동을 잘 해야겠지요?"

어제 도망간 아이 덕분에(?) 학급 어린이회 회의 한 번 잘했다.

일찍 집에 간 아이에게 왜 갔는지 일기장에 써서 내라고 했더니 이렇게 썼다.

학교에서 5교시 사회 시간에 깃발을 만들었다. 사회 시간이 끝났다. 하지만 깃발을 완성하지 못했다. 그래서 선생님께서 모두 남아라 했다. 이거 큰 일이다. 학원 빨리 가야 하는데. 하지만 밥을 빨리 먹고 집에 2시에 도착했다. 그리고 학원에 갔다. 나는 학원을 마치고 동생을 데리러 갔다. 그리고 아이들이 준비물을 가르쳐 주었다. 그리고 오늘 내 생일이다. 그런데 갑자기 배랑 눈이 아팠다. 너무 괴로웠다. 토할 뻔했다. 그때 아빠가 횟집에서 불렀다. 나는 저번 주에 생일을 못해서 아빠가 2만 원을 주셨다. 너무 아파서 오늘은 빨리 잤다.

늘 학원에 쫓기는 삶에 마음이 아팠다.

어제 생일이었는데 그 마음을 몰라 주고 아이를 너무 혼냈다. 가슴이 아팠다. 아이는 오늘 늦게까지 남아서 있다 갔다. 남으라는 말도 안 했는데, 교무실에서 일하다 한두 시간 늦게 들어갔더니 책상에 엎드려서 자고 있었다.

"응, 빨리 집에 안 가고 뭐 하니?"

내 말에 아이가 엉겁결에 옷을 들고 나간다. 가고 나서 쓴 글을 보니 마음이 많이 아팠다.

생일날 그 하루 동안 얼마나 서러웠을까. 나한테 한 마디라도 생일이라고 했으면 그렇게 야박하게 꾸짖지는 않았을 건데. 꾸짖은 나도 이럴 땐 참 답답하다.

아이를 보내고 마음속으로 중얼거렸다. 생일 축하한다. 늦게라도 말 못하고 보낸 마음이 더 미안하고 답답하다. 좀 더 챙겨 보지 못했다. 미안하다.

청소해야 하니 봉사위원 하지 마라?

학급 봉사위원을 뽑는다. 학급 대표인 반장, 부반장을 선출하며 한 반에 열 명가량 뽑는 방식이 10년 넘게 이어지고 있다. 사람 수는 학교마다 차이가 있기는 하다. 학급 봉사위원은 말 그대로 학급에서 봉사활동을 하는 아이들이다. 그래도 학급 대표라서 아이들이 서로 해 보려고 많이 나서기도 한다. 학부모님도 자기 아이가 봉사위원 되는 것을 자랑스럽게 여긴다.

우리 반 봉사위원 명단을 들고 학년 연구실로 가니 옆 반 선생님이

"아이고, 우리 반에 이런 부모님이 있더라고요. 우리 반 애 하나가 자기는 하고 싶은데 엄마가 봉사위원 되면 청소하러 가야 한다고 하지 말라고 했대요."

하면서 아이가 울상이었다는 말을 건넨다.

"그래도 네가 하고 싶으면 하는 거야. 봉사위원은 청소하러 오는 사람이

아니야 하고 말했더니 봉사위원 하겠다고 나서더군요. 그래서 그 아이가 두 번째로 많은 표를 얻었어요."

이런 소리를 듣고 아이와 그 부모님을 생각해 보았다.

아이는 어머니가 자신의 생각은 전혀 물어보지 않거나 살펴보지 않고 지시하듯이 말해서 얼마나 답답했을까. 하고 싶은 일을 어른들의 눈치 때문에 하지 못하는 마음을 이해한다. 그 어머니를 탓할 일도 아니다. 그 어머니가 보시는 학교라는 문턱이 높구나 싶다. 학교나 선생님에 대해 어떤 생각을 하고 있는지 짐작이 간다. 아직도 옛날 학교처럼 아이가 학급 임원이 되면 무엇인가 사다 주어야 하고, 청소해야 하고, 아이도 임원이니까 어머니도 임원 일을 해야 한다는 상식(?)을 가진 듯하다. 그런 생각은 어쩌면 주변 어머니들에게서 들은 소리거나, 가까이에서 그런 일을 자처해서 하신 분이 있어서일 것이다. 사실 학기 초 낮은 학년 아이들 교실은 먼지도 많고, 구석구석 물건을 옮기려면 여러 손이 필요하다. 그래서 한 학기 한 번 정도 어머니들께 도움을 받기도 하다.

아이들은 왜 그런 생각을 할까? 어디선가 들은 소리가 있을 것이다. 어머니들끼리 모임에서 나온 소리일 수 있다. 담임교사와 직접 만나지 않고 학교 밖에서 떠돌아다니는 말을 사실로 믿으면 점점 불신의 벽이 높아진다.

이런 생각의 벽을 허무는 일도 교사가 살펴서 풀어 볼 일이다. 학교에서 아이들이 어떻게 생활하고, 어떤 일이 벌어지고, 학부모는 어떻게 참여할 것인가 하는 것을 알려 주어야 한다. 갈수록 학부모와 만날 수 있는 자리가 줄어든다. 학기 초 인사말 정도 나누는 것이 처음이자 마지막이 되다 보니, 진지하게 고민을 나누는 자리가 잘 만들어지지 않는다.

학부모 통신문이 이래서 필요하다. 학교 일, 학급 일을 학부모님께 솔직하게 알려 주고 어떻게 생활해 나가는지 서로 알아야 한다. 그래야 불필요한 오해를 없앨 수 있다. 부모님 눈치가 겁이 나 하고 싶은 일을 하지 못하는 일은 없어야 한다. 반대로 부모님 눈치가 겁이 나 하기 싫은 일을 억지로 하는 것도 문제일 것이다. 아이들 속마음을 늘 관심 있게 들어 주고 끌어 내는 것이 우리 어른들의 책임 아닐까. 나도 나 혼자 편하자고 아이들의 의견을 무시하고 지내는지도 모른다.

다트 이야기

셋째 시간, 칠판에 다트 과녁을 걸어 두고 자석 다트를 들고 던졌다. 모두 다섯 개를 하나씩 하나씩 던졌다. 하나가 붙었고, 나머지 넷은 떨어졌다. 다시 네 개를 주워서 또 던졌다. 이번에는 두 개가 붙었고 두 개가 떨어졌다. 하나 붙을 때마다 아이들이 "와!" 하고, 떨어지면 "에이!" 하면서 비웃듯 웅성거렸다. 떨어진 두 개를 또 주워서 던졌다. 또 실패다. 다시 주워서 던졌다. 이번에는 다 붙었다. 결국 몇 번 하고 나니 다 붙었다.

"애들아, 이제 다 붙었지?"

"예."

"몇 번 만에 한 거야?"

"다섯 번? 여섯 번?"

"그래서 결국 선생님은 다 붙였지? 이 다트를 붙이는 것처럼 우리도 이렇게 공부를 했으면 좋겠다. 떨어지면 주워서 던지고 또 떨어지면 주워서 던져서 결국 다 붙이는 거야. 공부하다 실패하고 실수하면 또 하고, 또 하다

〈그림3〉 과녁을 칠판에 걸어 두고 다 붙을 때까지 다트를 던졌다.

틀리고 모르면 다시 하면 결국은 다 성공할 수 있어. 살다 보면 성공이 많겠니? 실패가 많겠니?"

"성공이요! 아니, 실패요!"

"몇 번쯤 실패해야 성공할 수 있을까?"

"다섯 번? 열 번? 많이요!"

"그래, 실패, 실수가 성공보다 몇 배나 더 많지. 당연하지. 처음은 당연히 실패하는 거야. 자꾸 실패해도 잊고, 못해도 결국 열심히 노력하면 성공할 수 있어. 다트 던지는 것처럼 포기하지 않고 끝까지 도전하면 돼. 한꺼번에 다 붙지 않는다고 나는 못 한다, 재주가 없다면서 포기해 버리면 늘 그 정도밖에 되지 않지. 지금 1등이 영원히 1등이 아니고, 지금 꼴등이 영원히 꼴등도 아니야. 우리는 지금 붙지 못한 떨어진 다트를 든 거야. 그것을 버릴 것인가, 던질 것인가는 너희들 손에 달렸어."

이번에는 다트 다섯 개를 한꺼번에 모아 던지지 않고 붙였다.

"자, 봐라. 선생님이 이렇게 한꺼번에 모아서 붙여도 될까?"

"에이, 반칙이다!"

"그래, 이렇게 붙이는 건 공정하지 않아. 반칙이야. 한순간 눈속임으로 또는 우연히 성공할 수도 있어. 하지만 나중에 진실이 드러나지. 실수, 잘못, 실패, 틀리는 것을 두려워하지 말자. 그것을 숨기려고 하는 척, 베끼는 것, 성공한 것처럼도 하지 말자. 던지는 노력을 해야지. 우리 반은 올 한 해 이렇게 공부했으면 좋겠다."

다트 과녁은 교실 한쪽에 걸어 두었다. 자석 다트를 몇 개 더 구해야겠다.

때려야 조용할까?

과학 시간에 조용히 눈을 감고 앉았다.

"애들아, 우리 반이 4학년 반들 중에 가장 공부를 못 하니?"

"아니요…."

"그래도 공부를 못 한 축에 들어간다고 생각하는 사람 손들어 봐."

반 가까이 든다.

"그럼 우리 반이 다른 반들보다 더 많이 까불고 떠든다고 생각하는 사람?"

대부분 다 손을 든다.

"또 한 번 더. 다른 반보다 말을 잘 안 듣는다? 내가 어른이라도 힘들겠다?"

또 대부분이 손을 든다.

"선생님이 날마다 때려요!"

길동이가 불쑥 끼어든다.

"그래, 애들아, 선생님이 때리더냐?"

"아니요. 안 때리는데 또…."

"길동아, 선생님이 그렇게 때리더냐?"

"맞은 기억이 있으니까 말하죠!"

길동이 말투는 늘 이렇다. 옆에 있는 아이들이,

"에이, 아니…."

아이들도 더는 말을 하지 않고 답답해한다. 싸워서 맞은 것, 꾸중해서 맞은 기억이 길동이 입에서는 날마다 맞은 것으로 나온다.

"맞았어요. 때려야 해요. 패야 해요. 찍어야 해요."

이런 말이 불쑥불쑥 튀어나오는 것을 들으면 불쌍하기도 하고, 그동안 어른들에게 꾸지람도 많이 듣고 매도 많이 맞아서 그런 것 같기도 하다. 그래도 말하지 않는 것보다 그런 말이라도 자꾸 해서 풀어 나갔으면 한다.

"우리 반이 왜 이렇게 떠들지? 이 떠드는 것을 때리고 겁주면 조용해질까?"

"…."

"애들아, 조용히 하려면 매를 들고, 겁을 주면 조용해질까? 정말?"

"조금은 조용해질 것입니다."

"그것도 잠시만 그럴 거요!"

"그러면 자꾸 조용하도록 매를 자꾸 들고, 겁나게 하면 될까?"

"그럼 조용해지겠죠."

아이들이 조용조용 듣는다. 선생님이 겁나게 할까 싶어 조심하는 눈치다.

"그래, 그렇게 무섭게 해서 일 년 동안 지낼 수 있겠지? 그러면 그것이 정말 조용해진 걸까?"

"그래도 다음에 5학년 때는…."

"5학년 때라, 5학년 때는 또 시끄러워질까?"

"그럴 수 있겠죠?"

"음, 그럼 한 해 동안 조용히 지내려면 무섭게 하면 되겠네? 그럼 선생님은 그 방법을 알면서 왜 그렇게 하지 않지?"

"때리 패세요!"

길동이 또 양념을 친다. 이번에는 아이들이 별 반응하지 않는다. 늘 듣는 소리라 그냥 넘긴다.

"왜, 선생님이 무섭게, 겁나게 매를 들 수 있는데 왜 안 하는 걸까?"

"그것은 겉으로만 조용하지 속으로 참고 있잖아요!"

"그래서 선생님 앞에서만 안 보일 뿐 언젠가는 또 하겠지? 내 눈치만 보고 조용할 뿐이지. 스스로 움직이지 못한다는 거지. 길들어지면 안 되잖아! 너희도 길들고 싶니?"

"아니요!"

"그럼 가만히 놔 두니까 준비물을 반 가까이 안 해 오고 숙제도 한두 달이 지나도록 안 해 오는데…. 일기도 한 달에 한 번 쓰는 사람도 생기는데?"

"…."

"그동안 선생님이 기다리고 있잖아. 너희가 하고 싶을 때까지. 일기든 숙제든 억지로 시켜서가 아니라 스스로 하고 싶고 챙길 수 있도록 말이다. 그

런데 걱정이 하나 있어. 기다리다가 한 해가 다 가 버리고 내년에 다른 반이
되어 버리면 생활이 또 어떻게 바뀔지 모르잖아. 그래서 걱정이 돼!"

잠시 과학 시간 동물들의 짝짓기 단원을 하기에 앞서 주고받은 이야기다.
모두 조용했다. 동물과 사람의 짝짓기에는 좋은 감정, 사랑이 있어야 한다
는 말에 우리가 살아가며 좋은 감정, 사랑 같은 느낌을 얼마나 지니고 살까
하는 생각이 들었다. 시키는 일과 공부, 과제에 길들여지면 내 마음속에 내
가 없어지는 것이다. 똑같은 일과 노래와 숙제라도 내가 하고 싶어 하면 내
마음을 더 살찌우고 좋은 감정을 더 익힐 수 있는데 말이다. 보이지 않지만,
그런 좋은 감정이 싹을 트고 있는데 보이지 않고 말하지 않아서 알 수 없을
지도 모른다. 어릴 때일수록 그런 느낌을 많이 느끼며 살았으면 좋겠다. 그
게 결국 내 마음과 더불어 몸을 건강하게 하는 밑거름이 되겠지.

때리지 않고 맞다

아이들한테 과제를 내면 보통 며칠 시간을 준다.

오늘 공부하고 한두 문제 바로 풀 문제라면 하루 전날 내도 되지만, 물어
보거나 조사할 거리가 있으면 일주일 정도 시간을 준다. 만들기나 조사 탐
구가 그렇다. 미리 조사하거나 만들어 보고, 안 되거나 할 수 없는 형편이
되면 학교에 와서 하거나, 안 되는 까닭을 풀면서 과제를 완성하도록 시간
을 주는 것이다. 하지만 대부분 시간을 아무리 많이 줘도 완성 하루 전에 하
거나, 그때쯤 준비한다. 그러다가 잊어버렸거나 집안일, 컴퓨터 고장, 물어
볼 사람이 없다는 이유로 대충 칸 채우기식 답을 채워 오기도 한다.

이번에는 주장과 근거를 찾아서 글을 쓰고, 자기 목소리로 녹음해 오는 과제를 내주었다. 글을 쓰고 녹음한 것을 누리집에 올리면 된다. 조사하고 찾아보는 것은 공부 시간에 하도록 했고, 모자란 부분이나 자세한 부분은 한 번 더 찾아 정리하면 된다.

오늘 과제를 확인해 보니 스물여섯 명 가운데 둘만 하고 나머지는 하지 않았다. 모두 깜빡 잊었거나 집 컴퓨터에서 녹음이 안 된다, 소리가 안 들린다는 것과 같은 변명이 나온다. 그래서 미리 며칠 시간을 준 것이다. 안 되면 학교에 남아서 하고 가면 된다. 글은 공책이나 교과서에 쓰면 되고, 그것을 학교 컴퓨터실이나 정보 활용실에서 녹음하는 데 1분도 안 걸린다. 평소에도 남아서 하고 가는 아이들이 있는데, 그런 방법도 이용하지 않고 한 번 안 되면 다음 방법은 생각지 않고 포기하는 것이 답답했다. 기회를 버리는 것이다.

나는 늘 반 아이들한테 이렇게 말한다.

"숙제를 못 하거나 시험을 못 칠 수도 있다. 준비물을 못 챙기거나 깜박하고 안 가져올 수도 있어. 그렇지만 못 했을 때, 깜빡하고 나서 다음 행동이 중요하다. 가만히 있을 거야? 안 가져왔으니까 책상을 비워 놓고 가만히 앉아만 있을 거야? 빌리거나, 학교에서 하거나, 친구들에게 도움을 받거나 해서 다른 방법으로 생각해서 해 보려는, 맞추어 보려고 노력은 해야 하지 않겠니?"

이렇게 힘을 주어 말해도 한 번씩 잊는다. 벌써 석 달이 흘렀고 이제 100일이 넘어간다. 이렇게까지 해 왔는데 또 그러면 6월부터는 미안하지만, 매를 때려서라도 알게 하겠다고 말을 한번 던졌다. 하지만 이렇게 두 아이만 빼고 다 안 해 온 것은 처음이다. 약속을 지켜야 한다.

"모두, 손을 책상에 올려라. 밑에 교과서를 깔고! 눈을 꼭 감아! 눈 뜨면 안 돼!"

"…."

"혹시나 몰라 사나흘 시간을 줬는데도 하지 않고, 기회를 저버렸다. 6월 약속을 했으므로 매를 들어야겠다!"

조용하다. 모두 눈을 감고 손을 책상 위에 올린다. 단소 길이만 한 막대를 들고 돌아가면서 때렸다.

'쾅, 쾅, 쾅!'

아이들이 편 손 옆으로 책상을 모두 내리쳤다.

"눈 감아!"

'쾅, 쾅, 쾅!'

책상 소리가 이어졌다. 아이들의 손은 맞지 않는다. 책상 소리가 교실 가득 울렸다.

"이제 눈을 떠라."

선생님이 무슨 말을 할까 궁금해 눈이 한곳으로 모인다.

"왜 때리는 걸까? 무엇 때문에 때리지?"

한두 아이를 꼭 집어서 대답하게 했다.

"알라고요."

"그래, 무얼 알아야 해?"

"무엇을 잘못했는지…."

"그럼, 무엇을 잘못했는지 알았다면 맞은 거네?"

"네."

"내가 때려도 무엇을 잘못했는지 깨닫지 못한다면 그것은 맞은 거야?"

"아니요."

"그럼, 조금 전에 너희는 맞은 거야, 안 맞은 거야?"

"맞았습니다."

"그래, 너희는 맞았다. 손에 매가 닿지 않았지만 맞은 거야. 선생님이 정말 때렸어도 깨닫지 못하고 자꾸 되풀이해서 똑같은 잘못이 이어지면 그 사람은 맞아도 맞지 않는 사람이 된다. 우리는 잘못을 하며 산다. 잘못할 수 있다. 안 할 수도 있다. 못 할 수도 있다. 그렇지만 기회를 다시 찾아 도전해야 한다. 포기하지 마라. 한 번으로 포기하지 마라. 해 보지도 않고 짜증 내지 마라. 선생님은 기회를 포기하는 사람에게 매를 들 것이다. 때리지 않고 깨닫는다면 가장 좋지만, 때려서라도 깨닫는다면 그렇게라도 하겠다."

오늘은 때렸다. 책상을 때렸다. 아이들은 맞았다. 맞지 않고 맞았다. 왜 맞았는지 알았다면 맞은 거다.

밥, 책, 공부

칠판에 밥, 책, 공부라고 써 놓았다.

"얘들아, 책을 덮어 봐라. 그리고 여길 한 번 볼래(칠판의 '책' 글자를 짚으며). 책을 왜 읽을까?"

"공부에 도움이 되어서요. 재미있으니까요."

"그래, 그럼 밥은 왜 먹지?"

"배 고프니까요! 안 먹으면 죽잖아요."

"그렇지. 그럼 밥은 처음부터 스스로 먹는 거야, 누가 떠먹여 준 거야?"

"당연히 떠먹여 주었죠?"

"그럼, 지금도 다른 사람이 떠먹여 줘?"

"하하하, 혼자 먹죠!"

"그래, 이제 스스로 먹지. 먹을 것은 만들어 주지만 아직도 떠먹여 주는 사람이 없겠지. 그럼 책은 어떨까? 책도 처음에는 읽어 주었겠지?"

"네."

"그럼, 지금은 어때? 읽고 싶어 읽니? 읽으라고 해서 읽니? 솔직히 읽으라고 해서 읽는 사람?"

반 가까이 손을 들었다.

"오, 이것은 반반이네. 그럼 이 '공부'는 어떨까? 이것도 처음에는 공부를 옆에서 시키거나 하라고 했겠지? 그럼 지금은 어때? 하고 싶은 하는 사람?"

"…."

"그래, 공부는 하고 싶어 하는 사람이 별로 없구나. 밥은 스스로 다 먹고, 책은 반반, 공부는 거의 없어. 어른들은 어떨까? 어른들은 다들 하고 싶어 할까?"

"책 안 보고 공부 안 하는 사람도 있어요. 그래도 하고 싶어 해요. 시켜서는 안 하죠."

"밥은 누구나 먹고 싶어서, 먹어야 사니까 먹고, 책은 스스로 골라서 읽고, 공부도 필요한 사람은 스스로 하지. 그럼 이 밥은 뭐가 좋아서 먹지? 어디가 좋을까?"

"안 먹으면 죽죠. 몸에 좋잖아요."

"음, 그래 몸에 좋다?"

"…"

"그럼, 책은 어디에 좋아서 읽으라고 하지?"

"공부에 도움돼요. 지식이요. 사는데요."

"그래, 이것은 '생각'이라고 써 볼게. 그럼 공부는 왜 하는 거지?"

"공부 못 하면 직장을 구하지 못하잖아요. 대학 가기 위해서요."

모두 돈을 벌기 위해, 앞으로 잘살기 위해서란다. 나는 공부 밑에 '마음'이라고 덧붙여 썼다.

"그래, 밥은 몸을 지키기 위해 먹지. 하지만 너무 많거나 적게 먹으면 좋지 않다는 것은 다 알지? 그리고 무엇을 먹느냐에 따라서 몸을 해칠 수도 있어. 잘 골라서 먹어야 해. 인스턴트 음식이나 몸에 좋지 않은 불량식품은 많이 먹은 만큼 손해를 보게 되지.

책도 공부도 마찬가지야. 책은 생각을 키우려고 읽는데, 생각을 키우지 못하고 너무 자극적인 흥미나 재미에만 빠져 생각하지 못하는 것도 있어. 너무 자극적인 책(공포, 귀신 이야기 등)만 골라 보는 것도 그래. 텔레비전이나 비디오, 컴퓨터 게임도 단순 생각만 하게 만들어. 깊은 생각은 못 하고 듣기만 하면 닭장에 갇힌 닭, 우리에 갇힌 돼지와 다를 바 없잖아.

생각은 눈에 보이지 않는데 어떻게 확인할까? 그건 말을 해 보면 알아. 공부 시간에 어떤 내용을 가지고 발표하는지 너희도 잘 알잖아. 귀신 이야기, 공포 이야기를 많이 읽었던 아이가 어떤 말을 했는지 생각해 봐. 아무 말도 없었잖아.

공부도 그래. 하고 싶은 공부는 언제 하게 될까?"

"대학 공부까지, 직장 다닐 때까지요?"

"하라니까, 해야 하니까 하는 공부는 나중에 공부를 스스로 해야 할 때 스스로 할까? 시험 치고 나면 공부하고 싶은 마음이 사라져 버리고 생각도 없어지고 별 재미도 못 느끼잖아. 마치 모두 시험을 위해 공부하는 것 같지? 그럼 공부를 왜 하는 거지? 어디에 쓰려고 하지? 선생님은 마음을 바르게 가지려고 한다고 생각해. 마음도 보이지 않거든. 이것은 또 어떻게 알게 되지? 행동이야. 행동을 보면 그 사람 마음을 알 수 있어. 공부를 제대로 한 사람은 머리에 지식만 넣는 게 아니라, 몸으로 실천할 수 있는 사람이야. 행동하지 않는 앎은 쓸모가 없잖아. 모든 것을 다 실천할 수 없지만, 최대한 노력은 꾸준해야지. 여러분은 그런 공부를 참 많이 해야 하거든. 그래서 배우는 것이고. 또 다른 사람에게 도움 주는 사람도 되지.

자기만 잘 살려는 사람은 공부를 즐기지 못하고 나누지도 못해서 배운 지식이 자기 것인 양 돈 벌 생각만을 하기 쉽지. 우리가 배우고 익히는 것은 모두 다른 사람들이 만들어 낸 거야. 우리는 열심히 남의 것을 익혀서 나중에는 새롭게 만들어 내야지. 이게 창조, 창의 있게 사는 것이겠지?"

8장

감정을 다루는 성장 공부

학급살이는 아이들과 교사 모두에게 성장하는 과정이다.

대학까지는 지식 공부, 최소한의 생존이 공부였다. 어느 수준까지 알면 제대로 가르칠 수 있을 것이라는 전제가 깔렸다. 그런데 학교 현장은 그런 앎보다 삶의 관점에서 이루어지는 수업과 행사가 많다. 교사의 철학과 가치관에 따라서도 차이가 난다. 교사의 철학과 가치관은 현재 앎의 측정 도구(교원 임용 시험)로써는 확인하기 힘들다.

그럼 교사가 되고 나서는 어떤 공부를 해야 할까?

대학에서 하던 공부 방식은 직장(학교)에 오면 달라져야 한다. 직업 지식인으로서 공부는 할 만큼 했다. 넘친다.

아이들과 만나는 현장에서는 몸과 마음을 다스리는, 관계를 맺고 소통하는 방법과 감정을 다루는 공부가 필요하다. 절실하다. 책을 본다고 익혀지는 게 아니다. 머리로 안 것을 몸으로 느끼며 실천하고, 학습 동기를 불러일으키는 감정을 다루는 공부를 꾸준히 하고 고민해야 한다. 즐겁고 행복한 배움의 상태를 지속할 수 있도록 늘 연구와 실천, 협력과 연대, 다양한 사람들과 사회적 관계를 맺으며 넓혀 나가야 한다.

교사는 아이들과 학부모, 동료 교사, 관리자와 소통 문제로 많은 어려움과 공감, 희망, 성찰을 겪으며 가치관을 만들어 간다. 감정이 다치기도 하면서 성장의 기쁨도 얻는다. 앎과 삶을 넘나들면서 성장이란 관점으로 학교와 학급을 보는 눈도 길러진다.

학교에서의 삶에는 스트레스도 많다. 스트레스를 다루는 공부도 필요하다. 스트레스를 받지 않는 방법, 스트레스 발생 순간이나 받았을 때 대응 방법도 알아야 한다. 머리로 안다는 개념이 아니다. 몸으로 그 느낌과 감정을 공감할 줄 알아야 한다.

여러 사람과 관계 맺고 소통하기 때문에 깨어 있어야 한다. 교사의 철학과 가치관을 튼튼히 다져야 흔들리지 않는다. 누구를 만나 어떤 관계로 소통을 했는지에 따라 교사의 진로도 바뀐다.

이런 공부는 혼자 하기 쉽지 않다. 남이 써 놓은 연구 자료나 책을 읽고 알 수는 있지만, 그것만으로 가슴을 데울 수 없다. 실천으로 뻗어야 한다. 만나야 한다. 관계 속에서 감정을 느끼며 배운다. 다투며 배우고 갈등과 비판, 논쟁 상황에서 감을 잡는다. 남이 대신 해 줄 수 없다. 그래서 교사 모임을 권한다. 아니다. 꼭 해야 한다. 서로의 성장을 돕는 관계의 공부가 필요하다. 교사는 아이들과 함께 사는 사람이다. 가족보다 더 많은 시간을 아이들과 함께한다.

교과의 지식 공부인 앎이 삶으로 이어진다. 삶에서 글감과 자료를 끌어와 앎을 이해시키기도 하고, 앎이 다시 삶에서 실천되도록 교육과정을 재구성한다. 앎과 삶을 넘나들면서 배움(앎)을 즐기고 삶을 가꾼다.

왜 사는가? 삶이 있는가? 오늘은 어떤 삶을 살았는가?

교사의 눈으로 보이는 모든 것이 학습 교재이고 공부거리다.

아이들 말, 행동, 표정, 마음을 알아 가고 이해하는 공부는 끝이 없다. 경력이 쌓일수록 아이들의 말을 들어 주고 기다려 주는 힘이 생긴다. 아이들 마음을 믿는다. 아이들을 믿기 때문에 알면서 속고, 따가워도 품고, 아파도 참으며 이어 간다. 교사의 교육철학과 가치관이 튼튼할수록 그런 힘이 세어진다. 그러면서 배우며 큰다.

1. 교사 모임 꾸준히 잇기

교사 모임으로 교사는 성장한다

내가 새내기 때부터 꾸준히 이어 온 두 가지가 있다. 학급문집 만들기와 교사 모임이다. 새내기 때는 주로 같은 책을 보고 읽어 가면서 공부했고 점점 실천 사례를 발표하면서 글쓰기 공부로 이어 갔다.

교사 모임은 공부 내용에 따라 학급운영 모임, 독서 모임, 환경 모임과 같은 성격을 지닌다. 보통 교사 모임은 3년을 넘기 힘들다. 몇 개월 다니다 다른 모임으로 옮겨 가거나 관심이 사그라지기도 한다. 학교 행사, 회식, 친목 모임이 겹치면서 공부 모임은 맨 뒤 순위로 밀린다. 각종 모임을 다 마치고 시간이 남으면 모이니까 꾸준하지 못한다. 교사 모임을 꾸준히 이어 가려면 다른 모임보다 먼저인, 삶의 한 부분이어야 한다.

내가 가장 오랫동안 이어 온 모임은 글쓰기 모임이다. 삶을 가꾸는 글쓰기 모임이다. 이 모임에서는 글쓰기보다 '삶'을 가꾸는 공부 시간이 길다.

우리에게 필요한 공부는 함께 정한다. 세 사람만 모여도 공부를 한다. 열 명 안팎이 공부하기 좋다. 20대, 30대, 40대 교사가 섞여 있지만 주로 30대 선생님이 중심이다. 지금은 그 사람들이 고스란히 40대로 이어지고 있다.

모임이 꾸준히 이어지려면 적어도 10년은 넘어야겠다는 생각이 든다.

처음 3~4년 정도는 다양한 학습 위주 공부가 된다. 모르는 것이 많으니 학급에서 일어난 이야기를 나누고 함께 무엇인가 배우는 시간을 중심에 두었다.

5~7년 정도는 깊이를 다지는 해였다. 어느 정도 철학과 신념이 비슷해져 인문학적 소양과 실천하고 행동하는 참여 공부가 많았다. 8~10년째는 학급에서 실천한 사례를 중심으로 서로 이야기하고 봐주는 것이 많았다. 매주 자기 글을 가져와서 이야기를 나누며 고칠 부분, 궁금한 점을 묻고 답하며 이어 나갔다. 아이들 글 합평도 참 좋았던 공부거리였다. 처음 학습 중심에서 결국 아이들과 교사의 삶을 다루는 이야기로 성장해 간다. 학급에서 일어나는 갈등과 어려움을 많이 듣는다. 해결 방법은 금방 나오지 않는다. 바로 풀리지도 않는다. 그런데 이야기를 하고 나면 힘이 생긴다. 지금 생각하면 그게 푸는 방법이었다. 몇 년 지나고 나면 그때 고민했던 문제가 자연스럽게 풀리기도 한다. 오랜 모임으로 얻는 배움의 즐거움이다. 이런 자연스러운 고민 이야기(우리 모임에서는 이런 시간을 '삶 나누기'라고 이름 붙였다)가 교사 모임을 꾸준히 잇는 힘이 된다.

서로 어떤 이야기든 들어 줄 수 있는 사람이 있다는 것이 큰 위안이고 힘이 되었다. 교육의 본질에 대한 이야기를 일주일에 한 번씩 주고받는다. 같은 고민을 하는 사람들이 있다는 것에, 세상에 나 혼자가 아니라는 것에 감사하며 희망과 용기가 생긴다. 그래서 옆에서 무엇인가 하라는 말이 없어도 하고 싶은 마음, 도전의 힘이 솟는다.

똑같은 정보와 사건도 서로 다른 관점으로 해석된다. 다른 눈으로 본다. 똑같은 수업 자료를 가지고 실천해 봐도 교사마다 다르다. 아이마다 다른 반응이 나타난다. 서로 다른 결과가 나온 까닭을 고민해 보고 이야기한다. 어떤 질문과 발문, 대응에 따라 수업 진행도 바뀐다. 교사의 성장을 돕는다.

교사가 성장하듯 교사 모임도 성장한다. 모이는 사람 수가 많아진다는 의미가 아니다. 사람 수는 늘기도 줄기도 한다.

열 명 내외 사람이 적당한 것 같다. 서로 돌아가면서 모두 말하기에 좋다.

자기 생각과 의견 말하기가 중요하다. 모두 빠짐없이.

한두 해 형식적인 모임이라도 10년 가까이 되면 습관이 된다. 삶의 한 부분이 된다. 수동적인 삶의 습관 때문에 교사 공부 모임도 몇 년까지는 스스로 생산한 글보다 좋다고 여기는 책, 연수, 강의, 자료 중심의 학습 모임이 된다. 입력 중심이 된다고 본다. 지속 가능하려면 자체 생산 능력이 있어야 한다. 그런 사람이 몇몇 모임을 주도하지만, 결국 나중에는 모두가 스스로 생산해 낸다. 그런 능력이 키워진다. 독립한다. 그때쯤이면 혼자서도 잘 배운다. 또 다른 모임을 만든다. 교사의 문화가 만들어진다. 학교에서도 교사 문화가 이렇게 성장했으면 한다.

학급운영이 어려운 시스템?

학급운영 연수 모임 선생님들 중에는 5년 차 앞뒤 선생님도 있고, 쉰 살을 넘나드는 분도 계시다. 늘 다녀 보아도 30대 선생님은 잘 보이지 않는다. 보이지 않는다고 해서 그분들이 이런 연수에 별 관심이 없다는 것은 아니다. 학교에서 무엇인가 한 가지 일에 매여 있다는 것을 안다. 학교 일을 하기에도 한창 나이다. 달리 말하면 아이들과 교과나 생활지도와 같은 교사 본연의 일을 하기에도 바쁠 나이다. 그런데 그 나이 때는 아이들 곁에 있을 여유, 가치 있고 질적인 교과 연구에 쏟아부을 겨를이 없이 바쁨의 회오리 속에서 벗어나지 못할 수 있다. 교육청과 학교의 요구에, 실적을 보이기 위한 활동이 많아 본연의 연구와 고민은 덮어 놓고 바쁘다.

창의적인 학급운영이나 교과 지도는 쉽지 않다. 학교 방침이나 공문에 따르는 것만으로도 숨 가쁘다. 오히려 제대로 무엇인가 해 보려면 더 피곤하고 힘들다. 그래서 대충 빨리 끝내 버리려는 습성만 는다. 괜히 일을 벌였다 여러 교사와 아이들만 피곤하게 만들고 자기 일만 더 늘었다고 생각이 드니 새로운 것에 도전하기보다는 눈치껏 빠지거나 묻어 가는 요령만 늘기도 한다. 질보다는 양적인 실적만을 생산해 내고, 또 그렇게 요구하고 검사하며 끝내 버리는 문화(시스템)가 돼 버린다. 제대로 잘 하기보다 빠짐없이 하고 있다는 흔적을 내는 데 힘을 뺀다. 욕을 안 듣기 위한 방어적인 교육, 보여 주기식 교육으로 변질된다.

학급운영 연수를 받으러 오신 분들은 양보다 질적인 것에 대한 관심과 배고픔 때문에 온다. 겪은 이야기를 풀어 내며 제대로 한 번 해 보자는 결론을 힘써 이야기해도 그것이 쉽게 실천될 수 있을까 하는 의문이 들 수 있다. 학교 일도 바쁜데 언제 그렇게 하느냐고 느낄지 모른다. 오히려 죄책감만 심어 주거나 특별한 교사, 능력 있는 교사만 그럴 수 있다고 여길지도 모른다.

학교 행사를 스스로 한번 해 보자고 해도 의욕이 별로 없다. 하라니까 하는 것이 대부분이다. 이렇게 살기를 몇 년 하면 수동적이고 비창의적인 삶, 생각 없는 사람이 되기 쉽다. 생활의 주인이 아닌 노예가 되는 것이 아닐까 싶다. 이런 과정의 삶에서 보고 듣는 승진과 점수 이야기가 무슨 '교육철학'으로까지 해석되며 자랑삼기도 한다. 누구를 위한 교육인지 되새겨 본다.

책이나 연수에서 어떤 방법을 배워 교실에 적용해 보고, 좋은 자료를 구해 실천해 보는 일은 조금만 노력하면 언제든지 할 수 있다. 실제로도 많은 교사(어른)가 공부하는 방법이기도 하다. 공부 적응, 연수 적응, 연수 점수를 위한 시간 채우기식일 수도 있다. 하지만 학교와 교육 시스템이 그것을 못하게, 생각하지 못하게, 실적만 강조하는 꼴이 되어 창의성을 막는 큰 가로막이 되고 있어서 아이들도 교사도 힘들다.

한 가지 일을 제대로 하기보다 열 가지 일을 조금씩 했다는, 실적을 남기는 것이 더 효율적인 교육 시스템에서는 얕게 많이, 대충 빨리 정확히 일을 처리하는 능력을 갖춘 교사가 실력 있는 교사로 간주되는 경향이 있다. 공문이나 문서에만 남고 교사와 아이들의 마음에는 사라지는 교육을 끊임없이 되풀이하고 다시 퍼트리고 있지는 않은가 반성해 본다.

늘 이렇게 살 것인가?

실적에 연연하지 않고 학급을 운영하는 분은 눈에 잘 드러나지 않는다. 아니 그런 눈을 지니지 못해서 보지 못하는지도 모른다. 그냥 만들어지지 않는다. 내가 발로 뛰는 만큼 보인다.

삶을 바꾸어 보려고 하지만 혼자의 힘으로는 힘들다. 그렇다고 가만히 있을 수도 없다. 이게 우리 시대 교사들의 고민이 아닌가 싶다.

앞으로 그런 관행이 줄어들기는커녕 더 퍼지면서 언젠가 내가 그 중심에 들어갈지도 모를 일이다. 깨어 있어야 한다. 한 해 한 번이라도 제대로 가치 있는 삶을 살아야 하지 않겠는가. 그런 노력과 용기와 더불어 실천으로 엮어 내는 것이 '학급운영'에서 가장 중요하다.

혼자서 방향 잡기가 힘들어 모여서 함께 고민할 자리가 필요하다. 그래서 학급운영 연수 끝자락에 꼭 교사 공부 모임을 권한다. 무슨 책을 보아라, 이런 사이트를 보라고 안내할 수 있지만, 그런 책과 사이트가 만들어지기까지는 사람들이 모여서 고민하면서 풀고 엮어 낸 과정이 담겨 있다. 그 과정은 몸으로 겪으며 느끼지 못하면 알 수 없다.

우리는 그 결과물만 보고 실천해서 같은 결론이 나오기를 바란다. 성급하다. 과정은 길다. 고민과 시행착오, 포기, 쉼, 조정, 조절 과정을 거쳐서 나온 실천 사례다. 그 과정을 볼 줄 아는 눈을 가져야 한다. 그런 눈을 키우는 공부가 모임이다. 교사 공부 모임이다. 책, 사이트는 결과물이 크게 와 닿는다. 과정을 써 놓아도 자기 것이 되기 쉽지 않다. 몸과 마음으로 녹여 내는 실천이 필요하다.

안일함과 편안함을 바라고 그것을 좇는 순간 성장의 시간이 느려지고 멈춰진다. 내 뜻은 그렇지 않지만, 결국 나만을 생각하는 삶이 되지 않을까?

학급운영은 용기와 도전이다. 성공도 있고 실패도 있다. 성공과 실패 차원의 개념이 아니다. 학급운영은 삶에서 몸으로 익히고 느끼는 교사 공부다. 힘들고 답답하고 금방 답이 나오지 않는다. 사람을 다루는 문제다. 서로 관계를 맺으면 오랫동안 부대끼며 찾아가는 여행이다. 모두가 다른 길을 가지만 크게 한 방향으로 걷는 길이다. 함께 겪어야 그 맛과 깊이를 알 수 있다. 그게 자기 삶, 교사의 삶이어야 하지 않을까? 그런 삶에서 우리는 꿋꿋하고 흔들리지 않는 믿음, 합리적인 용기가 자란다. 모이자! 나누자! 함께하자!

[댓글: 결이]

선배 글을 읽고 나니 힘이 생깁니다. 정신없이 지나간 3월도 내 한 몸 편하기 위해 관행에 젖어 살지 않았나 반성됩니다. 4월은 누구보다 둘레에 있는 동료 교사들과 서로 생각을 나누고 고민해야 할 때인 것 같습니다. 올해 전담을 맡아 같은 학년 선생님들과 자주 만나지 못하고 있는데 내가 먼저 다가가서 이야기를 꺼내야 할 것 같습니다. 가끔은 선생님들 이야기를 듣다 보면 같은 학년 연구실이 아이들을 피해 온 도피처라는 생각이 들 때가 있습니다. 아이들 이야기를 꺼내기 싫어하시는 분도 있고 평생을 아이들과 함께 살아가야 할 교사이기에 도망갈 곳이라고는 집밖에 없는데 힘내야겠습니다.

2. 무슨 공부를 어떻게 할까?

모든 공부 모임은 꼭 기록으로 남긴다

일주일에 한 번씩 모여서 공부하는 글쓰기 모임이 있다. 벌써 20년 넘게 함께한 모임이다. 여러 사람이 거쳐 갔다. 함께 공부하는 사람들이 그동안 많이 바뀌었다. 가정을 이루거나 학교를 옮겼거나 아이를 키우느라 잠시 같이하지 못하는 회원도 있다. 잠시 왔다가 나오지 않는 사람도 있지만, 대여섯 명은 꾸준히 만나니까 모임이 20년 넘게 이어지고 있다.

모임에서 어떤 공부를 어떻게 하는지 정리해 보았다. 2010년 모임이었을 때 공부했던 방법이다. 모임 방법은 해마다 비슷하다.

그해 첫 모임에 공부할 거리를 정하는데, 그때는 교과서를 분석해 보는 것으로 공부 주제를 잡았다.

학교를 마치고 6시에 한 학교에서 만난다. 사회자(이끔이)와 기록할 사람을 정한다. 사회자(이끔이)가 모임을 진행하고 기록하는 이는 그날 주고받은 이야기를 일기 형식으로 정리해서 교사 모임 누리집에 올려 둔다. 꼭 기록으로 남기도록 한다. 나중에 이 기록물을 그대로 묶어 교사 문집으로 내기도 한다.

삶 이야기, 삶 나누기

일주일 동안 어떻게 살아왔는지 한 마디씩 한다. 학급 아이들과 지내면서 고민이나 궁금한 것, 안 풀렸던 일 따위를 속 시원하게 말한다. 말하다 보면 서로 상담이 되기도 하고 답을 해 주기도 한다. 이야기를 끊지 않고 끝까지 듣기 때문에 이 시간이 가장 길 때가 잦다. 학급에서 일어나는 사건, 사고에 대해 어떻게 풀어야 할지 고민하는 기회가 된다. 새내기 교사들에게는 앞으로 닥칠 학급에서 일어날 수 있는 상황들을 미리 들을 수 있다. 경력이 많은 선배 교사들에게는 나름의 해결방법이나 문제를 풀었던 경험이 있어서

〈그림1〉 일주일에 한 번씩 모여서 공부를 한다.

삶의 복습 시간이 된다. 이런 이야기가 서로에게 삶을 풍부히 하고 아이들을 이해하는 데 큰 힘이 된다.

교과서를 분석해 보고 발표하기

국어 교과를 중심으로 단원별 수업을 재구성해 본 것이나 지도한 내용을 발표한다. 어떻게 수업을 했는지 알아보기도 하고, 좋은 아이디어와 방법을 나눈다. 특정 단원 자료를 복사해 와서 서로 수업 이야기를 한다. 이미 수업을 해 본 사람한테는 복습이 되고, 앞으로 해 볼 기회가 있을 교사에게는 아이디어 공유 시간이 된다.

함께 수업을 디자인하는 시간이다. 교과서를 함께 읽어 보고 비판도 해 보고 대안도 만들어 보면서 서로의 생각을 공유한다.

그 해는 국어 교과를 잡아서 공부했지만, 특정 교과를 두지 않고 교사별로 힘든 교과 수업, 차시별 수업 내용을 가지고 와서 함께 아이디어를 공유한다는 차원에서 이야기를 나누었다. 부담 없이 함께 연구한다는 마음이라 선후배 교사끼리 서로 좋은 정보를 나눌 수 있었다.

함께 읽는 책

책 한 권을 정해서 함께 읽고 그 내용에 대해 서로 의견을 주고받는다. 특정 책 한 권을 정해서 미리 어느 부분까지 읽어 오는데 사회자가 정한 쪽을 함께 읽으면서 생각과 의견을 나눈다.

보통은 몇 쪽까지 읽어야 할 부분을 할당해서 모임에서 바로 이야기를 나눈다. 그런데 그게 잘 안 된다. 잘 읽어 오지 않거나 읽지 못하고 오는 사람이 많다. 그래서 몇 해 전부터 단 한 쪽이라도 함께 읽는다. 돌아가면서 직접 읽는다. 그런 다음 모두 돌아가면서 이야기한다.

책 내용에 대한 공감이나 비판, 관점을 말한다. 한때는 한 쪽만 읽어도 한 시간 넘게 폭넓은 이야기가 이어진다. 빨리 나가면서 많이 읽어 내는 게 중요하지 않다.

단 몇 마디라도 공유할 시간과 생각 나눔의 가치가 의미가 있다. 이렇게 하면 책 한 권 읽어 내는 데 한 해가 지나갈 수도 있다. 그래서 매주 이야기할 범위와 모임 사회자가 함께 읽을 부분을 정하도록 한다. 책을 읽지 않고 와도 모임에 와서 듣고만 있어도 언제든지 생각을 나눌 수 있다. 각자 목소리로 읽으니 읽기와 듣기 연습도 된다.

아이들 글 합평

아이들 글을 구해 합평하다 보면 글을 보는 힘이 커진다. 아이들이 쓴 글(일기, 교과 지도, 행사 글 따위)을 읽다 보면 아이들의 마음도 살펴볼 수 있다.

어떤 생각과 의도, 말투와 표현을 썼는지 살피고 따져 본다. 제대로 쓴 것인가? 올바른 생각이 담겼는가? 삶이 있는가? 등등 여러 가지 생각을 나눈다.

좀 더 자세히 풀어 쓸 글은 다시 학급에 돌아가서 글쓰기 지도를 하고 고쳐 오기도 한다. 또한 자세히 풀어야 할 부분을 서로 짚어 준다. 다양한 관점의 해석을 듣고 글 쓴 아이를 지도할 때 해 줄 말, 지도 내용을 알게 된다.

그밖에

자기가 쓴 글, 생각한 것, 함께 나누었으면 하는 자료를 자유롭게 가져와서 이야기하면 된다. 좋은 정보와 연수 소식도 공유한다.

시간은 보통 세 시간 정도 정해서 그 안에서 마치도록 한다. 마치는 시간을 정해 두지 않으면 말이 길어지기도 해서, 시간에 맞춰 꼭 하고 싶은 말을 먼저 하도록 분위기를 만든다.

우리 모임은 '삶을 가꾸는' 글쓰기 공부 모임이다. 글쓰기보다는 삶을 가꾸는 공부에 힘을 쏟는다. 글쓰기 모임이라는 말에 '글을 쓰는 모임'이라 여겨 글재주가 좋거나 글을 잘 쓰게 하는 공부라 생각하기 쉽다. 틀린 말은 아니지만, 우리는 삶을 가꾸는 데 더 애쓴다.

삶을 가꾸다 보면 저절로 말과 글이 되어 나온다. 각자 쓴 글을 가져와서 합평하고 함께 고쳐 보기도 한다. 삶 나누기 시간은 재미있고 소중하다. 서로의 가치관과 철학을 확인해 가며 교사의 전문성을 높일 수 있다.

교사 모임에서 '아이들을 어떻게 가르칠 것인가?' 하는 고민도 많지만, 결국 나를 아는, 나를 찾는 공부를 한다. 내가 행복해지는 공부다. 지금까지 아이들을 제대로 몰랐고 책도 많이 읽지 않았다. 반성한다. 스스로 노력해야지, 더 공부해야지, 더 이해해야지 하는 마음이다. 내가 바로 서지 못하니까 아이들 마음이 잡히지 않는다.

뜻이 맞는 사람이 두서넛이라도 모여서 공부하자! 함께 하자!

3. 교사의 성장을 돕는 태도

많은 교사들이 함께 모여서 공부하고 교육 방법과 수업의 본질에 다가가려고 노력하고 있다. 고민하고 생각하고 토의하고 실천하고 있다.

아침 일찍 와서 아이들을 맞이하고 늦게까지 남아 아이들을 돌보며 수업 준비를 하는 분도 많다. 단순 직업 교사, 시간 보내기식 근무에 맞춘 삶도 있지만, 열정과 도전으로 귀찮고 힘든 일을 안고 즐겁게 아이들과 사는 분들도 많으시다.

사람들 성향은 그 수만큼 다양하다. 물론 그 성향도 성장하면서 거치는 단계일 수 있다. 어느 한 가지 유형이나 성향으로만 살 수 없고 머물러 있을 수도 없다. 스스로 바꾸거나 마지못해 바꾸어야 할 사회적 요구나 경향에 따라 수동적인 삶일 수도 있겠다.

변화를 수동적으로 받아들이느냐, 능동적으로 받아들이느냐에 따라 성장의 방향과 속도가 다르다. 일의 양과 바쁨은 잘 줄지 않지만, 일의 질과 바쁨의 내용은 달라질 것이다. 앞으로의 성장 방향은 '우리, 함께, 공부, 나눔, 소통, 관계'라는 낱말에 가깝지 않을까? 삶과 배움의 즐거움은 오늘 하루도 무엇인가 하나 배웠다, 깨쳤다고 느끼는 감정, 보람, 만족감에 있지 않을까? 자기가 날마다 새롭게 성장하고 있다고 느끼는 그것이 행복 아닐까?

학교생활에서도 다양한 사람의 성향을 본다. 옆에서 보고 있는 것만으로도, 함께 근무한다는 것만으로도 힘을 주는 교사가 있다. 얼마나 가치 있게 산 삶인가에 따라 진정한 교사 경력이 붙는다. 교사의 성장을 북돋아 주고 서로 힘을 주는 교사의 세 가지 태도를 잡아 보았다.

선생님, 이런 것도 있어요

"선생님, 우리 반에서 학급 신문이 나왔어요."

"이번 사회 시간에 쓴 자료인데, 필요하시면 한 번 써 보세요. 아이들이 좋아해요."

"수학 시간에 우리 반에서 만든 자료인데 아이들이 무척 좋아해요."

"이번 미술 시간에 나온 아이들 작품이에요. 이런 작품도 나오고, 이런 실수도 있더라고요. 필요하시면 우리 반 자료를 참고 작품으로 쓰세요."

"이번 실과 시간에 아이들이 이런 실수를 많이 해요. 선생님도 참고하세요. 미리 알아 두시면 좋겠네요."

다른 반보다 미리 한두 차시 빠른 수업을 하고 그 결과를 함께 나누는 교사다. 또는 다른 반이 하지 않는 활동을 권하는 교사다.

때에 따라 이런 행동이 너무 튀어 보인다며 눈치를 주거나 다른 반은 하지 않은 남다른 활동 때문에 피해를 받는다고 하지 말라고 말리는 이도 있다. 가만히 있으면 아무렇지 않은데 상대적으로 아무것도 하지 않는 반처럼 보여서 귀찮게 한다는 눈치나 오해를 받기도 한다.

그래도 꾸준히 나누며 자료를 공유한다. 요즘은 이런 분들이 많아 같은 학년 선생님들끼리도 교재 연구가 수월해진다. 차시별 수업 결과에 따른 아이들 반응과 결과를 공유해 시행착오를 줄이기도 한다. 격려와 배려, 협업이 되어서 자료뿐 아니라 공동 수업 연구와 교환 수업도 가능하다.

이것, 어떻게 해요?

"선생님, 이 문제는 어떻게 가르쳐요?"

"이런 말을 하는 아이들은 어떻게 해야 해요?"

"수업 시간에 자꾸 다른 이야기를 하는 애가 있는데 이럴 때는 어떻게 해야 해요?"

"선생님, 이 수학 문제를 아이들이 힘들어해요. 무슨 말인지 제 말도 이해 못 하는 것 같아요. 어떻게 풀어야 해요?"

아이들의 이해도, 수업 전개 방법, 발문에 관해서 물어 보고 의견을 구하는 교사다. 모르는 것은 부끄러운 일이 아니다. 빨리 성장할 수 있는 교사다. 이런 교사가 많으면 같은 학년이 모였을 때 이야기 주제가 주로 교사의 전문성을 높이는 진지한 대화가 된다. 같은 학년에서 나잇대별로 고루 교사가 구성되면 다양한 의견과 경험담을 들을 수 있다.

수업은 단순한 지식 문제의 풀이 과정도 있지만, 아동 발달상에 나타나는 성향, 감정, 관계에 따라 풀어야 할 것도 많다. 아이들과 많이 부대껴 본 경험은 이런 상황에서 알맞은 조언이 될 것이다. 새내기 교사가 갖추어야 할 첫 번째 자세는 질문하면서 배워 가는 자세다. 이럴 것이다 저럴 것이다 짐작으로만 가르치거나 한 번 겪은 것으로 전체를 해석해서도 안 될 일이다. 상대에게 질문한 것이 오래 기억된다. 자꾸 묻자. 선배 교사들에게 귀여움을 받는 가장 좋은 행동이다. 아무리 물어도, 언제든지 물어도 귀찮아하지 않은 교사가 진정한 선배 교사다.

이런 연수(모임)가 있는데 같이 가 보자

"이 선생, 이번 주 있는 강연이 괜찮아 보이는 데 한 번 가 볼래?"
"최 선생, 시간 있어요? 공부 모임이 있는데 한 번 가 보지 않을래요?"

학교 단위 울타리를 넘어 뜻을 같이하는 교사 모임, 사회단체 모임으로 삶의 범위를 넓혀 주는 교사다. 다양한 사람을 만나 생각의 폭도 넓힐 수 있다. 스스로 모임을 찾기도 하지만, 이렇게 권해 주는 동료 교사가 있으면 좋겠다. 마치 대학에서 동아리 활동을 하는 것 같다.

학과 공부와 동아리에서 하는 공부에는 차이가 있다. 의무에 가까운 공부와 내가 선택한 공부에는 큰 차이가 날 것이다.

우리 반 학급 아이들의 배움은 의무에 가까운가, 스스로 선택한 배움에 있는가를 생각해 보자. 교사는 의무적인 가르침, 직업인으로서 가르침이 있다. 그런데 경력이 쌓이면서 교사의 철학과 가치관에 따라 선택하는 가르침이 늘어난다. 그 선택의 폭이 오히려 좁아지는 교사도 있고 넓어지며 다양화되는 교사도 있다. 경력이 10년 정도 넘으면 삶의 모습에서 그 폭을 느낄 수 있다.

시대나 사회 현상에 따라 아이들에게 필요한 것들도 바뀌어 간다. 그래서 교사의 삶에서도 공부해야 할 부분이 바뀌어 간다. 오히려 다양하게 넓혀 가야 한다. 더 다양한 관계와 활동, 공부가 필요하다. 깨어 있기 위한 공부다. 서로 다른 관점, 다양한 관점을 각종 모임과 서로의 소통에서 얻을 수 있다. 모이면서 여러 사람의 눈높이, 생각의 깊이와 폭을 겪으며 함께 성장한다.

무엇인가 해 보려는 교사는 모여서 나누며 성장하려는 노력에 힘을 많이 쓴다. 그게 교사의 삶이다. 이것을 비효율적이라 여기고 귀찮고 힘든 일이라고 여긴다면 자기의 적성에는 맞지 않는다거나 뭘 그렇게 힘들게 사느냐며 넋두리만 늘어 놓을지도 모른다.

여럿이 모일 때가 있으면 혼자일 때도 있다. 때로는 혼자서 정리하고 준비하고 챙겨야 할 시간과 시기도 있다. 그런 다음 다시 모임에 참여해 더욱 열정을 펼치기도 한다. 다른 사람과 함께하면 자신을 객관적으로 볼 수 있다. 볼 기회를 얻는다.

함께하므로 들어 주고 기다려 주고 양보하고 배려하고 내세우고 설득하게 된다. 그런 과정이 우리가 아이들에게 요구하는 능력이고 교육과정에서도 필요한 능력이 아닌가. 그런 과정을 늘 겪는 삶에서 아이들의 눈높이를 배운다. 그리고 맞출 수 있다. 아이들이 이해하는 말, 문장, 표현, 눈동자, 몸놀림을 배우게 된다.

끊임없는 배움이 우리 몸과 마음을 살린다. 젊게 한다. 젊게 살게 한다. 살아 있는 지식은 내가 살아 있기 때문에 얻을 수 있다. 삶이 있는 지식은 삶 속에서 찾아야 한다.

살아 있다는 것은 깨어 있다는 것이다. 공짜는 없다. 몸이 힘들고 바쁘고, 귀찮은 일이 앞을 막거나 걸림돌이 될 것이다. 이겨 내자. 즐기자. 이겨 내고 즐기는 힘은 신념, 믿음, 교육철학에서 나온다. 철학이 튼튼해야 하는 까닭이 여기에 있다. 나누고, 묻고, 모여서 공부하면서 자신의 교육철학을 뚜렷이 다지자. 흔들리지 않는 튼튼한 바탕이 되게 하자.

4. 배움이 즐거운 학교, 함께 가꾸자

지금의 학급운영, 교과 활동은 주어진 것인가? 스스로 꾸린 것인가?

대부분 학교 교육계획에 따라 주어진 것을 바탕으로 나름대로 계획을 세운다. 실제 실행에는 행사에 쫓겨서 주어진 대로 하기에도 바쁠 것이다. 학급 나름대로 무엇인가 세우는 일은 편안함을 좇는 이에게는 귀찮은 일이기도 하다.

늘 편안함을 찾는 것과 학급 활동이 맞서서 갈등을 일으킨다.

'주어진 대로 하다' 보면 바꾸려는 노력보다는 '하던 대로 하기'에도 벅찰 것이다. 왜, 무엇 때문에 해야 하느냐는 고민보다 '어떻게 할까'라는 고민으로 기운다. 주어진 것을 어떻게 잘 처리할까, 손쉽게 끝낼까, 문제없이 넘길까 하는 것이다.

'어떻게 할까'도 자기만의 한두 가지 방법은 있을 것이다. 이런 삶을 몇 해 되풀이하다 보면 굳어진 자기 틀이 생겨서 그 틀 안에서 편안함을 지키려 한다. 누군가가 틀을 깨려고 하거나 침범하면 자존심에 상처를 받고 골치 아파 하며 더 꿋꿋하게 지키려 한다. 이러면 발전할 수 없다. 관리 체제의 학급운영이 되기 쉽다. 때로는 이런 틀을 강요하거나 새롭게 해 보려거나 고민하는 교사들을 방해하고 갈등을 일으키기도 한다. 자신이 방해한다는 것조차 느끼지 못할 수도 있다. 틀을 깨려면 편안함, 귀찮음, 신경 쓰임을 받아들여야 한다. 그리고 다른 본보기를 찾아 점점 틀을 넓히거나 없애야 한다. 본보기는 어디까지나 본보기일 뿐 자기 틀을 깨기 위한 발전을 위한 과정이다. 평생을 본보기만을 따를 수는 없는 일이다.

나름대로 새롭게 해 보려는 사람에게는 무엇을 할까가 고민이다. 할 거리를 찾는다. 그러다 보면 시행착오의 과정에서 실패와 성공 속에 커 간다. 그게 변화이며 발전을 위한 과정이다. 세상은 결코 공짜가 없다.

본보기를 따르거나 새롭게 해 보면서 자기와 아이들한테 맞는 것을 찾을 수 있다. 그러면서 깊이가 있게 되고, 갖가지 이벤트성 행사보다 한 가지라도 제대로 해 보려는 용기, 자신감도 생긴다.

깊이가 있어야 '왜' 해야 하는 고민으로 발전한다. 아이들한테 어떤 것을 키워 주려고 하는지 교육철학, 가치관이 다져진다. 막연한 목표에서 뚜렷하고 튼튼한 목표로 드러난다. 자기 틀(사실 사회 생활하면서 주어진 틀일 것이다)을 깨는 일이다. 자기 진짜 모습을 살려 내는 일이다.

결국 학급운영은 자기만의 빛깔을 만들어 가는 과정이다.

어떻게, 무엇을, 왜로 이어지면서 발전한다. 하루아침에 이룰 수 없다. 젊거나 힘이 있다고 해서 한꺼번에 겪을 수 없다. 생각만 하고 행동하지 않으면 시간만 흐를 뿐 머무는 그 순간 자기만의 틀만 더 딱딱해질 뿐이다.

창의 있는 생각은 '어떻게', '무엇을', '왜'라는 물음에서 더 잘 클 수 있다. '왜'에 대한 튼튼한 고민이 뿌리가 되어 '무엇'을 낳고, 끊임없이 '어떻게'로 퍼져 나간다.

'왜'란 고민을 튼튼히 하려면 혼자가 힘들다. 그래서 모임이 필요하다. 뜻을 같이하는 교사끼리 끊임없이 생각을 나누고 함께 고민하는 시간과 자리를 공유한다. 답을 낼 수 없는 문제를 함께 고민하는 것만으로도 소중하다. '왜' 사는지, '왜' 학급운영을 하는지 그 답을 찾아가는 밑거름이 된다.

나이가 들면서 열정의 불꽃을 더 태워야 한다. 후배 교사에게 물려줄 시대정신과 교사의 소명감으로 교사가 성장할 수 있는 문화를 만들자. 누가 시켜서 하는 것이 아닌 주체적인 삶의 문화를 가꾸자.

교사가 되기 위해 어떻게 공부를 해 왔는지 교사로서의 삶도 둘러본다.

무슨 대회에 나가서 상을 받거나 연수도 받는다. 수료증, 이수증, 자격증,

연수 점수는 좋은 교사가 되기 위해 필요한 것인가? 승진하기 위해 필요한 것인가? 무슨 뜻으로 하든 결과는 생각지 않고 투자하는 차원(!)에서 열심히 무엇인가를 해 놓으려고 모으기도 한다.

뜻은 좋은 교사가 되기 위한 방법이었지만, 빨리 많이 모으면 어떻게 될까? 결국 아이들 곁을 떠나 버리는 결과가 되지 않는가. 열심히 교육 전문성(사실 이런 것을 전문성이라 말할 수 있을지 의문이지만)을 높였지만 그 전문성을 펼칠 기회와 자리는 자신의 명예를 위한 것이 되고 만다. 물론 제도를 바꾸고 조정할 자리에서도 교육을 바꿀 힘은 있다. 하지만 모두에게 그런 자리가 목적이 될 수 없고 지금까지 제대로 펼친 모습을 본 적은 드물다.

해마다 이런 삶을 되풀이할 것인가? 아니면 새로운 삶으로 살아갈 것인가?

삶의 목적과 철학에 달렸다.

교사의 성장이 아이들의 성장을 돕고, 아이들의 성장 역시 교사의 성장을 돕는다.

학급운영을 보는 눈, 관점의 기준도 아이들의 성장에 있어야 한다.

행복은 미래에 있지 않다. 지금 행복해야 하고, 그 행복을 느끼는 배움이어야 한다. 그래서 배움은 즐거워야 한다. 즐거운 배움은 스스로 오래가게 한다. 평생 배워야 한다는 것이 아니라 배움이 즐거우니 평생 배우려고 한다. 즐겁게 배운 지식의 눈으로 세상을 보면 볼 것이 많다. 더 보고 싶을 것이다.

스스로 배우자. 배움을 즐기자.

배움이 즐거운 학교, 함께 가꾸자.

삶과 교육을 바꾸는
맘에드림 출판사 교육 도서

나는 혁신학교에 간다

경태영 지음 / 값 14,000원

공교육을 바꾸겠다는 거대한 희망을 품고 시작된 '혁신학교'. 이 책은 일곱 개 혁신학교의 이야기를 담고 있다. 지금 우리 교육이 변화하는 생생한 현장의 모습과 아이들이 꿈을 키우고 행복하게 공부하는 희망의 터로 새롭게 자리매김하는 학교들을 이 책에서 만날 수 있다.

혁신학교란 무엇인가

김성천 지음 / 값 15,000원

교육공동체가 만들어내는 우리 시대 혁신학교 들여다보기. 혁신학교 전반에 관한 이야기를 다루고 있는 책으로, 공교육 안에서 혁신학교가 생기게 된 역사에서부터 혁신학교의 핵심 가치, 이론적 토대, 원리와 원칙, 성공적인 혁신학교의 모습을 보이고 있는 단위학교의 모습까지 담아냈다.

학부모가 알아야 할 혁신학교의 모든 것

김성천, 오재길 지음 / 값 15,000원

학부모들을 위한 혁신학교 지침서!
'혁신학교에서는 무엇을, 어떻게 가르치고 있는지, 교사 · 학생 · 학부모는 어떻게 만나서 대화하고 관계를 맺어 가는지, 어떤 교육 목표를 지향하고 있는지 등 이 책은 대한민국 학부모들의 궁금증에 친절하게 답을 한다.

덕양중학교 혁신학교 도전기

김삼진 외 지음 / 값 14,500원

이 책의 1부는 지난 4년 동안 덕양중학교가 시도한 혁신과 도전, 성장을 사실과 경험에 기반한 스토리텔링 방식의 성장기로 전개하고 있다. 그리고 2부는 지역사회와 협력하여 펼치고 있는 교육 프로그램, 배움의 공동체 수업 등을 현장 사례 중심의 교육적 에세이 형태로 담고 있다.

학교 바꾸기 그 후 12년

권새봄 외 지음 / 값 14,500원

MBC PD 수첩에 방영되어 화제가 되었던 남한산초등학교.
아이들이 모두 행복하고, 얼굴 표정이 밝은 아이들. 학교가는 것을 무
엇보다 좋아하고, 방학을 싫어하는 아이들. 수업과 발표를 즐겼던 이
학교를 졸업한 아이들이 그 후 12년의 삶을 세상에 이야기한다.

교사는 수업으로 성장한다

박현숙 지음 / 값 12,000원

그동안 교사는 수업에서 아이들을 만나지 못해왔다. 관계와 만남이
없는 성장의 결손을 낳았다. 그리하여 우리 아이들과 교사들은 모두
참 아프고 외로웠다. 이 책에서는 교사, 학생, 학부모, 지역사회가
공동체로서 서로 관계를 맺을 때에만 배움은 즐거운 활동으로서 모두가
성장하는 삶의 일부가 될 수 있음을 보여준다.

교사와 학부모가 함께 읽는 주제 통합 수업

김정안 외 지음 / 값 15,000원

'서울형 혁신학교'로 지정된 7개 혁신학교들이 지난 1~2년 동안
운영한 주제 중심 통합 교육 과정과 수업 사례를 소개한 책이다. 이
학교들의 교육과정은 전국적으로 이루어지는 혁신학교들의 성과를
반영하였고, 자신의 지역사회의 실제 환경과 경험을 살려 실제
수업에 적용한 것이다.

혁신교육 미래를 말한다

서용선 외 지음 / 값 14,000원

혁신교육은 2009년 이후 공교육 되살리기의 새로운 희망이
되어왔다. 이러한 정책을 입안하고 추진하는 데 기여해왔던 6명의
교사 출신 연구자들이 혁신교육 발전에 필요한 정책 과제들을 모아
하나의 책으로 제시한다. 이 책은 교육철학, 교육과정, 교육행정과
학교 운영(거버넌스) 등에서 주요 이슈들을 정리하고 혁신교육의
성과와 과제가 무엇인가를 보여준다.

수업을 살리는 교육과정

서우철 외 지음 / 값 16,500원

최근 교육과정을 재구성하는 논의가 활발한 가운데, 이 책에서는 개별 교과목과 교과서의 형식에 얽매이지 않고 아이들의 발달을 고려하여 주제를 중심으로 교육과정을 재구성하여 통합적으로 운영하는 방법과 구체적인 실천 사례를 설명하고 있다. 이러한 과정은 같은 학년을 맡고 있는 교사들의 토론과 협력을 통해서 이루어진 것임을 이야기한다.

수업 딜레마

이규철 지음 / 값 14,000원

이 책을 관통하는 키워드는 '사람'이다. 저자의 노하우를 전수하는 것이 아니라, 수업 속에서 딜레마에 맞닥뜨려 고통 받고 있는 선생님들의 고민을 담고, 신념을 담고, 그것을 이겨내기 위한 한 분 한 분의 마음을 담고 있다. 이런 고민 속에 이 책을 집어 든 나를 귀하게 여기며 다시 한번 교사로 잘 살아보고 싶은 도전을 하게 한다.

좋은 엄마가 스마트폰을 이긴다

깨끗한미디어를위한교사운동 지음 / 값 13,500원

스마트폰에 대한 아이들의 집착은 대단하다. 스마트폰은 '재미있고 편리하다.' 그러나 스마트폰 때문에 아이들은 시간을 빼앗기고, 건강이 나빠지고, 대화가 사라지며, 공부와 휴식, 수면마저 방해를 받는다. 이 책은 이러한 사례들을 생생하게 소개하고 부모들에게 아이들의 스마트폰 사용에 어떻게 대응해야 하는지 대안을 제시한다.

엄선생의 학급운영 레시피

엄은남 지음 / 값 14,000원

34년 경력의 현직 교사가 쓴 학급운영의 생동감 넘치는 지침서. 초등학교에서 아이들은 문자와 숫자를 익히는 것보다 학교와 교실에서 낯설고 모험적인 사건을 겪으면서 더 많은 것을 배운다. 이 책은 초등학교에서 교과서 지식보다 더 중요한 역할을 하는 학교생활과 학급문화를 만드는 데 담임교사의 역할을 다룬다. 교사와 아이들이 서로 존중하고 신뢰하는 관계를 어떻게 만들어야 하는지 구체적인 경험과 사례로 설명해준다.

진짜 공부

김지수 외 지음 / 값 15,000원

혁신학교가 추구하는 '진짜 공부'와 '진짜 스펙'이 무엇인지 보여주는, 졸업생들의 생동감 넘치는 경험담. 12명의 졸업생들은 학교에서 탐방, 글쓰기, 독서, 발표, 토론, 연구, 동아리, 학생회 활동을 통해 자신들이 생각하지도 못한 진짜 공부를 경험했음을 보여준다. 이 책을 통해 수능시험이 아니라 정말로 청소년 스스로 하고 싶을 즐기면서 성장하는 것이 우리 사회에 필요한 것임을 새삼 느낄 수 있다.

수업 디자인

남경운, 서동석, 이경은 지음 / 값 15,000원

서울형 혁신학교의 대표적인 수업 혁신을 담은 이야기. 아이들이 서로 협력하면서 배우는 수업을 목표로 삼은 저자들은 범교과 수업모임을 통한 공동 수업설계를 대안으로 제시한다. 아이들은 교사의 설명을 통해 배우는 것이 아니라 서로 '옥신각신'하며 함께 문제에 도전할 때 수업에 몰입하고 배우게 된다. 이 책은 이러한 수업을 위해서 교사들이 교과를 넘어 어떻게 협력하고 수업을 연구해야 하는지 잘 보여준다.

아이들이 가진 생각의 힘

데보라 마이어 지음 / 정훈 옮김 / 값 15,000원

미국 공교육 개혁의 전설적 인물 데보라 마이어가 전하는 교육 개혁에 대한 경이롭고도 신선한 제언. 이 책은 학교 혁신의 생생한 기록을 통해 우리가 학교에서 무엇을 왜 가르치고 배워야 하는지에 대한 근원적인 성찰을 담고 있다. 아이들이 지성적으로 생각하는 마음의 습관을 배우는 것이 얼마나 중요하고 그것을 위해 학교가 무엇을 해야 하는지를 일깨워준다.

어! 교육과정 아하! 교육과정 재구성

박현숙 · 이경숙 지음 / 값 16,500원

교육과정 재구성을 고민하는 교사를 위한 현장 지침서. 이 책은 저자들이 학교 현장에서 교육과정 재구성이라는 화두를 고민하고, 실행한 사례들이 담겨져 있다. 책의 내용은 주제 통합 수업, 교과 통합 수업, 범교과 주제 학습, 교과 체험 학습, 프로젝트 수업 등 학교 현장에서 적용해 큰 성과를 본 것들을 세밀하게 소개하면서 교육과정 재구성작업의 노하우를 펼쳐보인다.

행복한 나는 혁신학교 학부모입니다
서울형혁신학교학부모네트워크 지음 / 값 16,000원

이 책은 학부모가 자신의 눈높이에서 일러 주는 아이들의 혁신학교 적응기일 뿐만 아니라, 학부모 역시 학교를 통해 자신의 삶을 고양 시켜 가는 부모 성장기라는 점에서 대한민국의 모든 학부모들에게 건네는 희망 보고서이기도 하다. 혁신학교가 궁금한 모든 학부모들이 이 책을 통해 혁신학교 학부모로서의 체험을 미리 하는 데 부족함이 없을 것이다.

일반고 리모델링 혁신고가 정답이다
김인호, 오안근 지음 / 값 15,000원

교육 환경이 열악한 지역에 있던, 서울의 한 일반계 고등학교가 혁신학교로 4년간 도전과 변화를 겪으면서 쌓은 진로, 진학의 비결을 우리 사회 모든 학생, 학부모, 교사, 시민 등에게 낱낱이 소개해주는 책. 이 책은 무엇보다 '혁신학교는 대학 입시에 도움이 안 된다.'는 세간의 편견을 말끔히 떨어 없앴다. 이 책에서 저자들은 '결과' 중심 교육과정을 '과정' 중심으로 바꾸고, 교내 대회와 동아리 활동, 봉사 활동을 장려함으로써 대학 진학에 놀라운 결과가 어떻게 이루어질 수 있었는지를 보여주고 있다.

우리가 신뢰하는 학교, 어떻게 만들 것인가?
데보라 마이어 지음 / 서용선 옮김 / 값 15,000원

이 책의 저자인 데보라 마이어는 보수와 진보를 막론하고 미국 공교육 개혁 분야에서 가장 신뢰받는 실천가이자 이론가로 평가받는다. 학교 안에서 '신뢰의 붕괴'를 오늘날 공교육이 직면한 가장 큰 도전으로 인식한다. 이 책의 원제 〈In Schools We Trust〉에서 나타나듯, 저자는 신뢰할 수 있는 공교육의 조건이 무엇인지 자신의 경험 속에서 제안하고, 탐색하고, 성찰한다.

교사, 어떻게 살아야 하는가
김성천외 지음 / 값 15,000원

오랫동안 교육현장에서 교육과 연구를 병행해 온 저자 5인이 쓴 '신규 교사를 위한 이 시대의 교사론'. 이 책은 학교 구성원과의 관계맺기부터 학교 현장에서 맞닥뜨리게 되는 여러가지 문제들과 극복 방법, 교육 개혁에 어떻게 주체로 설 수 있는지, 어떤 과정을 통해 개인의 성장을 도모해야 하는지 등 신규 교사의 궁금점에 대해 두루 답하고 있다.

리셋, 교육과정 재구성
서울신은초등학교 교육과정 연구회 모임 지음 / 값 16,000원

서울형 혁신학교인 서울신은초등학교 교사들이 1학년부터 6학년까지 모든 학년의 교육과정을 재구성하고 실천한 경험을 모두 담았다. 이 책에 소개된 혁신학교 4년의 경험은 진정한 학습이란 몸과 마음을 통해 경험함으로써, 생각이나 감정을 다른 사람과 주고받음으로써, 과거 경험을 새로운 지식으로 다시 생각함으로써 실현된다는 점을 잘 보여주고 있다.

다섯 빛깔 교육이야기
이상님 지음 / 값 16,000원

이 책은 충북 혁신학교(행복씨앗학교)인 청주 동화초등학교의 동화작가 출신 선생님의 한해살이 이야기를 놀이 교육, 생태 환경 교육, 생활 교육, 수업 이야기, 공동체 교육 등 다섯 가지 이야기로 구분하고 모았다. 여기에는 이오덕 선생의 "아이들의 삶을 가꾸는 교육"을 고민하던 저자가 동화초등학교 아이들을 만나면서 초등학생의 특성에 맞도록 활동 중심으로 교육과정을 재구성하는 한편, 표현 위주의 교육을 위한 생활 글쓰기 교육 실천이 바탕을 이루고 있다.

만들자, 학교협동조합
박주희 · 주수원 지음 / 값 14,500원

이 책은 학교협동조합이 무엇인지, 어떤 유형의 학교협동조합이 가능한지, 전국적으로 현재 학교협동조합의 추진 상황은 어떠한지, 국내외 사례를 통해 소개하고 안내하는 한편, 학교협동조합을 운영하는 원리와 구체적인 교육방법을 상세하게 풀어놓고 있다. 저자들이 책에서 풀어놓은 실천적 지침들을 따라가다 보면 학교협동조합은 더 이상 상상이 아니라 학교 구성원의 필요와 의지, 실천으로 극복할 수 있는 실현 가능한 미래라는 점을 알 게 된다.

땀샘 최진수의 초등 수업 백과
최진수 지음 / 값 21,000원

초등학교에서 20여 년간 아이들을 가르쳐온 저자가 초등학교 수업에 대해서 기록하고 연구하고 실천하며 쌓아온 경험을 바탕으로 초등학생들과 수업을 함께하는 방법을 담고 있다. 아이들의 학습 동기, 아이들이 수업에 참여하는 방법, 칠판과 공책을 사용하는 방법, 모둠 활동, 교과별 수업, 조사와 발표 등 초등학교 교사가 아이들을 가르칠 때 알아야 할 가장 기본적이면서도 가장 중요한 모든 것을 다루고 있다.

혁신 교육 내비게이터 곽노현입니다

곽노현 편저 · 해제 / 값 17,000원

서울시 18대 교육감이자 첫 번째 진보 교육감으로서 혁신 교육을 펼쳤던 곽노현은, 우리 사회 전반을 아우르는 주요 교육 현안들을 이 책에서 포괄적으로 다루고 있다. 2014년 3월부터 1년간 방송된 교육 전문 팟캐스트 '나비 프로젝트' 인터뷰에 출연한 전문가들과 나눈 대화와 그에 대한 성찰적 후기를 담고 있다. 이 책은 그야말로 우리가 '지금 알아야 할 최소한의 교육 이야기'를 포괄하고 있다.

무엇이 학교 혁신을 지속가능하게 하는가

권성호, 김현철, 유병규, 정진헌, 정훈 지음 / 값 14,500원

독일 '괴팅겐 통합학교', 미국 '센트럴파크이스트 중등학교', 한국 혁신학교의 사례들을 통해 성공적인 학교 혁신의 공통점을 찾아내고 그것을 지속가능하도록 만들기 위해서 필요한 것은 무엇인지를 보여준다. 독자들은 이 책에서 괴팅겐 통합학교의 볼프강 교장이 말한 것처럼 "좋은 학교"를 만들기 위한 학교 혁신에 세계적으로 보편적이라고 할 만한 공통점을 찾을 수 있다.

교과를 꽃 피게하는 독서 수업

시흥 혁신교육지구 중등 독서교육 연구회 지음 / 값 16,500원

이 책은 지난 5년 동안 진행된 혁신교육지구 사업의 일환으로 학교에서 고군분투하며 독서교육을 이끌어왔던 독서지도사들이 실천 경험을 엮어낸 것으로 청소년기 학생들에게 장래 진로, 사랑, 우정, 삶의 지혜를 찾는 데 도움을 주는 독서교육을 잘 보여주고 있다. 특히 이 책에 소개된 국어, 수학, 과학, 사회, 도덕, 미술, 역사 등 다양한 교과와 연계한 협력수업은 독서교육의 새로운 전망을 보여주는 결실이다.

혁신학교의 거의 모든 것

김성천, 서용선, 홍섭근 지음 / 값 15,000원

저자들은 이 책에서 혁신학교에 대한 100가지 질문에 답하면서 혁신학교의 역사, 배경, 현황, 평가와 전망을 구체적인 증거를 통해 설명하고 있다. 이 책에 서술된 혁신학교에 관한 100문 100답을 통하여 우리 사회에 필요한 교육은 무엇인지, 교사와 학생들이 더 즐겁게 가르치고 배우면서 성장할 수 있는 교육을 위해 필요한 것이 무엇인지, 그것을 위해서 우리 사회 시민 각자가 자신의 위치에서 무엇을 하면 좋은가를 더 깊이 생각해볼 기회를 얻을 것이다.

교실 속 비주얼씽킹

김해동 / 값 14,500원

이 책은 비주얼씽킹 기본기부터 시작하여 교과별 수업, 생활교육, 학급운영 등에 비주얼씽킹을 응용하는 방법을 설명하고 있다. 특히 교사들이 초등학교 1학년부터 고등학교 3학년까지 국어, 수학, 영어, 과학, 사회 등 모든 교과 수업에 비주얼씽킹을 활용할 수 있도록 수업 지도안을 상세하면서도 간결하게 제시하고 있다. 또한 독자들이 책 내용에 대해 더욱 풍부한 이미지와 자료를 접할 수 있도록 저자의 블로그로 연결되는 QR코드를 담고 있다.

교육과정–수업–평가 어떻게 혁신할 것인가

이형빈 지음 / 값 15,500원

이 책은 교육과정 사회학자 번스타인(Basil Bernstein)이 제시한 '재맥락화(recontextualized)'의 관점에 따라 저자가 장기간에 걸쳐 일반 학교 한 곳과 혁신학교 두 곳의 수업을 현장에서 면밀하게 관찰하고 심층 인터뷰와 설문조사를 통한 연구를 바탕으로 무기력과 불평등을 재생산하는 교실을 민주적이고 평등한 구조로 바꾸기 위해 교육과정-수업-평가를 어떻게 혁신해야 하는지 제안하는 내용을 담고 있다.

혁신학교 효과

한희정 지음 / 값 15,000원

이 책에서 혁신학교 효과를 살펴보기 위해서 저자는 혁신학교가 OECD DeSeCo 프로젝트에 제시된 '핵심 역량'을 가르치고 있는지, 학생·학부모·교사가 서로 배우는 교육 공동체를 이루고 있는지, 학생의 발달을 위한 다양한 교육과정을 운영하고 있는지, 교사의 자율성과 전문성을 강화하고 있는지, 자치적이고 민주적인 학교문화를 가지고 있는지, 지역사회와 협력하고 있는지를 다른 일반 학교와 비교하여 설명한다.

교실 속 생태 환경 이야기

김광철 지음 / 값 15,000원

아이들이 자연과 친해지고 즐길 수 있도록 교육하는 것은 쉬운 일이 아니다. 특히 도시 지역에서는 더욱 어렵다. 그래서 이 책은 도시 지역 학교에서도 쉽게 실천에 옮길 수 있는 다양한 생태·환경교육을 폭넓게 다루고 있다. 이 책에서 저자는 계절에 따라 할 수 있는 20가지 환경교육 프로그램을 제시하고, 그 방법, 순서, 재료 등을 상세히 설명해준다

이제는 깊이 읽기

양효준 지음 / 값 15,000원

교과서에는 수많은 예화와 발췌문이 들어가 있다. 이런 자료들은 교육부가 교육과정에서 요구하는 기준에 맞춰 어떤 이야기, 소설, 수필, 논픽션 등에서 일부만 가져온 토막글이다. 아이들은 교과서에 수록된 작품이나 이야기 전체를 읽지 못한 상태에서 단편적인 지문만 읽고 이해를 해야 하기 때문에 책을 읽으면서 생각하고 공감할 수 있는 기회와 흥미를 찾을 수 없게 된다. 이 책은 이러한 문제를 개선하기 위해서 한 권이라도 책 전체를 꾸준히 읽어가는 방법인 '깊이 읽기'를 대안으로 소개하고 있다.

인성의 기초가 되는 초등 인문학 수업

정철희 지음 / 값 15,500원

이 책은 아이들의 올바른 인성 교육을 위한 새로운 방법으로서 인문학 수업을 제시하고 있다. 이 책에서 설명되고 있는 인문학 수업은 교사가 신화, 문학, 영화, 그림, 역사적 인물의 일대기 등에서 이야기를 찾아 아이들에게 제시하고, 아이들이 그 이야기에 나오는 여러 문제와 인물 등에 대해 자신의 감정을 스스로 공책에 기록하고 일상의 경험과 비교하고 토의와 토론을 통해 자신의 생각을 발전시키는 수업이다.

수업, 놀이로 날개를 달다

박현숙, 이응희 지음 / 값 13,500원

이 책은 교육계에서 최근 가장 중요한 과제로 삼고 있는, OECD의 여덟 가지 핵심 역량(DeSeCo)에 따라 여러 놀이들을 분류해서 설명하고 있다. "놀이에 내재된 긴장의 요소는 사람의 심성, 용기, 지구력, 총명함, 공정함 등을 시험하는 수단이 되므로" 그것은 학생들의 역량을 키우는 수단이 된다. 이 책의 저자들은 수업이 놀이를 만났을 때 어떻게 핵심 역량이 강화되는지 이야기하고 있다.

더불어 읽기

한현미 지음 / 값 13,500원

이 책은 교사들이 학습공동체를 통해 교직의 전문성과 자율성을 새롭게 발견하며 성장하는 이야기를 다룬다. 우리 사회의 기존 교육 제도는 효율성이라는 명분으로 교사들을 통해 아이들에게 경쟁을 강요하면서 교사들 역시 서로 경쟁하도록 만드는 시스템을 가지고 있다. 이 책에서 저자는 이러한 비인격적인 제도와 환경 아래서 교사들이 교사로서 행복을 되찾기 위해서는 교사들 서로 협력하며 같이 배우면서 아이들과 함께 성장할 수 있어야 한다고 말한다.

땀샘 최진수의 초등 글쓰기

최진수 지음 / 값 17,000원

글쓰기가 아이들에게 필요한 중요한 것이 되려면 먼저 솔직하게 써야 한다. 모르는 것은 '모른다', 잘못은 '잘못이다', 싫은 것은 '싫다', 좋은 것은 '좋다'고 솔직하게 드러낼 때 글쓰기는 아이가 성장하는 디딤돌이 될 수 있다. 그리고 이것은 가르치는 교사에게도 적용된다. 지도하는 사람과 지도받는 사람이 따로 있는 것이 아니라 함께 쓰고 함께 나누면서 서로 성장을 돕는 것이다.

성장과 발달을 돕는 초등 평가 혁신

김해경, 손유미, 신은희, 오정희,
이선애, 최혜영, 한희정, 홍순희 지음 / 값 15,500원

이 책은 교육적 대안을 마련하기 위해 혁신학교에서 지난 5~6년 동안 초등학생의 성장과 발달을 돕는 평가를 실천해온, 현장 교사 8명이 자신들의 지혜와 경험을 모아 놓은 최초의 결실을 담고 있다. 독자들은 이 책을 통해 평가는 시험이 아니며 교육과정과 수업의 연장으로서 아이들의 잠재력을 측정하고 적절한 조언을 제공한다는 원래의 목표를 되살리는 첫걸음을 찾을 수 있을 것이다.

수업 친구와 함께하는 수업 나눔 수업 코칭

이규철 지음 / 값 15,500원

가르치는 일을 함으로써 학생들의 배움을 돕는 교사들에게 수업은 시간적으로도 공간적으로도 학교에서 자신이 하는 일의 중심을 이룬다. 그래서 수업에 관한 고민은 교과를 가리지 않고 교사들에게 일반적으로 드러난다. 교사들은 공통의 문제로 씨름하게 된다. 그래서 최근에 그 공통의 문제를 교사들이 함께 풀어나가자는 흐름이 곳곳에서 일어나고 있다. 이 책은 그중에서도 '수업 코칭'이라는 하나의 흐름을 다룬다.

교사들이 함께 성장하는 수업

서동석, 남경운, 박미경, 서은지,
이경은, 전경아, 조윤성 지음 / 값 15,000원

이 책은 아이들의 배움에 중점을 둔 수업을 위해 구성한 교사 학습공동체로서, 서로 다른 여러 교과 교사들이 함께 특정 교과 수업을 디자인하고 연구하는 '수업모임'에 관해 다룬다. 수업모임 교사들은 공동으로 교과 수업을 디자인하고 참관하고, 수업 참관에서 발견한 내용을 공유하고 평가하는 피드백을 통해 각자 자기 나름의 철학과 이론을 발전시키고 수업을 개선해간다. 그리고 이러한 실천이 쌓여가면서 공개수업을 준비하는 방법과 절차는 더욱 명료해지고, 수업설계는 더욱 정교해진다.

발행일 2016년 12월 26일 초판 1쇄 발행

지은이 최진수

발행인 방득일

편 집 신윤철

디자인 강수경

마케팅 김지훈

발행처 맘에드림

주 소 서울시 도봉구 노해로 379 대성빌딩 902호

전 화 02-2269-0425

팩 스 02-2269-0426

e-mail nurio1@naver.com

ISBN 978-89-97206-49-0 03370